# ARBITRAGEM NO DIREITO SOCIETÁRIO

PEDRO A. BATISTA MARTINS

# ARBITRAGEM NO DIREITO SOCIETÁRIO

GZ
EDITORA

Rio de Janeiro
2019

1ª edição – 2019



Presidente do Conselho Editorial
*Nelson Nery Costa*

Diagramação
*Olga Martins*

CIP – Brasil. Catalogação-na-fonte.
Sindicato Nacional dos Editores de Livros, RJ.

M345a

Martins, Pedro A. Batista
Arbitragem no direito societário / Pedro A. Batista Martins. - 1. ed. - Rio de Janeiro: LMJ Mundo Jurídico, 2018.
202 p.; 24 cm.

Inclui bibliografia e índice
ISBN 978-85-9524-054-4

1. Direito empresarial. 2. Sociedades comerciais. 3. Arbitragem comercial. I. Título.

18-53295
CDU: 347.7



contato@editoragz.com.br
www.editoragz.com.br

Av. Erasmo Braga, 299 – Sala 202 – 2º andar – Centro
CEP: 20020-000 – Rio de Janeiro – RJ
Tels.: (0XX21) 2240-1406 / 2240-1416 – Fax: (0XX21) 2240-1511

Impresso no Brasil
*Printed in Brazil*

# PREFÁCIO

*Arnoldo Wald*

Na ampla bibliografia brasileira referente à arbitragem, a obra de Pedro Batista Martins referente à sua aplicação no direito societário se destaca, constituindo uma contribuição importante e oportuna ao nosso direito e ao direito comparado. É um trabalho original, feito com a profundidade e o estudo minucioso, que caracterizam a obra científica apresentada à Universidade, mas, também, com a riqueza do conhecimento dos problemas práticos e das suas soluções, que decorre da atuação do autor, que, já há longo tempo, se especializou na matéria. Efetivamente, Pedro Batista Martins participou ativamente do desenvolvimento da arbitragem, como coautor do anteprojeto da nossa lei, como advogado militante, e como árbitro nacional e mundialmente reconhecido. É, também, autor de vários livros e de numerosos artigos sobre o tema, bem como conferencista nos principais congressos realizados nos últimos quinze anos, no Brasil e no exterior.

Os seus conhecimentos e a sua experiência permitiram que reunisse no livro, que ora nos apresenta, não só a teoria, mas também a prática, o direito vigente e a sua história, a legislação, a jurisprudência e a doutrina, tanto brasileiras como estrangeiras, e, finalmente, o funcionamento efetivo da arbitragem, em todos os aspectos que reveste nos conflitos societários.

Cabe salientar que o assunto é da maior atualidade e faz a simbiose das relações entre dois institutos em fase de grande transformação, no mundo inteiro e, especialmente, no Brasil: a sociedade comercial e a arbitragem. É uma nova fase da história do direito, no qual as soluções arbitrais não mais se limitam a serem aplicadas nos conflitos individuais, mas passam a abranger situações coletivas de grande dimensão institucional, tratando da criação, da organização e do funcionamento das sociedades, com os conflitos de poderes que, muitas vezes, nelas surgem.

A relevância da matéria é tanto maior que as sociedades comerciais estão aderindo progressivamente aos princípios da governança corporativa, ocorrendo, assim, uma democratização da empresa, incentivada e determinada pela própria legislação. Passa-se, pois, do comando piramidal, com uma hierarquia rígida, que existia no passado, para um sistema de coordenação, equilíbrio e harmonia dos poderes, que também enseja a multiplicação dos conflitos. A abertura do capital de um número cada vez maior de empresas, com a criação de grupos de controle, que substituem o controlador único do passado, e, até, a pulverização da participação acionária, enseja um novo contexto societário, no qual os atos dos vários órgãos podem ser conflitantes e contestados. É um dos aspectos da chamada "revolução invisível", da qual falava Peter Drücker.

Ora, há numerosas razões para que os problemas societários não sejam submetidos ao Poder Judiciário. Além da complexidade que apresentam, e com a qual nem sempre os juízes estão familiarizados, o tempo de duração dos processos não se coaduna com o dinamismo empresarial. Acresce que o litígio, quando conhecido pelo público, pode afetar a imagem e até o crédito da empresa, de modo que a confidencialidade é uma garantia para se obter uma solução dos conflitos, com o mínimo de prejuízo social.

Se a multiplicação das arbitragens societárias é mundial, ela se justifica ainda mais em nosso país, no qual a consolidação do mercado de capitais é relativamente recente. Em menos de vinte anos, aumentou o número de sociedades de capital aberto existentes, não só de direito, mas também de fato, cresceram as *joint ventures* sob todas as formas, e as empresas brasileiras passaram a receber um maior volume de capital estrangeiro e, também, começaram a sua implantação no exterior. Adicionalmente, em virtude do investimento direto do capital estrangeiro, passamos a ter associações entre acionistas, que têm formação cultural e finalidades diversas, dando margem a divergências que exigem soluções rápidas e equitativas. Assim, estão sujeitas à arbitragem as relações entre acionistas majoritários e minoritários, ou entre sócios com participações iguais, as existentes entre administradores e sócios, enfim, toda a vida interna da empresa, abrangendo a interpretação dos estatutos ou do contrato social e dos acordos de acionistas.

Durante longo tempo, a arbitrabilidade desses conflitos ensejou algumas dúvidas e opiniões divergentes, alegando-se tanto o caráter institucional da sociedade como o fato de serem imperativas as normas de direito societário. Tais argumentos não mais prevalecem, em virtude, inicialmente, do trabalho da doutrina, mas, já agora, em decorrência da lei, que, em boa hora, consagrou definitivamente a arbitragem na matéria. *Legem habemus*.

O grande mérito da obra de Pedro Batista Martins consiste em ter resolvido de vez todos esses problemas, invocando, inclusive, o princípio da maioria, que deve predominar na sociedade comercial, sem prejuízo das garantias dadas aos minoritários, que, todavia, não abrangem a exclusão da arbitragem.

O autor une as suas qualidades de comercialista e de processualista, para invocar a necessidade de soluções eficientes para os problemas societários, tratando tanto da arbitrabilidade subjetiva como da objetiva e refutando brilhantemente os argumentos dos poucos juristas que ainda não se convenceram da necessidade de consagrar a arbitragem como meio adequado de resolver os litígios societários.

Partindo dessas premissas, evidencia que a arbitragem também pode e deve ser utilizada pelas sociedades de economia mista, conforme jurisprudência pacífica do STJ, e que a cláusula compromissória constante do estatuto vincula os diretores estatutários e os membros dos Conselhos de Administração e Fiscal. Outras questões interessantes tratadas são a vinculação, à cláusula compromissória estatutária, dos cessionários de ações, como, também, dos novos acionistas, nos casos de incorporação, fusão, cisão, e transformação da sociedade. Também esclarece quais são as questões negociais em relação às quais o árbitro pode funcionar, e como deve proceder a fim de evitar a denegação de justiça, a paralisação da empresa ou, até, a dissolução da companhia. São também interessantes e elucidativas as considerações sobre o uso da arbitragem em relação aos chamados direitos políticos, salientando o autor que, em primeiro lugar, são eles direitos de repercussão econômica e, consequentemente, disponíveis na maioria dos casos. Por outro lado, certamente cabe a arbitragem para assegurar às partes o exercício do seu direito de voto, embora, em tese, o árbitro não se possa substituir ao acionista para eleger diretor ou conselheiro, sem prejuízo da aplicação de sanções no caso de inadimplemento da obrigação de eleger os membros dos vários órgãos da sociedade, na forma estabelecida nos estatutos ou acordos de acionistas.

O autor enfrenta, ainda, com bons argumentos, a arbitrabilidade dos conflitos relativos tanto à constituição da sociedade, abrangendo a sua nulidade, como às impugnações de deliberações societárias e dos seus efeitos em relação a todos os acionistas, e, ainda, a arbitrabilidade das questões envolvendo o exercício do direito de informação e do direito de recesso.

Numa atitude também muito construtiva e pioneira, admite o autor a arbitrabilidade da dissolução da empresa, especialmente quando não está em falência, sendo também admissível o uso da arbitragem na recuperação de empresas.

Há três ideias que são essenciais na obra de Pedro Batista Martins e constituem, em certo sentido, os fundamentos básicos do seu ensinamento. Em primeiro lugar, nada impede a utilização da arbitragem para fazer incidir leis imperativas ou até de ordem pública, que serão aplicadas pelo árbitro, tendo este, para tal fim, a mesma competência que o juiz. Em segundo lugar, o árbitro é um juiz sem poder coercitivo, podendo, pois, praticar todos os atos e tomar as decisões que cabem ao judiciário. Somente sofre eventuais limitações quando se trata da execução coativa das decisões, necessitando, pois, do apoio do Poder Judiciário. Uma das ideias-força da tese é, pois, a existência de uma parceria público-privada com vistas à prestação dos serviços judiciários, que, no entendimento do autor, fortalece e até rejuvenesce a arbitragem.

Outro aspecto da tese que nos parece da maior relevância é a visão que o autor tem do caráter de verdadeiro instrumento social da arbitragem e da função teleológica do árbitro. Reconhecendo, com a melhor doutrina recente, que a ordem pública societária se caracteriza pela sua relatividade e incerteza, o autor atribui ao árbitro a função não só de resolver as disputas, mas também de fazê-lo de modo eficiente e equitativo. Trata-se de não olhar somente para o passado, mas de encontrar fórmulas equilibradas para a convivência dos sócios e a sobrevivência da sociedade - se possível - no presente e no futuro. A doutrina arbitral deve, assim, adotar os princípios que regem o nosso Código Civil: a eticidade, a solidariedade e a socialidade.

Não se trata mais de examinar cada cláusula do contrato e os litígios dela decorrentes como constituindo uma unidade, um átomo, mas é preciso colocá-los no contexto das relações entre as partes, examinando o passado das mesmas e construindo o seu futuro. Adotando a lição de Eduardo J. Couture, o autor considera que "interpretar é alguma coisa mais do que descobrir, é relacionar", e, também, de acordo com Emilio Betti, é o "*ufficio di vivificare*".

Do mesmo modo, inspirando-se na doutrina francesa, vê na jurisdição arbitral mais do que um instrumento para a solução de angústias conflituosas, pois almeja garantir a paz social, sendo catalizador da mesma. O árbitro, como o juiz, abandona, assim, o papel passivo que tinha no passado, para "encaminhar soluções, enfatizar o que é útil e sancionar os abusos". Ao juiz pacificador, que se limita a ouvir as partes e a verificar se as regras legais foram devidamente aplicadas, substitui-se, assim, o juiz ativo, construtor e indutor ou criador de soluções adequadas, que já se denominou "o juiz treinador" *(le juge entraineur)*.

Há, assim, três funções que são exercidas pelo árbitro. Em primeiro lugar, cabe-lhe resolver o litígio que lhe é submetido de modo eficiente ou, conforme o caso, induzir as partes a encontrarem soluções negociadas que, algumas vezes, não podem ser determinadas pelo tribunal arbitral. Em segundo lugar, ele participa da construção da jurisprudência arbitral, cuja evolução se reveste de maior importância, especialmente nas fases de grandes transformações sociais ou tecnológicas, nas quais se torna maior o atraso da legislação e da jurisprudência em relação aos fatos.

Finalmente, ele é um garantidor da paz social, e, especialmente, da sobrevivência da empresa num clima construtivo e de harmonia. Pode-se, até, concluir que, na arbitragem societária, ele tem, ou pode ter, uma competência maior do que a do juiz, quando ela lhe é atribuída pelas partes, para encontrar e aplicar soluções inspiradas no pragmatismo ético. Cabe-lhe conciliar a eficiência e a rapidez exigidas pelos problemas da companhia, com a escala de valores que se impõe nas relações comerciais, a função social da empresa e a segurança jurídica. Para tanto, poderá recorrer não só à legislação aplicável ao contrato, mas, também, à *soft law* e à *lex mercatoria*, cujos princípios estão, hoje, consolidados em vários instrumentos internacionais.

A obra de Pedro Batista Martins não se limita, pois, a ser uma excelente consolidação do que de melhor se escreveu na matéria, mas também abre novos caminhos para a arbitragem no direito societário e o faz com coragem, excelente argumentação e lógica irrefutável. Na batalha que se trava pela completa aceitação da arbitragem nos conflitos societários, o livro evidencia a vitória dos que defendem a tese "*pro arbitrandum*".

Em conclusão, cabe lembrar a lição de Tullio Ascarelli, quando ensina que: "*na atual crise de valores, o mundo pede aos juristas ideias novas, mais do que sutis interpretações*". São essas ideias novas e construtivas que encontramos na obra de Pedro Batista Martins.

# NOTA DO AUTOR

Enquanto no prelo o presente trabalho, a Lei Espanhola de Arbitragem (Lei nº 60/2003) mencionada em certas passagens neste livro foi alterada pela Lei nº 11, de 20 de maio de 2011, inclusive para inserir artigos sobre arbitragem estatutária.

Nesse particular, dita lei fixou quórum qualificado – a nosso ver, excessivo – de "*dois terços dos votos correspondentes às ações ou participações em que se divide o capital social*"[1] para a introdução de cláusula compromissória nos estatutos sociais. Incluiu também dispositivo autorizando a sujeição à arbitragem das controvérsias que envolvam "*a impugnação dos acordos sociais pelos sócios ou administradores*".[2]

Essas alterações – a rigor – não são de todo relevantes para o presente estudo, visto que as referências nele constantes à doutrina e decisões espanholas são anteriores à Lei nº 11/2011, momento no qual as discussões travadas não se encontravam positivadas, tal qual a atual realidade brasileira.

---

1 Lei Espanhola nº 11/2011, art. 11.bis.(2). Tradução livre. De acordo com o art. 1º da Lei Espanhola de Sociedades de Capital, o capital das sociedades anônimas e de comandita por ações será dividido em "ações" e o capital das sociedades limitadas em "participações.

2 Lei Espanhola nº 11/2011, art.11.bis.(3). Tradução livre. Nos termos da Lei Espanhola de Sociedades de Capital, "acordos sociais" são as deliberações da Assembleia Geral.

# NOTAS INTRODUTÓRIAS

*Nelson Eizirik*

Foi com grande prazer que aceitei o convite do Autor para escrever estas notas de introdução ao seu excelente livro.

Pedro Batista Martins tem participado de maneira brilhante no desenvolvimento da arbitragem. Foi coautor do anteprojeto que resultou na Lei nº 9.307/1996, escreveu vários livros e artigos sobre a matéria e tem destacada atuação na prática da arbitragem, quer como advogado, quer como árbitro.

A arbitragem tem inequivocamente apresentado enorme desenvolvimento nos últimos anos, entre nós, particularmente após a declaração de sua constitucionalidade pelo STF, em 2011. Quem quer que atue na área do Direito Empresarial sabe que praticamente não há acordo de acionistas ou contrato de maior complexidade em que não se preveja cláusula compromissória.

O Autor enfrenta no presente livro tema de maior atualidade, uma vez que cada vez mais os litígios societários, por sua própria natureza, serão resolvidos pela via arbitral.

A Lei das Sociedades por Ações sofreu alterações importantes com a promulgação da Lei nº 10.303/2001, a qual introduziu uma série de modificações, com intuito de adequar o mercado de capitais brasileiro às práticas de governança corporativa mais avançadas. Uma das alterações mais importantes foi a inserção do §3º ao artigo 109 da Lei das S.A., permitindo que as companhias prevejam em seus estatutos cláusulas compromissórias aplicáveis a disputas oriundas das relações entre a companhia e seus acionistas ou entre os acionistas minoritários e o acionista controlador.

A arbitragem no direito societário é mais vantajosa do que a solução de litígios pela via do Judiciário, pois permite que as relações corporativas possam ser mantidas a longo prazo. Essa situação decorre do fato de a arbitragem ser um mecanismo alternativo de solução de controvérsias em que as partes podem determinar a lei aplicável ao mérito do litígio e controlar os custos do procedimento, buscando desenvolver um comportamento mais cooperativo entre elas.

Ainda que a arbitragem não seja financeiramente adequada para todo e qualquer litígio, relações decorrentes de contratos de execução prolongada ou situações em que as partes já são antigas parceiras comerciais se ajustam melhor a esse procedimento, que permite a indicação de árbitros especializados na matéria. Ademais, permite a solução rápida dos conflitos, o que é de fundamental importância para as companhias e os empresários, que não podem ficar à espera de decisões por muito tempo, pelos prejuízos evidentes que ocasionam, tais demoras, ao desenvolvimento normal das atividades empresariais.

O Novo Mercado, segmento especial de listagem das companhias abertas na BM&FBOVESPA, alcançou enorme desenvolvimento nos últimos seis anos. Particularmente no ano de 2007 verificamos um significativo aumento do número de ofertas públicas de ações; naquele ano o volume total de recursos captados em ofertas primárias (59 registros) e secundárias (103 registros) situou-se na faixa de 67 bilhões de reais.

Temos, presentemente, 144 companhias abertas com ações listadas no Novo Mercado e no Nível 2 da BM&FBOVESPA. Tais companhias, dentre outras boas práticas de governança corporativa que devem seguir, comprometem-se a resolver seus litígios societários pela via arbitral, na Câmara de Arbitragem do Mercado. Ou seja, todos os conflitos societários de expressivo número de companhias abertas serão, necessariamente, decididos mediante arbitragem.

No direito societário, as duas questões mais importantes na decisão dos conflitos mediantes arbitragem são: a arbitrabilidade subjetiva e a arbitrabilidade objetiva. Ou seja, saber quem se submete à arbitragem – questão complexa pois envolve o alcance da cláusula compromissória estatutária – e quais as matérias do direito societário que, por tratarem de direito disponíveis, podem ser decididas pela via arbitral. O Autor enfrenta com grande proficiência, utilizando argumentos teóricos e práticos, as duas questões. Também analisa, de forma bastante completa, a vinculação à cláusula compromissória estatutária dos cessionários de ações, bem como dos novos acionistas em hipóteses de reestruturação societária decorrente de transformação, incorporação, fusão e cisão.

São ainda objeto de seu estudo outras questões de direito societário relevantes como: a utilização da arbitragem pelas sociedades de economia mista; a arbitrabilidade dos conflitos surgidos na constituição da companhia; a arbitrabilidade de questões envolvendo o direito de recesso; a utilização da arbitragem na dissolução e na recuperação da empresa.

No trato de todas as matérias o Autor, além de revelar-se um entusiasta da arbitragem na solução dos conflitos societários, demonstra enorme conhecimento teórico do direito brasileiro e do direito comparado e vivência prática na matéria.

Assim, é com grande entusiasmo que recomendo a leitura desta obra pioneira de Pedro Batista Martins.

# INDICE SISTEMÁTICO

INTRODUÇÃO

# ABORDAGEM METODOLÓGICA E ESTRUTURA DO TRABALHO

Com este trabalho de investigação, pretendo analisar e propor construções jurídicas sobre questões que envolvem a adoção do instituto da arbitragem no seio das sociedades anônimas abertas, notadamente no que diz com os direitos brasileiro e espanhol. Trata-se, portanto, de estudo voltado para os temas e obstáculos que surgem na adoção da arbitragem para a solução de conflitos *interna corporis*. Assim, ficam afastadas as matérias atinentes ao uso da arbitragem nas relações das empresas com terceiros, seja parceiros, seja fornecedores ou contraparte em atos de comércio e demais negócios empresariais.

Por suposto, não é minha pretensão neste trabalho esgotar todas as matérias e debates que podem surgir de tema tão amplo, notadamente no que toca à arbitrabilidade objetiva das controvérsias societárias, razão pela qual o estudo se concentra em determinados temas de relevância e cuja prática societária é mais usual. Também não pretendo fazer análise profunda e conceitual dos distintos institutos e hipóteses de direito societário, exceto no limite necessário de se verificar seu potencial impacto positivo ou negativo no que tange à eficácia da cláusula compromissória constante dos estatutos sociais da companhia.

Para levar a cabo esse objetivo, é preciso, previamente, fazer breve referência à terminologia empregada. Muito embora o estudo trate de hipóteses atinentes aos direitos espanhol e brasileiro, a bem da verdade, tanto os conceitos quanto os *nomen juris* insertos no direito arbitral e no direito societário de cada um desses países bastante se aproximam a despeito de certas nuances e diferenciações. Por essa razão, em grande parte do trabalho, refiro-me ao tema objeto de atenção a partir de uma proposição comum aos distintos sistemas jurídicos. Tal é possível em virtude da universalização dos princípios que norteiam a arbitragem e a aproximação de muitos dos conceitos lançados nas leis brasileira e espanhola de arbitragem, respectivamente, dos anos de 1996 e 2003. Nesse particular, ressaltem-se os princípios da autonomia da cláusula compromissória e o da *Kompetenz-Kompetenz*, amplamente difundidos em matéria de direito arbitral. A autonomia da vontade e a disponibilidade dos direitos são outros dois dos pressupostos comuns às legislações espanhola e brasileira.

O mesmo se pode dizer da orientação jurídica que norteia as legislações do anonimato espanhola e brasileira. O regime comum da *civil law* as aproxima no seu todo, sem embargo de certas distinções naturais, mas estas pouco impactam os fins aqui pretendidos.

O princípio majoritário das deliberações sociais é pressuposto particular, relevante e universal às sociedades anônimas. A estruturação das sociedades anônimas, com os órgãos que a compõem, os direitos de voto e de fiscalização, a responsabilidade dos administradores e a sua dissolução e liquidação estão presentes nos direitos do anonimato espanhol e brasileiro. Esses pontos de contato entre os direitos arbitral e societário de ambas as jurisdições autorizam, regra geral, o desenvolvimento deste trabalho.

Sob o ângulo da originalidade do tema como justificativa para sua elaboração, penso que ela se afirma tanto do ponto de vista teórico quanto do prático. Deve-se, de início, a crescente utilização pelas empresas da arbitragem como método de resolução de seus conflitos. Conquanto esse incremento seja percebido nas relações que envolvem negócios comerciais com terceiros, o fato é que a opção pela arbitragem já se faz notar fortemente nos acordos parassociais (v.g. acordos de acionistas), o que tem resultado na sua inserção *interna corporis*. Cresce, portanto, o número de sociedades anônimas que incorporam cláusula de arbitragem nos seus estatutos sociais, como forma de solucionar, de modo célere e confidencial, os conflitos existentes entre sócios e entre estes e a sociedade, inclusive os impasses nas deliberações de seus órgãos sociais.

Não obstante a difusão da arbitragem no campo societário, ainda é incipiente a atuação legislativa nesse particular e também tímida a doutrina a respeito das relevantes questões de ordem teórica que se apresentam no seu enfrentamento. Em 2003, a Itália dispôs sobre o tema em seu direito positivo; o mesmo aconteceu, mais recentemente, no Peru, no ano de 2008. O Brasil tratou da matéria de forma genérica mediante a introdução de um parágrafo no art. 109 da sua lei do anonimato, em 2001. A matéria, contudo, é ainda esquecida do legislador em várias jurisdições; mas, mesmo naquelas em que o tema é tratado, as questões jurídicas atinentes a arbitrabilidade subjetiva e ou objetiva são e continuarão sendo objeto de muito debate pelos operadores do direito.

Se, por um lado, a difusão da arbitragem societária é fato inquestionável; de outro, com o surgimento dos conflitos, a prática arbitral necessitará valer-se dos estudos teóricos disponíveis na literatura jurídica que, a bem da verdade, não são muitos. Nesse ponto, funde-se a originalidade teórica e prática do conteúdo aqui desenvolvido aliada à escassez de material escrito, notadamente de livros específicos e, mesmo, de artigos sobre o tema. Registre-se, nesse sentido, a divergência ou a indefinição em ambos os sistemas jurídicos – espanhol e brasileiro – quanto ao alcance da cláusula de arbitragem a toda a comunidade de acionistas, nomeadamente àqueles que não concordaram expressamente com a sua introdução nos estatutos sociais.

Como, na Espanha, o direito positivo é silente, este estudo buscou demonstrar, *de lege ferenda*, por meio de análise histórica, jurisprudencial e doutrinária, o melhor sistema de direito a ser adotado. O mesmo se pode dizer quanto ao interesse jurídico brasileiro, haja vista que a única disposição legal existente não pôs fim aos debates e às dúvidas que a matéria encerra. Com efeito, no caso brasileiro, *de lege lata*, o estudo aqui desenvolvido expressa originalidade ao buscar extrair do criticado e discutido dispositivo legal uma gênese e um alcance favorável à tese defendida.

Com a análise da jurisprudência existente e da doutrina, objetivo nortear o contorno e o alcance jurídico de eventual e futura regra legal a ser lançada no direito espanhol, bem como direcionar a interpretação do existente sistema jurídico brasileiro.

Sob o ângulo de projeção prática, ainda se demandará tempo para que os tribunais e a doutrina se aproximem, razoavelmente, de um ponto de convergência. Ademais, a par do sofrido tema da arbitrabilidade subjetiva, este estudo enfrenta matéria (não especificamente nas duas jurisdições) – a das controvérsias societárias passíveis de submissão à arbitragem (arbitrabilidade objetiva).

Em virtude da ausência de previsão legal expressa tanto no direito espanhol quanto no brasileiro,[1] ao presente estudo se impõe análise menos legalista e mais jurídico-interpretativa dos tópicos nele contidos.

Neste ponto, é importante mencionar que se trata, por conseguinte, de um trabalho mais restrito ao direito internacional do que ao direito comparado, embora o tema se trate sempre de uma "zona cinza" na delimitação de disciplinas jurídicas nos trabalhos de pesquisa. Segundo Palao Taboada,

> *"[C]ada comparatista debe ser también un internacionalista, ya que, de otro modo, aquél no puede tener una idea exacta de la medida en que las diferencias de derechos pueden constituir un obstáculo en las relaciones internacionales. Se ha dicho, asimismo que todo internacionalista deberia ser comparatista."*[2]

A ausência de regras próprias e objetivas nos direitos espanhol e brasileiro sobre os dois grandes tópicos desta tese – arbitrabilidades subjetiva e objetiva no direito societário – conduz o trabalho mais para o campo do estudo de direito estrangeiro, com a análise de ordenamentos jurídicos particulares,

1 Como salientado, a previsão legal brasileira merece interpretação sistemática e profunda em razão da generalidade de seu conteúdo, que não toca na seara da arbitrabilidade objetiva.

2 Cf. Palao Taboada, C, "El Método Comparativo en el derecho Tributario, *in* Estudios Jurídicos en Memoria de Don César Albiñana Garcia-Quintana, Villar Ezcurra, Marta (dir), Madrid, IEF, 2008, p. 76.

resultando de suas descrições dados ilustrativos e informativos que possibilitarão nortear as ideias e construções jurídicas aqui apresentadas e defendidas.

Para a elaboração deste trabalho, examinei fontes normativas, nomeadamente as leis societárias e de arbitragens brasileira e espanhola, e doutrina e jurisprudência desses e de alguns outros países.

Do ponto de vista de sua estrutura, dividi a investigação, basicamente, em três partes. A primeira traz uma abordagem filosófica do instituto da arbitragem. Além de encerrar uma introdução, tal abordagem estende suas reflexões para a melhor compreensão dos seus paradigmas, a fim de nortear a interpretação dos temas que se abordarão à frente. Nela analiso questões históricas, conceituais e dogmáticas atinentes à justiça, à liberdade e à regra de coexistência em sociedade, elementos relevantes na defesa deste trabalho.

Como introito ao tema da arbitragem no campo das sociedades anônimas, no capítulo 2, apresento as principais teorias relacionadas à natureza jurídica de tais sociedades, de forma a demonstrar, conceitualmente, que a arbitragem com elas se harmoniza, não obstante a tese ou corrente doutrinária que se adote. A natureza jurídica das sociedades anônimas não é fator prejudicial ao uso da arbitragem como método de solução das disputas *interna corporis*.

Partindo, portanto, de uma visão mais ampla e filosófica, passo a reduzir o foco para a seara das sociedades anônimas, quanto às correntes doutrinárias existentes ao redor de sua natureza jurídica e, ato contínuo, já no capítulo 3, abordo, especificamente, a matéria da arbitrabilidade subjetiva no tocante a cláusula compromissória estatutária. Para tanto, inicio o estudo com uma parte histórica e conceitual que leva o intérprete a encarar a importância das sociedades anônimas no contexto do comércio e da economia mundial e o tripé que a sustenta. Desse tripé extrai-se a relevância para as anônimas do princípio da maioria, elemento central do desenvolvimento do trabalho e das conclusões quanto à validade e à eficácia da cláusula de arbitragem introduzida por maioria nos estatutos sociais. O estudo desse princípio, apresento-o sob o prisma histórico e contemporâneo. Analiso a evolução legislativa e ponho à luz a forte doutrina de suporte ao pressuposto majoritário.

Ainda no mesmo capítulo, torna-se imperioso traçar as esferas legais que limitam o poder de controle, de modo a se demonstrar a legalidade do voto majoritário proferido no âmbito de seu restrito escopo. O exercício desse direito nos estritos limites legais resta por sufragar a vontade majoritária. A dogmática jurídica que norteia o controle do exercício desse poder foi posta à mostra.

Passo, a seguir, a uma análise interpretativa e conceitual do eventual ponto de confronto entre os pressupostos essenciais da arbitragem e da sociedade anônima, de modo a se investigar qual das disciplinas deve prevalecer. Esse estudo se faz necessário frente ao preceito da autonomia da vontade e ao pressuposto majoritário que norteiam cada qual dos institutos e que, aparentemente, podem restar confrontados. Em suporte à tese da prevalência do princípio majoritário, é importante salientar, como feito no trabalho por meio de informes governamentais, dentre outras argumentações, as regras de governança corporativa, hoje estimuladas e não raro impostas às sociedades anônimas abertas. Foi o que procurei demonstrar.

Como preliminar ao tema da validade e eficácia da cláusula compromissória estatutária inserida por maioria, o trabalho enfrentou, para afastar, a questão da natureza de adesão dos estatutos sociais.

Feita essa inicial análise histórica, dogmática e conceitual, passei ao tema específico da arbitrabilidade subjetiva no que toca aos acionistas da sociedade, estendendo-o, inclusive, aos diretores estatutários e membros dos Conselhos de Administração e Fiscal.

Mais adiante, ainda no capítulo 3, procuro demonstrar a eficácia continuativa da cláusula compromissória estatutária na hipótese de cessão de participação acionária. Essa análise teve por suporte argumentos jurídicos embasados na doutrina e na jurisprudência internacional. Nessa seara, o trabalho enuncia a vinculação dos novos acionistas ao convênio de arbitragem por força de operações de incorporação, fusão e cisão, bem como algumas ponderações sobre a arbitrabilidade subjetiva quanto aos conflitos derivados de acordos que aprovam os atos societários antes mencionados.

Ao fim, uma breve referência à arbitrabilidade subjetiva oriunda de conflitos resultantes da transformação do tipo societário, situação que encerra algumas das considerações adotadas aos atos societários antes referidos.

Em razão das características e peculiaridades que ditam as sociedades anônimas sob controle estatal, trato sobre a arbitrabilidade subjetiva a elas atinentes em capítulo apartado. Dou um enfoque contemporâneo do cenário em que elas estão inseridas e o da alegada incapacidade jurídica de tais empresas se comprometerem, ausentes certas condições prévias. Exponho os princípios e a nova visão do direito administrativo, bem como a participação dessas sociedades no comércio internacional, de forma a afastar teses conservadoras que tendem a boicotar a arbitragem nas relações envolvendo ditas sociedades.

Passando-se ao capítulo 6 e último do trabalho, aí enfrento certas matérias que normalmente resultam em conflitos no seio das sociedades anônimas. A relevância do estudo, nesse particular, diz com o debate existente quanto à arbitrabilidade de tais questões. Com efeito, dado que somente os direitos disponíveis são passíveis de sujeição à arbitragem, o estudo enfoca, em seu início, as nuances e diferenças existentes entre as normas de ordem pública e o conceito de indisponibilidade, visto que, não raro, alguns doutrinadores os encerram no mesmo e único campo e, consequentemente, postulam pela inarbitrabilidade de grande parte dos conflitos societários à luz das normas de ordem pública insertas na lei do anonimato.

Outra matéria também debatida na seara da arbitrabilidade objetiva desponta dos conflitos de natureza negocial e da possibilidade de o árbitro resolvê-los, dado que, nesses casos, não se estaria aplicando o direito ao caso concreto. Em outros termos, ao árbitro somente seria possível dirimir controvérsias de direito. Assim, procuro mostrar a nova tendência do exercício jurisdicional e a irrazoabilidade que esse entendimento resta por gerar.

Quanto aos direitos políticos, também trato sobre eles à vista do requisito da patrimonialidade constante da lei de arbitragem brasileira. O voto, expressão maior desses direitos, analiso-o sob o ângulo do seu exercício finalístico no âmbito das sociedades anônimas, de interesse patrimonial, ao reverso daquele exercido como expressão da cidadania. Daí se concluir pela possibilidade de sujeição das disputas da espécie à resolução por arbitragem.

Não passa em branco o debate sobre a possibilidade de solução por arbitragem dos conflitos relativos à constituição da sociedade e daqueles objeto de impugnações de deliberações assembleares. Nesse contexto, abordo o tema da anulação e da nulidade, bem como a vinculação de todos os acionistas à decisão arbitral, pouco importando se tenham ou não sido partes integrantes do processo. Ademais, trato, também, das hipóteses em que a decisão assemblear questionada atinge direitos de terceiros, tema que transita tanto pelo plano jurídico quanto pelo prático. A doutrina não olvida o debate e o estudo expressa, ainda, visão mais contemporânea no sentido de se flexibilizar a participação voluntária de terceiros, à vista dos novos paradigmas da teoria geral dos contratos, tais como a mitigação do princípio da relatividade e do individualismo.

Quanto à arbitrabilidade dos conflitos que implicam responsabilização de administradores, trato a seu respeito sob o prisma das ações social e individual com as devidas reservas em relação ao efetivo alcance da cláusula compromissória nas hipóteses em que o acionista demanda diretamente e em nome próprio contra o administrador.

As questões que envolvem violação a direitos de informação e de recesso, assim como aquelas que se referem à dissolução da sociedade concluem este estudo e foram objeto de análise conceitual e doutrinária.

CAPÍTULO 1

# ARBITRAGEM COMO PARADIGMA DE JUSTIÇA PARA OS GRUPOS SOCIAIS: UMA VISÃO FILOSÓFICA

## 1. Inexiste Monopólio Judiciário

O instituto da arbitragem, na concepção jurídica do termo, ordena sistematicamente o conjunto de regras e princípios que norteiam a solução extrajudicial dos conflitos. A finalística do instituto, *per se*, ressalta toda a sensibilidade sociopolítica que envolve a arbitragem, com a qual se busca a solução dos conflitos fora da arena estatal. Se, por um lado, a arbitragem funciona como equivalente da justiça comum, em cooperação com o Estado na realização de uma de suas tarefas básicas – pacificação dos litígios -; por outro, justamente por essa equivalência e imbricamento com uma das funções do Estado, ainda gera (embora hoje em rota decrescente) reações políticas e ideológicas de pessoas e grupos que não enxergam legitimidade no instituto, reduzindo-o à mera instância conciliadora, sem qualquer efeito legal, ou mitigando a aplicação de seus preceitos, de forma a reduzir seu vigor jurídico.

Essa corrente que minimiza o alcance jurídico da arbitragem sustenta seu entendimento na existência de um monopólio do Poder Judiciário no trato da solução das controvérsias. Tal entendimento o coloca como único órgão capaz de ditar a definitividade do direito. Desse pensamento monopolista do Judiciário se pode abstrair o modelo ideológico em que se sustenta a corrente doutrináriade valorização do Estado como ente supremo na condução da sociedade e, particularmente, na pacificação de suas crises interpessoais. O ponto nevrálgico do modelo está na supremacia do Estado frente à vontade individual dos seus jurisdicionados. Somente o Estado pode pacificar os conflitos, porque o Estado é o único *ser* legítimo e capaz para executar tal função. Esse modelo ideológico, conquanto embasado em fundamentos de direito, acaba por dar guarida ao Estado-Providência, de muito paternalismo e pouca efetividade, e subtrair do cenário jurídico o princípio da autonomia privada, a qual dá vida às qualidades individuais com retorno positivo à sociedade, sob a singela alegação da existência de um monopólio Judiciário na realização da justiça.

E aqui reside um de seus equívocos. Nesse ponto, discordo do pressuposto de que todas as crises de relacionamento devam ser objeto de análise judicial. Não é razoável admitir que os litígios só possam e devam ser resolvidos, efetivamente, pela justiça comum.

De antemão, em contraponto a essa pretensa exclusividade judiciária, vê-se o cidadão, com certa frequência, no cotidiano de suas relações jurídicas, transacionar o direito e a obrigação objeto da demanda, de modo a prevenir o litígio. Mesmo estando em curso o processo judicial, a própria lei autoriza (quiçá, incentiva) as partes a transacionarem sobre o objeto em que se funda a ação. Assim, os interessados põem em marcha, sem a interveniência estatal, a autorregulação dos seus interesses individuais com a resolução do conflito por manifestação própria de vontade. Sob outro prisma, a transação exclui a participação do Estado; nem por isso, deixa de produzir todos os efeitos legais. Obrigou-se as partes e o próprio Estado ao cumprimento dos termos nela fixados. Destarte, não será mais possível o exercício de ação judicial que tenha por fim o objeto de uma controvérsia já superada pelas partes por força do pacto privado. A transação opera efeitos constitutivos e, assim, cria, extingue e modifica direitos.

Na mesma linha de exclusão do Poder Judiciário, não raro o cidadão renuncia ao direito de ação, inobstante crer na existência e na consistência de seu direito material. Essa renúncia pode ter por causa um interesse negocial ou, mesmo, a noção de que o Estado não será capaz de lhe assegurar o bem jurídico pretendido por força de hipossuficiência econômica ou pela antevista demora na realização da justiça. Qualquer que seja a razão para sustentar a renúncia, o fato que importa é que a existência de um monopólio Judiciário não tem caráter absoluto; ao contrário, a transação e a renúncia restam por autorizar essa afirmação.

No entanto, poderão os defensores do Estado monopolista contra-argumentar que a exclusividade na prestação jurisdicional não redunda na *obrigação* da utilização do Poder Judiciário sempre que um direito é violado. Mas, funciona, sim, como a única opção para aqueles que tencionam resolver as demandas por meio de um terceiro investido do necessário poder de decidir. Em outras palavras, só o Estado é capaz de prover a jurisdição. Aqui, parece-me, reside o outro equívoco: confunde-se monopólio da justiça com monopólio do Poder Judiciário.[1] Tal confusão, repita-se, advém do firme posicionamento da prevalência do Estado sobre a vontade das partes – flagrante redução do alcance do princípio da autonomia privada. E com esse vetor não posso concordar, sobretudo quando a realidade sociopolítica exige maior participação do cidadão nas atividades estatais.

1 O monopólio do Poder Judiciário, por princípio, se resume aos direitos indisponíveis.

O Estado como prestador de serviços tem sido bastante criticado pelos seus usuários. As queixas variam e atingem, praticamente, todas as áreas em que ele funciona (ou melhor, não funciona), sobretudo a saúde e a educação, razão porque ao menos em parte, o Estado-empresário reduziu sua atuação, revertendo-a, em sua grande maioria, para as mãos dos particulares. Com isso, tende o Estado a focar seus objetivos nas funções que lhe são inerentes e básicas ao atendimento dos anseios primários da sociedade. Com a desregulamentação e o processo de privatização, o Estado confirma sua inaptidão para o exercício de atividades mais complexas e de maior esforço econômico. E, também, talvez inconscientemente, demonstra maior confiança na atuação do particular; ao menos, pode-se dizer, tem apostado na capacidade de o indivíduo cooperar na melhoria das condições do Estado. Aposta na sociedade e na utilidade para o Estado das múltiplas qualidades individuais nela latentes. E é justamente essa cooperação que o Estado busca e o indivíduo reclama na relação social. Tal cooperação expressa um viés da nova geração do direito voltada para a solidariedade. Estado e indivíduo agem, solidária e harmonicamente, na definição das questões administrativas, políticas e, também, jurídicas – fato que encontra sustentação na própria concepção do Estado Democrático de Direito, que atua sob a égide da cidadania. Isso se traduz no exercício da democracia participativa, na qual o indivíduo coopera no gerenciamento das atividades públicas.[2]

Ao se defrontar com o próprio gigantismo e improdutividade, aliados à demanda por resultados eficazes nas áreas sociais básicas, constatou o Estado sua incapacidade para suprir todas as necessidades da sociedade, seja pelo distanciamento da realidade social provocado pela própria atuação dos representantes do povo, seja pela pouca agilidade e mobilidade de seu quadro pessoal, seja mesmo, pela inexistência de recursos suficientes (ou mal alocados) ao desiderato popular. Daí seu encontro com a individualidade social, que muito tem a dar e a colaborar com o Estado na realização de serviços e na concretização de várias proposições e políticas de alcance social.

São várias as manifestações nesse sentido. Pode-se citar o balanço social das companhias e a crescente participação dos cidadãos na definição da política urbana. Também, na área legal, cidadãos têm sido chamados a colaborar na atividade jurisdicional. Como exemplo, temos os institutos da ação popular e da ação civil pública, onde cidadãos ou associações detêm ca-

2 Segundo Maria Sylvia Zanella di Pietro, "*Duas idéias são inerentes a esse tipo de Estado: uma concepção mais ampla do princípio da legalidade e a idéia de participação do cidadão na gestão e no controle da Administração Pública.*" (*in* Inovações no Direito Administrativo Brasileiro, Interesse Público – Revista Bimestral de Direito Público, IP30, p. 47.
Vale ressaltar que, de acordo com a sua *Constituição* (art. 1º), a Espanha também se sustenta na premissa do Estado Democrático de Direito.

pacidade processual para a propositura de ações de interesse geral. Na área da realização da justiça, exemplo clássico é o do Tribunal do Júri, onde simples indivíduos, sem qualquer vínculo com o Estado, ditam o direito e solucionam o caso concreto, de natureza criminal.

Registre-se, ainda, que o encontro Estado-indivíduo, conquanto informado pelo repúdio da sociedade quanto à insuficiência e à ineficiência na prestação dos serviços públicos, resulta, na verdade, da exigência dos cidadãos como usuários dos serviços estatais. A sociedade reclama do Estado melhor nível no exercício de suas atividades, por meio de atuação mais intensa e direta do próprio indivíduo. Do repúdio e da exigência resulta um movimento no inconsciente coletivo em proveito da ampliação da autonomia privada. Esse movimento ganha corpo como um *direito pressuposto,* para se tornar realidade e, acima de tudo, um direito da sociedade. Segundo assinala **José de Oliveira Ascensão**, "*[o] Direito é o que está na sociedade, não é o que é produzido pelo Estado.*" [3] ou, nas palavras de **Eros Grau**, "*O Estado põe o direito – direito que dele emana –, que até então era uma relação jurídica interior à sociedade civil. Mas essa relação jurídica que preexistia, com o direito pressuposto, quando o Estado põe a lei torna-se direito posto (direito positivo)*".[4]

O direito surge da cultura da sociedade, de sua relação interior e de sua dinâmica. Da sociedade brota o direito; dela o legislador extrai a norma, positivando o direito. E, no que toca à justiça, a sociedade reclama da ineficiência na atividade dos serviços judiciários; reclama da inadequação ou, pior, da usurpação de seu direito fundamental de acesso à justiça.

Há tempos que se buscam *portas* que atendam, de forma efetiva (no sentido jurídico de *efetividade*), à pacificação dos conflitos. Aqui retorno ao ponto central da questão do monopólio do Poder Judiciário. Não há, a meu ver, exclusividade desse poder do Estado no que tange à concretização da justiça. Os indivíduos são livres para solucionar suas divergências por meio de todas as formas lícitas, inclusive (mas nunca exclusivamente), do Poder Judiciário.

O monopólio que o Estado deve perseguir é o da salvaguarda e proteção da justiça sob o prisma do devido processo legal substantivo, da observância plena dos direitos fundamentais do cidadão, sob o prisma garantista do direito. Nesse sentido, o Estado não pode abrir mão da concretização da justiça no tocante a seus elementos primários, essenciais e fundamentais. Explico: o verdadeiro monopólio do Estado diz com o controle de adequada realização da justiça, diz com a plena sujeição de todo e qualquer processo de solução de conflitos, aos princípios e garantias fundamentais dos jurisdicionados. O monopólio é o da justiça, e não do Judiciário, visto sob sua ótica deontológica, em que os valores relevantes da sociedade e o devido processo legal são

---

3 O Direito – Introdução e Teoria Geral, 2ª ed., Renovar, Rio de Janeiro, 2001, p. 54.

4 O Direito Posto e o Direito Pressuposto, 2ª ed., Malheiros, São Paulo, p. 43.

preservados. O que o Estado deve assegurar a todos é a tutela jurisdicional justa,.que pode ser conduzida tanto por particulares investidos de autoridade quanto por servidores públicos concursados.

A escolha do modelo de solução dos conflitos não há de ser aquele imposto pelo Estado, e sim aquele manifestado pelo interessado. Em outros termos, o indivíduo é que detém o poder de definir a opção que melhor atenda a seus interesses pessoais. Sua vontade, no particular, é soberana. Aqui, estamos com **Rousseau** quando afirma que *"la soberania del cuerpo politico sobre los ciudadanos se asemeja al 'poder absoluto' que el hombre ejerce sobre sus miembros. A Estado soberano, individuo esclavo."* [5] A exclusividade da atuação estatal deve dirigir-se ao controle dos vícios que violem os direitos fundamentais do cidadão e da coletividade, nomeadamente, a ordem pública relevante. De resto, se o direito violado atinge o patrimônio jurídico do indivíduo, cabe a este a faculdade de optar pela forma e pela via que cursará o exercício de sua pretensão, mesmo que seja a renúncia ao exercício do direito de ação. Trata-se da faculdade inserida na esfera jurídica da autonomia da vontade – autonomia que, mais que uma faculdade, é verdadeiro poder, pois se traduz no direito extremo de autorregulação; ela encerra o poder de o indivíduo definir aquilo que mais lhe interessa, o mais conveniente, inclusive o de abdicar de direitos e de se impor deveres.

A autonomia privada se imbrica ao direito da nova geração – pluralismo – como elemento motivador das diferenças: não como oposição, mas, tão só, como algo distinto e cujo fim deve ser o equilíbrio das relações. Conforme salienta **Daniel Sarmento**,

> *"(...) [A autonomia da vontade] está indissociavelmente relacionada à proteção da dignidade da pessoa humana. De fato, negar ao homem o poder de decidir autonomamente como quer viver, em que projetos pretende se engajar, de que modo deve conduzir sua vida privada, é frustrar sua possibilidade de realização existencial. Todos possuem o inalienável direito de serem tratados como pessoas, e o tratamento como pessoa exige o reconhecimento da autonomia moral do agente, da sua ontológica liberdade existencial."* [6]

Em tudo, e por tudo, o instituto da arbitragem e a nova geração do direito, notadamente a solidariedade e o pluralismo, se harmonizam entre si e

5 *apud* Pierre Lerneim, La Soberanía del Individuo – Fundamentos y Consecuencias del Nuevo Liberalismo, Unión Editorial, Madrid, 1992, p.15.

De Lessing podemos extrair a seguinte passagem: "Falk: Crês que os homens são criados para os Estados, ou que os Estados para os homens? Ernest: Aquilo parece ser o que alguns querem afirmar. Mas isto parece mais verdadeiro." (*apud* Gustav Radbruch, *in* Filosofia do Direito, Martins Fontes, São Paulo, 2004, p. 77.

6 Direitos Fundamentais e Relações Privadas, Lumen Juris, Rio de Janeiro, 2004, p. 189.

com a realidade social. Mas, não só, se alinham, também, com a incapacidade estatal de prover, com eficiência e a tempo e hora, as imensas necessidades da sociedade. Esse cenário propicia o revigoramento da autonomia privada, fruto de motivação inconsciente dos indivíduos, tão forte a ponto de transformar a arbitragem em *direito posto* em diversas jurisdições, inclusive no Brasil e na Espanha.

## 2. Liberdade: espinha dorsal da arbitragem

A liberdade é o pano de fundo do instituto arbitral. É da natureza da gênese deste e dela ele é indissociável. Arbitragem, já se disse, é *um campo de liberdade; é para quem quer e sabe ser livre*. Talvez, nesse particular residam as resistências, reticências e contestações à arbitragem. A cultura do estatismo ainda está muito arraigada no âmago do ser humano. Contudo, deixemos de lado tal discussão ideológica para, desde logo, demonstrar que foi, justamente, pelo exercício da liberdade que se proliferou a utilização da arbitragem e, com sua prática, se permitiu, em várias passagens, a justa e adequada realização da justiça.

Sem a arbitragem, a história demonstra que a justiça dos povos não seria concretizada ou, no máximo, seria realizada de forma insatisfatória. Quero com isso afirmar que, em muitos momentos da vida humana, a liberdade foi instrumento essencial para a plena pacificação das controvérsias. Daí porque, quando registro o papel fundamental da arbitragem na efetivação da justiça, quero afirmar e ressaltar o atributo maior do instituto: a liberdade. O poder de a pessoa autodeterminar, nomeadamente no que toca ao acesso à justiça, propiciou aos interessados, sem qualquer intervenção estatal, a solução eficaz de seus conflitos. Em outras palavras, a liberdade é elemento fundamental e inerente à arbitragem. Liberdade como primado do indivíduo e corolário da concretização da justiça.

No aspecto subjetivo, a liberdade manifesta-se, no campo do direito privado, no poder da pessoa estabelecer, pelo exercício de sua vontade, o nascimento, a modificação e a extinção de suas relações jurídicas. No aspecto objetivo, significa o poder de criar juridicamente essas relações, estabelecendo-lhes o respectivo conteúdo e disciplina. No aspecto subjetivo, autonomia de vontade, e no aspecto objetivo, como poder jurídico normativo, denomina-se autonomia privada. Instrumento de sua atuação e realização é o negócio jurídico.[7]

No que toca à arbitragem, a autonomia privada funciona como poder de afastar a jurisdição estatal; a autonomia da vontade, como o poder de estabelecer as condições pelas quais irá desenvolver-se o processo arbitral.

---

7 Francisco Amaral, *in* Direito Civil – Introdução, 5ª ed., Renovar, Rio de Janeiro, 2003, p. 22.

Essa liberdade, como dito antes, é o ponto nodal do instituto, e a história demonstra que a ausência de amarras estatizantes permitiu que a justiça fosse atingida, como ideal de pacificação social, em seu escopo mais relevante: resolver a lide sociológica.

## 3. Arbitragem: breve histórico; meio viabilizador da Justiça

Os estudiosos claudicam quanto ao momento em que surgiu o instituto da arbitragem. Segundo **Le Baron Michel de Taube**, "*La science moderne affirme que c'est l'Hellade classique qui est'la 'vraie patrie' de l'arbitrage international.*"[8] Contudo, para outros, como **Tod**, essa afirmação não coincide com descobertas realizadas no Egito e na Síria, na década de 1880, sobre as relações de uma ampla comunidade internacional no Oriente Antigo desenvolvida entre o Egito, o Reino de Khéta, Babilônia, Assíria e outros Estados independentes, no período aproximado da metade do segundo milênio antes de Cristo. Em linha com essa descoberta, registra-se um caso de arbitragem que envolveu Estados-cidades da Mesopotâmia o qual remonta ao ano 3.000 antes da nossa era.[9] Na verdade, pode-se dizer, com poucas chances de erro, que ela surgiu anteriormente à estruturação do direito positivo e da justiça estatal. Daí, na visão mais entusiasmada de alguns, o instituto e sua prática surgirem antes da formação do Poder Legislativo e do Judiciário.

Com efeito, passada a fase da autotutela, durante a qual as desavenças eram resolvidas pela força física, os povos de certas comunidades buscaram resolver suas diferenças heteronomamente, entregando a terceiro o poder de determinar o direito e a obrigação de cada parte na disputa. Normalmente, a pessoa escolhida não era um juiz, figura inexistente naquela remota época, e sim um ancião munido de vasta experiência, sabedoria e ponderação. Assim, por força da intervenção de um terceiro leigo, afirmou-se o surgimento da arbitragem em momento anterior à existência do Poder Judiciário. Mas não se aplicava lei específica à causa; aplicavam-se os usos e costumes daquele povo, sua ética e moral. Daí, também, se dizer que a arbitragem nasceu bem antes da existência do direito positivo.

Portanto, nos primórdios, seria inviável a administração da justiça se não fosse a possibilidade de as partes, por livre manifestação de vontade, escolher o julgador e adotar a "lei" que conheciam e que lhes era conveniente. Registre-se que a decisão era cumprida *bona fide*.

Mais tarde, durante a invasão pelos germanos do território que compunha o Império Romano, os invasores, como da praxe, impunham sua justiça

---

8 Les Origines de L'Arbitrage International Antiqué et Moyen Age, Librairie du Recueil Sirey, 1933, Recueil des Cours (Haia) – 1932 – IV, p. 11.

9 *ibidem*, p. 12.

e suas leis aos nativos da região invadida, como técnica de rápida introdução da cultura do povo invasor. Nesse momento histórico, o povo invadido e oprimido estaria muito mais pressionado e injustiçado se os conflitos com seus iguais tivessem de ser apreciados e julgados por um tribunal adverso e com base em lei totalmente estranha. Os cidadãos que habitavam tais regiões, exatamente para afastar as leis dos invasores, que desconheciam e que implicavam diversidade cultural, e para fugir à justiça dos bárbaros, buscavam resolver suas próprias controvérsias por arbitragem, a fim de, valendo-se da autonomia privada, adotar a lei que lhes era conveniente e o julgador em que depositavam plena confiança. Novamente, a liberdade agia como instrumento facilitador de satisfação da justiça.

*Mutatis mutandis*, o mesmo aconteceu na Idade Média, com o *boom* do comércio e o desenvolvimento das práxis comerciais. Os mercadores, com o dinamismo que lhes era peculiar no enfrentamento de novos negócios e na busca de mercados, inovaram nos usos e costumes, criando mecanismos e instrumentos comerciais não acompanhados, a tempo, pelo ordenamento jurídico de então. Cientes dessa distância, solucionavam suas disputas por julgadores privados, especializados no ramo do comércio e, para tal, aplicavam às questões a *lex mercatoria*, que lhes era peculiar e que, de fato, regia suas relações comerciais. Para os comerciantes, a autonomia na escolha da via de resolução de conflitos era fundamental ao correto implemento dos seus negócios jurídicos. A práxis era muito particular e de conhecimento restrito. Qualquer intervenção no sentido de solucionar suas controvérsias de forma distinta dos seus usos e costumes, inclusive pela adoção da via estatal, restaria por desestabilizar o sistema comercial e, dessa forma, gerar profunda insegurança nas relações e tratativas dos mercadores. Seus usos e costumes, pioneiros do direito, deveriam ser preservados. Assim, seria fundamental a autonomia privada. Sem o exercício da liberdade, por certo, os comerciantes estariam em apuros e suas relações sofreriam grave insegurança se adotada a justiça comum, não afeita ao ramo, e as leis existentes, bem atrasadas em relação à prática comercial.

Mais modernamente, diz-se que a arbitragem comercial, nos Estados Unidos, ressurgiu no período da Guerra de Secessão. Segundo relata **Bruce L. Benson**,

> *"El bloqueo naval que sufrió el Sur ocasionó un tremendo atraso en los tribunales ingleses por causa de los litigios sobre la compra, entrega y venta del algodón en los mercados británicos. Muchos armadores no querían desafiar el bloqueo, habia hundimientos y los precios fluctuaban de forma impredecible. La neutralidad británica y las leyes de contrabando de guerra engrosaban la lista de dificultades. Además, las compañias aseguradoras se abstenían de dar cobertura a estos fletes, o si lo hacían, era con un gran número de complejas cláusulas, a causa de la gran*

*incertidumbre. Y las cláusulas debían ser interpretadas a la luz de cada nueva contigencia."*[10]

Em virtude de todas as incertezas que o fato gerava e do bloqueio, os processos se acumulavam nos tribunais estatais, emperrando a solução das controvérsias. Diante desse quadro de grave crise e insegurança, a Associação de Algodão de Liverpool (*Liverpool Cotton Association*) acordou em incluir cláusulas de arbitragem nos contratos de seus associados e em resolver as pendências numa câmara especializada. Dado o êxito dessa medida, a *Corn Trade Association* e a *General Brokers Association* seguiram os mesmos passos, assim como outras associações. Os efeitos foram sentidos, também, em Londres, onde outras associações – como aquelas ligadas aos produtores de trigo e café e a profissões, como arquitetos, engenheiros e agentes de propriedade imobiliária[11] – adotariam a mesma prática.

Marcante, nesse particular, o relatório elaborado pelo representante do Colégio de Advogados da Filadélfia e enviado à Inglaterra para estudar os procedimentos da arbitragem levados a efeito, com sucesso, no país:

> *"Su resurgimiente se ha visto favorecido por la convergencia de la organización del comercio con las regulaciones gubernamentales durante los primeros años del siglo XX ... cuanto mayor era la obsesión reguladora de la Administración, mayor era también el anhelo de esferas de actividad voluntaria fuera de su control. El crecimiento del papel regulador del Estado soliviantó a los partidarios de la autonomía de los comerciantes, que recurrieron al arbitraje como barrera protectora contra la intromisión administrativa. El arbitraje permitió a los hombres de negocios resolver sus problemas à su manera – sin necesidad de los torpes y flacos servicios del Estado."*[12]

Vê-se que a arbitragem ressurgiu, também nos Estados Unidos, exatamente, como único mecanismo viabilizador do acesso à Justiça. Sem a iniciativa particular, com certeza, o Estado restaria por denegar justiça aos indivíduos. Graças ao mecanismo e à criatividade individual foi possível resolver as várias disputas oriundas do comércio internacional durante a Guerra de Secessão e, assim, deixar fluir os intercâmbios negociais. Por outro lado, como ressalta o texto do representante do Colégio de Advogados da Filadélfia, a intervenção estatal nas atividades negociais, àquela época (e ainda hoje), causou certa repulsa dos comerciantes, a ponto de impulsionar, ainda mais, a prática da arbitragem.

---

10 Justicia sin Estado, Unión Editorial, Madri, 2000, p. 252.

11 *ibidem*, p. 252-253.

12 Wooldridge, "Uncle Sam, The Monopoly Man" (*apud*, Bruce L. Benson, *ibidem*, p. 253).

O desenvolvimento comercial, historicamente, já reclamava mais liberdade e menos interferência do Estado nas relações privadas, inclusive quanto à realização da Justiça.

## 4. A Indesejável Intervenção Estatal

Como vimos, seja pelo atraso, inoperância ou ineficiência da máquina estatal, seja pela sua incômoda e desastrada intervenção, a verdade é que a autonomia privada se afigura como garantia e proteção dos direitos fundamentais do cidadão, nomeadamente do direito de acesso à Justiça, visto sob a ótica da pacificação sociológica do conflito e da prestação jurisdicional efetiva.

Conquanto o Estado tenha seu papel na sociedade, por certo, não é a razão de ser desta. O Estado existe, justamente, para suprir as necessidades da sociedade; nesse particular, ele é devedor de prestação adequada de seus serviços à comunidade. Deve dispor, sim, de estrutura judiciária em proveito de seus jurisdicionados. Nessa linha de raciocínio, pode-se afirmar, ele é *refém* da sociedade, e não o inverso. Os serviços judiciários são disponibilizados à população em atendimento a um dos deveres básicos e fundamentais do Estado. Conquanto seja um dever do Estado, consubstancia-se, para o cidadão, em mera alternativa; nunca obrigação de utilizá-los. Em extremo, o órgão judiciário pode nunca ser chamado a atuar, mas, nem por isso, se libera o Estado do dever de prover a estrutura para a resolução dos conflitos que envolvam os jurisdicionados. A pessoa, no âmbito de seu exclusivo discernimento, é que decidirá se fará ou não uso da burocracia estatal judiciária para resolver suas lides. O indivíduo é soberano para definir o que melhor atenda aos seus interesses.

E a história, como visto, demonstrou que tal liberdade, ao longo dos tempos, teve papel de extrema relevância na resolução adequada e justa dos conflitos. Sem esse pressuposto maior – liberdade –, várias seriam as ocasiões em que os conflitos restariam latentes. O direito poderia, até mesmo, ser aplicado sem que isso resultasse, necessariamente, na realização de uma justiça, efetivamente, justa – por sinal, ainda hoje acontece. Mais ainda: sustentam alguns estudiosos, com base em fatos ocorridos décadas atrás, que a mitigação da liberdade pela intervenção estatal no instituto da arbitragem, não raro, tumultua o ambiente e gera discussões em áreas jurídicas cujos efeitos já estão digeridos pelos usuários da arbitragem. É o caso das arbitragens ocorridas no seio das associações especializadas em segmentos econômicos, como cereais e algodão.

Com efeito, no início do século XX, o instituto funcionava sem amarras, mas o Estado, com a intenção de reforçar a eficácia da arbitragem, acabou por abrir espaços para dúvidas e incentivar novas disputas. Na prática, a ausência de coerção estatal na utilização da arbitragem e no cumprimento da decisão dos árbitros era suprida, satisfatoriamente, pela ação direta das associações junto a seus associados, ou seja, sem qualquer participação da autoridade estatal. Penalidade e expulsão do agente eram sanções suficientes a impor o cumprimento voluntário dos provimentos exarados pelos árbitros.

No entendimento de uma corrente de arbitralistas, a lei promulgada pelo estado de Nova Iorque em 1920 a qual conferiu eficácia à cláusula arbitral e respaldou, judicialmente, a sentença proferida em sede de arbitragem tornou viável a arbitragem naquele Estado e, posteriormente, sua difusão em todo o país. Conquanto não se discuta a razoabilidade de tal afirmação, o fato é que, no âmbito das associações de classe e de produtores, já imperava a vinculação das partes à arbitragem e a sujeição ao resultado da controvérsia, inobstante lei expressa nesse sentido. Os associados temiam as sanções impostas pelas associações àqueles renitentes em cumprir com a determinação dos árbitros. Segundo atesta **Wooldridge**, "*(...) estas sanciones* [expulsão; impossibilidade de participar de outras arbitragens] *eran mucho* más *terribles que el quebranto que le pudiera ocasionar el fallo con el que disentía. Estos dictámenes emanados de un proceso privado y voluntario se acataban voluntariamente, si por honor, por interés.*" [13] Por conta desse espontâneo cumprimento das decisões arbitrais, sustenta **Bruce L. Benson** que, com a edição da lei nova-iorquina, uma miríade de ações inundou os tribunais judiciais, contestando, dentre outras, a forma de indicação de árbitros, a necessidade da presença de advogados, o que resultou em um processo mais complicado e legalista.[14]

Extrai-se de tal fato, uma vez mais, que a justiça se realizava e se impunha, satisfatoriamente, sem a interveniência do Estado. No seio das associações imperava, literalmente, o *pacta sunt servanda*. E, como corolário desse pressuposto, se realizava a justiça, que era acatada sem maiores contestações. Aplicavam-se os costumes, as práxis e as leis peculiares a cada segmento econômico e se nomeavam pessoas com a *expertise* desejada, tudo com sustentação no princípio da autonomia privada. Assim, sem a intervenção do Estado, os interessados pacificavam seus conflitos. As sanções das associações asseguravam o cumprimento da decisão, repita-se, sem a necessidade da intervenção estatal.

Com efeito a lei de Nova Iorque, ao invés de fortalecer o instituto, restou, naquele momento, por tumultuar o cenário jurídico da arbitragem em mais uma demonstração da indesejada e, às vezes, desastrada intervenção estatal no setor privado.

---

13 *apud*, Bruce L. Benson, *op. cit.*, p. 257.

14 *op. cit*, p. 257.

## CAPÍTULO 2

# PREVALÊNCIA DA MAIORIA COMO PRINCÍPIO SOCIAL INARREDÁVEL

Analisadas, holisticamente, a contribuição dos indivíduos no aprimoramento das funções estatais, em grande escala pela ineficiência do Estado para suprir, solitariamente, as necessidades da sociedade, nomeadamente no campo do acesso à justiça, e a qualificação dos indivíduos como fonte propulsora da melhoria da atividade estatal, em linha com a nova geração do direito e a democracia participativa e, ainda, do papel histórico e fundamental da liberdade individual na concretização da justiça, reduzirei o foco de minha abordagem para empreender breve voo a respeito de tema que confronta a liberdade individual e a vontade estabelecida pelo grupo social. Trata-se da imposição de resolução de conflitos por arbitragem em detrimento da tradicional solução judicial.

Minha intenção final é a de enfrentar a eficácia de deliberação da espécie no âmbito das associações empresariais, mas me parece correto admitir que as semelhanças dessas organizações com os demais grupos sociais autorizam, neste momento, a adoção de fundamentos e de visão comuns, ao menos, quanto aos princípios de convivência social.

Um cotejo entre a sociedade privada e a estatal evidenciará a identidade de ambas. Os rasgos essenciais de ambas são precisamente os mesmos, como seguem: 1) fim comum; 2) existência de normas que regulem a perseguição dos fins – em uma, sob a forma de contrato, a *lex privata*, na outra, sob a forma de lei, ou seja, *lex publica*; 3) no conteúdo da lei: situação jurídica, direitos e deveres da comunidade edo indivíduo; 4) realização dessas normas contra a vontade resistente do indivíduo mediante coação; 5) administração, ou seja, a livre perseguição da finalidade com os meios da sociedade dentro do limites fixados por aquelas normas e tudo o que a isso se prende: necessidade de um órgão especial para tal objetivo na existência de um número maior de membros (conselho administrativo, governo), alinhando-se aí a distinção entre aqueles *através* de quem e aquele *por* quem existe a administração (empregados, funcionários – acionistas, concidadãos, súditos) e o perigo, daí decorrente, de um emprego de seus meios no interesse de seus administradores, contrariando o interesse da sociedade, perigo a que a sociedade estatal, não menos do que a sociedade de direito privado, se acha exposta, e como meio contra este risco, há o controle dele através da própria sociedade (assembleia-geral – assembleia das classes).[1]

O aspecto sensível diz respeito aos efeitos *erga omnes* de um pacto arbitral decidido pela maioria integrante do grupamento social. Essa situação, aparentemente atentatória da liberdade, é que pretendo tratar, sucintamente, à vista de princípios maiores e filosóficos que norteiam o sentido do direito, do Estado e da sociedade.

As companhias, inobstante sua personalidade jurídica, e tal e qual as demais organizações sociais, se formam pelo agrupamento de indivíduos que buscam um mesmo fim. Essa pluralidade de pessoas encerra uma comunidade social que, sem dúvida, se compõe de elementos distintos de valores, culturas e tendências. A concepção valorativa de tais indivíduos é múltipla e complexa o suficiente para frustrar qualquer possibilidade de plena convergência nas relações a qual, aliás, não é vantajosa para a evolução e o desenvolvimento social, pois a pluralidade é elemento que propicia os avanços da sociedade e, por isso, deve ser encarada positivamente. O debate que antecede a definição do caminho a se percorrer é parte dos conflitos individuais e *meio* para se alcançar a *unidade do fim* comum. Nesse particular, é esclarecedora a manifestação de **Wilhem Sauer**:

> *"No es necesaria, ni siquiera admisible, la igualdad de los medios. Ha de haber entre ellos una cierta "tensión" si ha de latir una vida común sana. La monotonia del camino ejerceria una influencia retardataria y entorpecedora; por el contrario, una diversidad excesiva haría imposible la comunidad. La virtud está en el medio. La diferenciación intrínseca, la multiplicidad de intereses particulares y de los medios aplicados para alcanjar los fines comunes, anima y estimula. La contradicción y la discusión es provechosa; hay mayor compenetración mutua y la opinion del uno contrasta con la del otro.*
> *(...)*
> *Por el contrario, debe haber una unidad de fin, pues sólo por ella se mantiene la comunidad. Los distintos caminos se unen en el fin; si los hombres no coinciden en aquello a que aspiran, no llevan vida común y se limitan a una mera y pasiva coexistencia, cada cual se siente por lo menos extraño al otro, sus tendencias valorativas se interfieren y se neutralizan mutuamente."*[2]

O pressuposto, aplicado pelo autor à comunidade, regra geral, também ecoa no campo das comunidades associativas, como as sociedades empresariais, em que o fim é uno e comum a todos, sem embargo das particularidades individuais que compõem o meio. O pressuposto pouco difere: o fim é comum

1 Rudolf Von Ihering, A finalidade do Direito, vol. I, trad. José Antonio Faria Correa, Editora Rio, Rio de Janeiro, p. 161.

2 Filosofia Jurídica y Social, editorial Labor, Madri, 1933, pp. 138/139.

e deve ser atingido por todos. O fim é uno no que diz com o desiderato social. Os meios para atingi-lo são plurais e, por isso, sujeitos a tensões na sua definição – tensões naturais, vez que as relações patrimoniais, salvo raras exceções, se pautam no egoísmo. E desse pressuposto não escapa a união criadora do vínculo associativo a qual somente se aperfeiçoa pela impossibilidade da perseguição do lucro projetado de maneira isolada e exclusiva pelo indivíduo, ou seja, o vínculo é objetivo e material: impossibilidade de, isoladamente, o indivíduo auferir determinada soma de recursos financeiros.

Por que razão me ligo a outro, com quem, finalmente, terei de partilhar? Por benevolência? O comércio desconhece benevolência: todos os contratos no comércio se edificam sobre o egoísmo; o mesmo se passa com a sociedade. Isso não significa que o motivo da benevolência não tenha ingresso também no tocante à sociedade – isto é, sem dúvida, tão possível quanto o fato de alguém, por benevolência, vender ou alugar uma coisa por preço inferior –, mas, ao revés, a sociedade, por sua função comercial e por definição, não serve à benevolência, mas ao egoísmo. Nenhum egoísta divide algo com outro, se pode possuí-lo só para si. Se partilha a coisa, então, temos aí a prova de que é mais vantajoso para ele o negócio em comum do que o contrário.[3]

Entre a abdicação do lucro e a consecução do negócio em conjunto, o indivíduo opta pela união de objetivos. O fim é comum em razão da *identidade de objetivos;* mas a união, *per se*, não é suficiente ao ponto de acabar com o egoísmo, apenas o reprime ou o abafa, de modo a permitir o desenvolvimento social. A tensão permanece, naturalmente, ao longo da vida social em virtude da luta internaentre os grupos que pretendem *produzir* o direito que irá nortear a consecução do objeto social.

Dessa maneira, assim como nas comunidades sociais, as de cunho associativas pautam-se por princípios mínimos de conduta que norteiam suas deliberações ou, sob outro enfoque, por preceitos que se impõem para permitir a coexistência social.

Essa coexistência, como uma das finalidades sociais do direito, há de atender aos princípios atinentes à moral e à ética nas relações, aos pressupostos ideais de comportamento humano pelos quais as pessoas se devem pautar para chegar ao fim almejado e justo. Falo da boa-fé no sentido da imparcialidade e da justiça da intenção – intenção desapegada de culpa, justiça linear e cristalina. Esses são princípios inarredáveis que sustentam e conferem legitimidade às decisões de qualquer grupo social, inclusive daquele de fim lucrativo que gira ao redor das companhias. Calcada em tais premissas da ordem social, a pluralidade valorativa dos indivíduos que formam a comunidade deverá proceder à consecução do desiderato comum.

---

3 Rudof Von Ihering, *op. cit.*, p. 114.

Mas a unidade do fim será, por tudo e por todos, frustrada se não for adotado um critério para a fixação de *meio* a ser implementado, para se chegar ao *interesse comum*. Porquanto cientes de que o *meio*, instrumento para se alcançar o *fim* pretendido, é definido pelos indivíduos, o interesse será sempre em prol da generalidade da comunidade. Em outros termos, a pré-definição e a ciência do *fim almejado* não facilitam a *deliberação dos meios* a serem utilizados para seu atingimento. Isso porque aos indivíduos, em sua diversividade de valores e cultura, cabe o poder de decidir o caminho a ser adotado. Mas algum método há de existir para que a vontade individual resuma o interesse geral. A coexistência há que resultar em coesão social, no sentido de se fixar ordem jurídica que afirme e, assim, viabilize a harmonia social. E, aqui, parece-me que o critério está no gozo da liberdade contrabalanceada pela segurança e pela utilidade jurídica.

Como valores da liberdade que interessam ao tema, cito o da livre iniciativa[4] e o direito de associação.[5]

Livre iniciativa, no sentido amplo, significa que a pessoa detém a faculdade de desempenhar sem amarras uma atividade, de exercer uma atividade infensa à restrição ou ao constrangimento: liberdade de ação não só no exercício como também na condução da atividade que a pessoa tenha por objeto; independência na definição do objeto, desde que lícito, e na *adoção dos meios* à sua condução.

Aliado a esse valor, temos, também, a liberdade associativa. Seja de que natureza for a associação ou a sociedade (política, desportiva, religiosa ou econômica), todo o cidadão tem o direito de, livremente, se associar ou de deixar o grupo organizado, ciente, contudo, do alerta de **Jean Cruet**: a liberdade de associação é a menos individualista de todas as liberdades.[6] Todas as pessoas são livres para se organizarem e não podem ser compelidas a se manterem associadas. Trata-se de direito fundamental do cidadão aplicável, repito, a todos os grupos organizados, inclusive os de finalidade econômica.

A partir de tais valores fundamentais da liberdade, aliados ao interesse comum que as sociedades almejam, nomeadamente as companhias, algum critério há de se ter para democratizar os interesses individuais – meios, como

---

4 Segundo a Constituição Federal brasileira, a República tem como um de seus fundamentos, justamente a livre iniciativa (art. 1º, IV). A Constituição Espanhola trata da liberdade logo em seu preâmbulo e art. 1º No art. 7º se refere à liberdade de criação e exercício das atividades empresariais.

5 Consta no art. 5º, incisos XVII e XX, da *Constituição* brasileira o direito de se associar voluntariamente e o de não ser compelido a se manter associado. A *Constituição* espanhola assegura o direito de se associar em seu art. 22.

6 A Vida do Direito e a Inutilidade das Leis, José Bastos & Cia. Livraria Editora, Lisboa, 1908, p. 150.

visto há pouco, para se concretizar a vontade geral. Sem dúvida, tanto os meios quanto a unidade se valem de direitos e valores relevantes. A liberdade é fundamental tanto quanto é relevante à paz social o pressuposto da segurança jurídica. Esse pressuposto inspira a vida em sociedade e pode, até mesmo, mitigar ou colidir com o valor supremo da justiça. Exemplo disso é a clássica noção e aplicação do princípio da coisa julgada, a qual torna imutável a sentença sem embargo da eventual injustiça do julgado. A segurança jurídica, de certo modo, legitima o direito. Por seu turno, a justiça e a própria segurança jurídica afirmam o conteúdo do princípio da utilidade.[7]

Nas relações intrassociais, o direito há de harmonizar ideais e valores pluralistas no atendimento da associação. Esse equilíbrio, desde os primórdios, é o ponto nevrálgico nas relações existentes nos grupos sociais. A liberdade de a pessoa se associar e de não se ver compelida a se manter agregada a uma organização dá o tom da justiça individual. Por outro lado, a existência do grupo organizado depende da segurança jurídica que a ele se imprime, enquanto o seu funcionamento e a consecução dos seus objetivos se baseiam na utilidade das deliberações aprovadas.

Transportando essa ótica para as sociedades anônimas, quanto ao direito de associação e da livre iniciativa empresarial, ninguém é obrigado a deter participação acionária de qualquer companhia nem, tampouco, pode ser vedado a dela se desligar. Sua existência, por outro lado, se estrutura no binômio limitação de responsabilidade e princípio majoritário – preceitos que informam as sociedades por ações e conferem segurança jurídica aos investidores. A consecução de seus objetivos, finalmente, atém-se à adequacidade das deliberações que impulsionam a organização como um todo e devem, sempre, visar ao interesse social e não violar direitos políticos ou patrimoniais dos acionistas.

É com sustentação nessa visão maior que se impõe, preliminarmente, a análise da validade e eficácia da introdução de uma cláusula de arbitragem nos estatutos sociais de uma organização, e sua eficácia à comunidade de seus acionistas, mesmo se aprovada por maioria de votos. A liberdade de associação e de dissociação aliada à utilidade do direito bem como a necessidade de um grau razoável de segurança jurídica nas relações sociais conformam a validade e a eficácia da introdução da cláusula de arbitragem no seio da organização aos princípios e valores fundamentais do cidadão. Tais pressupostos se coadunam com a livre iniciativa, o que se traduz na independência e na autonomia

7 Gustav Radbruch propõe "uma divisão honesta de trabalho, segundo seu domínio de atuação: com a justiça medir-se-ia se uma determinada disposição traz em si a forma de jurídica e, de modo geral, se pressupõe o conceito de direito; segundo a utilidade decidir-se-ia se os seus conteúdos são adequados e, finalmente, dada a resultante segurança jurídica, se julgaria se merece vigência." (*op. cit.*, p. 112)

para a execução daquilo que o grupo se propõe e que resume o objeto da organização.

Conquanto, para o indivíduo, a companhia é fonte de vantagens políticas e econômicas, para o Estado é matriz de desenvolvimento e atende a uma função social. Como bem salienta o art. 7º da *Constituição* espanhola, "*[las asociaciones] empresariales contribuyen a la defensa y promoción de los intereses económicos e sociales que les son propios.*" Independentemente da existência de duas faces distintas, a da comunidade de sócios e a do Estado, o importante é que as companhias, de todo modo, são livres para o exercício pleno da atividade e para ordenar sua estrutura interna e as regras de seu funcionamento. Com efeito, para os fins de estruturação e funcionamento, elas, regra geral, e os grupos organizados especificamente são governados por normas de direito, algumas de conteúdo coercitivo.

O termo *norma* designa um mandamento, uma prescrição, uma ordem. Mandamento é, todavia, a única função de uma norma. Também, conferir poderes, permitir, derrogar são funções de normas.[8] A norma é, pois, um imperativo da convivência e visa à adequada e ordenada relação social. No dizer de **Kelsen**,

> "*[A]quilo que se torna ordenado, prescrito, representa, prima facie, uma conduta humana definida. Quem ordena algo, prescreve, quer que algo deva acontecer. O dever – ser – a norma – é o sentido de um querer, de um ato de verdade, e – se a norma constitui uma prescrição, um mandamento – é o sentido de um ato dirigido à conduta de outrem, de um ato, cujo sentido é que um outro (ou outros) deve (ou devem) conduzir-se de determinado modo.*"[9]

Esse conceito se aplica ao conjunto do ordenamento jurídico, pois tem por paradigma a relação em sociedade, seja ele objeto, inclusive, de um microssistema organizacional como ocorre nas companhias. A impessoalidade que caracteriza o relacionamento da comunidade de acionistas reforça a imperatividade das normas que governam sua organização e a execução de suas atividades. Parte dessas regras legais é de natureza mandamental, haja vista a pluralidade de valores e interesses e a particularidade de cada indivíduo que dela participa.

A sociedade é o foco para onde convergem os interesses individuais. Todas as relações jurídicas embutem um risco individual que, no caso das companhias, se supera, se minimiza ou se desconsidera, pois estas são o centro de confluência dos interesses dos sócios. Impensável que, numa união de

---

8 Hans Kelsen, Teoria Geral das Normas, trad. José Florentino Duarte, Fabris Editor, Porto Alegre, 1986, p. 1.

9 *ibidem*, pp. 2-3.

pessoas ou numa comunidade acionária, o direito negligencie na legitimação das regras voltadas à aprovação das deliberações sociais. Obviamente, a unanimidade haverá de ser, sempre, uma exceção. Aliás, exceção das exceções, pois esse pressuposto de ideal de justiça não se alcança sob o ângulo positivo do *facere*, mas, sim, sob o seu prisma negativo: a unanimidade age como fator de veto, e não como fator de concordância.

É com essas regras, notadamente o princípio majoritário, que os acionistas se organizam e determinam o futuro da sociedade e as limitações que governarão o inter-relacionamento social – princípio que ordena toda a vida nos grupos sociais. Daí a inteligência do art. 7o da *Constituição* espanhola quando afirma: "*su estructura* [de las asociaciones empresariales] y *funcionamento deberán ser democráticos*."

Muito embora a liberdade individual de se associar encontre salvaguarda constitucional como garantia fundamental do indivíduo, isso não quer dizer, nas palavras de **Daniel Sarmento**,

> *"que mesmo estas liberdades [de associação, expressão, religião, dentre outras] se revistam de valor absoluto. É possível que a proteção de uma delas, no caso concreto, importe em lesão a outro direito fundamental ou princípio constitucional igualmente relevante. Nesta hipótese, poderá ser necessário, diante dos contornos do caso, restringir a liberdade em questão, de forma proporcional, visando a otimização dos bens jurídicos em confronto, através de uma ponderação de interesses. É exatamente isto que ocorre quando se discute a aplicação dos direitos fundamentais na esfera privada, em que se torna necessário ponderar esta autonomia com o direito que estaria sendo violado pela conduta do particular."*[10]

Nos grupos sociais, a liberdade individual sofre restrições de forma a permitir que se alcance o fim perseguido. No particular, a vontade individual padece de força sem a agregação de uma pluralidade de interesses harmônicos. A vontade individual, expressão da liberdade, se exprime com efeitos persuasivos e de tensão como substrato importante na formação da vontade coletiva, que, porém, é determinada por força da norma mandamental, pelo princípio democrático da maioria, às vezes qualificada, conforme a relevância da matéria. Muito excepcionalmente, contudo, é expressão da unanimidade, sob pena de inviabilizar os movimentos associativos e de se perpetrar a ditadura do indivíduo. A ditadura do meio sobre a unidade do fim.

10 *op. cit.*, p. 191.

Nesse ponto específico das relações sociais, pode-se afirmar, parafraseando **Lacordaire**, entre a minoria e a maioria, é a liberdade que escraviza e a lei que liberta.[11]

As teses em torno do poder da maioria sobre a minoria, a moral e a justiça no exercício do poder de controle são importantes para a evolução das normas, sobretudo, para a melhoria dos valores sociais e da conduta humana. São fundamentais para a positivação das normas e de sua exegese à luz do caso concreto. No entanto, conquanto os meios e as finalidades no exercício do poder majoritário venham sofrendo ajustes, o princípio, em si, permanece em vigor por séculos. O direito, nesse particular, é linear, objetivo e cristalino. Não há deficiência em tal ramo de conduta organizacional. Inexiste conflito cognitivo já que o discurso legislativo se tem operado retilinearmente, sem espaço para elucubrações.

O princípio majoritário resume o papel *funcional* do direito no campo das sociedades anônimas. Essa *funcionalidade* permitiu a criação e o desenvolvimento das companhias e, consequentemente, a grande escalada econômica. Sem a limitação de responsabilidade e o pressuposto majoritário seria impensável a reunião de recursos para os grandes e vultosos empreendimentos.

Ao se associar, a pessoa se sujeitará, no sentido da plena submissão e, não raro, da impotência de ação, ao sufrágio majoritário. O direito à associação conduz o indivíduo a uma limitação ou sujeição presumida e previamente assumida como elemento inerente e fundamental à coesão social. Não há de pairar dúvida sobre o fato de que a harmonia social se alcança por meio de regras de coação e resulta, sempre, na imposição de certas restrições e sujeições de estilo. Cada um no exercício de sua atividade deve submeter-se aos limites considerados necessários para a presença dos demais.[12] E o limite se afirma no princípio da maioria – pressuposto que se impõe como forma de coação, no sentido *de deixar que se faça.* [13] Em outros termos, a limitação se traduz na restrição a faculdades jurídicas. O direito subjetivo individual como liberdade de comandar[14] cede espaço à vontade manifestada por aqueles que detêm a maioria. Prepondera, assim, o direito subjetivo do grupo majoritário que traduz, em última instância, a vontade social. É esse o comando normativo que legitima o processo decisório e que se imprime nos grupos sociais.

---

11 *ibidem*, p. 192. Segundo Lacordaire, "entre o fraco e o forte a liberdade que escraviza e a lei que liberta."

12 Icilio Vanni, Filosofia del Dereho, trad. Rafael Urbano, Libreria Española y Extranjera, Madri, 1922, p. 326.

13 Expressão adotada por Rudolf Von Ihering, *op. cit.*, p. 257.

14 Conceito defendido por Francesco Carnelutti, Teoria Geral do Direito, trad. Antônio Carlos Ferreira, Lejus, 1999, p. 276.

Historicamente se tem conhecimento de que o princípio das deliberações dos vários grupos sociais é o majoritário. Se o indivíduo busca o fim, nomeadamente aquele perseguido pelas companhias, há de se conformar com os meios, de pleno conhecimento prévio do indivíduo. Nas palavras de **Kant**, "*quem quer o fim, tem de querer o meio.*"[15] A propósito, na esfera jurídica das sociedades anônimas, o meio e o fim têm relação de causalidade no sentido da sua operacionalização.

O atingimento do fim social se perfaz por meio das decisões societárias deliberadas pela administração e pelo seu órgão soberano – a reunião de acionistas. As deliberações devem visar ao fim comum e são adotadas pela maioria. O atingimento da finalidade da sociedade se vincula, inarredavelmente, à vontade majoritária. Sem esta o fim se torna pretensão intangível. Em outras palavras, aquele que se associa visa ao fim comum social, por isso não pode afastar-se ou negar o meio que o direito assegura para obrar a finalidade. Repetindo: quem quer o fim tem de querer o meio.

E isso se aplica aos grupamentos sociais, regra geral, sem embargo do direito de o indivíduo se manter limitado e neutro na sua existência e nos seus anseios.

15 *apud* Hans Kelsen, op. cit., p. 21.

## CAPÍTULO 3

# AS DISTINTAS CORRENTES SOBRE A NATUREZA JURÍDICA DAS SOCIEDADES ANÔNIMAS NÃO AFETAM A EFICIÊNCIA JURÍDICA DA ARBITRAGEM

É importante enfrentar, neste momento, a questão da natureza jurídica das sociedades anônimas, a fim de possibilitar a averiguação do regime jurídico a elas aplicável e sua harmonização e sintonia com o instituto da arbitragem. Veremos, assim, que, não obstante as correntes em que se dividem os estudiosos desse instituto societário, nenhuma delas, inclusive a mais contemporânea, implica afastamento ou impossibilidade de adoção da arbitragem como instrumento de solução dos conflitos societários. Ao contrário, o instituto da arbitragem é compatível com a essência das sociedades anônimas, pois agrega valor substantivo ao elemento central delas, seja qual for a concepção que se adote.

Historicamente, os intérpretes do direito societário têm apostado em duas vertentes conceituais para definir a natureza jurídica das companhias.

Uma, capitaneada por **Ascarelli**, sustenta a natureza eminentemente contratual da sociedade anônima e a insere em uma subespécie de contrato, a categoria plurilateral, que se distingue dos contratos sinalagmáticos pelo fim comum atinente às partes.[1] Sob o ponto de vista finalístico, **Ascarelli** não

---

1 La dottrina tradizionale, come dicemmo, ritiene che nei contratti sinallagmatici la causa stia nella creazione di due obligazione reciproche, ossia nelle scambio di due diritti di credito, essendo a questo oggetto immediatamente diretta la volontà comune dei contraenti. Il sinallagma genetico riassume il rapporto di interdependenza delle due obligazioni per cui le parti si determinamo all'*in idem placitum consensus*. Se l'una obbligazione non nasce viene meno non tanto l'altra quanto la fonte del rapporto, il contratto. In quest'ordine di idee lo scambio delle obligazione dei soci sta nella 'volontà di unione', nell 'intento comune della divisione dei guadagni'...Le prestazioni dei soci non hanno carattere commutativo per le parti ma tendono alla realizzazione dello scopo comune. Questa in definitiva à la causa di tutti i contratti plurilaterali, di cui quello di società è il prototipo...Nei contratti di scambio gli interessi delle parti sono in contrapposizione cosicchè ogni parte può dire: il suo danno è il mio guadagno, nella società vi è tale armonia di interessi e di intenti che ogni può dire 'il suo vantaggio è il mio vantaggio." (Antonio Brunetti, Trattato del Diritto delle Società, vol. I, 2ª. Ed., Giuffrè Editore, Milão, 1948, pp. 103-104).

desprezou o critério econômico (ou funcional) inerente às sociedades, defendido por **Osti.** Contudo, apoiou sua tese no aspecto estrutural (ou formal), tradicional ao direito e às classificações jurídicas.

Geralmente, a classificação assente em critérios formais, e aquelas assentes em critérios econômicos acabam por coincidir à vista da correspondência normal de determinada estrutura jurídica e da natural influência desta sobre aquela. Aliás, deve o intérprete visar a assentar a classificação segundo critérios que, embora formais, encontrem correspondência e significado em elementos econômicos. São, porém, os critérios "estruturais" os que devem prevalecer na classificação pública.[2]

Partindo da análise estrutural, **Ascarelli** defende a natureza contratual das sociedades e a classifica no rol dos contratos plurilaterais [3] em razão das seguintes características principais: (a) possibilidade de participação de mais de duas partes; (b) todas as pessoas são titulares de direitos e de obrigações; (c) cada parte tem obrigações e direitos frente a todas as outras; (d) os interesses distintos dos sócios devem convergir para um fim comum. Com efeito, a função do contrato plurilateral não termina quando executadas as obrigações das partes, como acontece nos demais contratos. A execução das obrigações das partes constitui a premissa para atividade ulterior cuja realização constitui a finalidade do contrato. Este consiste, em substância, na organização de várias partes para o desenvolvimento de atividade ulterior.[4]

Com base nesses pressupostos, difundiu-se, a partir da Itália, a corrente plurilateralista do contrato de sociedade, cujo ponto nevrálgico se centra, essencialmente, no interesse que motiva a existência e a execução do contrato. Segundo a referida corrente, a sociedade surge da vontade dos sócios, que visam à realização de um fim próprio inerente aos seus interesses e, por isso, vinculados ao seu patrimônio pessoal. Em outros termos, o interesse da sociedade se identifica com o interesse dos sócios e, por tal razão, o interesse social se confundirá com o interesse dos detentores do capital social. Melhor ainda: a companhia não é titular de interesse superior e deslocado do de seus acionistas.[5] Com efeito, a

2 Tullio Ascarelli, Problemas das Sociedades Anônimas e Direito Comparado, Saraiva, São Paulo, 1945, p. 275.

3 Conquanto se afirme que o contrato de sociedade seja a subcategoria mais importante dos contratos plurilaterais, pode-se vislumbrar uma série de subcategorias – dentre outras, o próprio acordo de arbitragem.

4 Ascarelli, op. cit., p. 291.

5 Não cabe aqui evoluir na questão dos interesses dos sócios futuros que pressupõe a preservação da companhia que, assim, se aproximaria da tese institucionalista. Por outro lado, o cumprimento da função social da empresa recai na pessoa do acionista controlador que deve direcionar seu voto para atender a tal finalidade (art. 116, par. Único, Lei das Sociedades Anônimas brasileira).

sociedade nasce da vontade dos seus fundadores manifestada no contrato ou estatuto social e tem, por consequência, sua atividade por eles – sócios – e para eles definida e executada.

Com o contrato se constitui uma ficção jurídica – a companhia – cujo objetivo é atender aos interesses dos seus sócios. Em caso de conflito entre o interesse da sociedade (i.e., dos sócios) e o interesse da empresa (i.e., social) este último deverá ser reprimido em favor do interesse de seus titulares. Em suma, o *interesse* da empresa resume-se, regra geral, ao interesse do grupo social que lhe deu vida.

É na questão do *interesse* que a teoria contratualista se distingue da corrente institucionalista assentada na tese de Maurice Hauriou. Segundo essa doutrina, as instituições representam em direito, como na história, a categoria da duração, da continuidade e do real; a operação de sua fundação constitui o elemento jurídico da sociedade e do Estado. As grandes linhas da referida corrente são as seguintes: a instituição é uma ideia de obra ou empresa que se realiza e dura juridicamente no meio social; para a realização dessa ideia, organiza-se um poder que lhe procura os órgãos necessários; por outra parte, entre os membros do grupo social interessado na realização da ideia, produzem-se manifestações de comunhão dirigidas por órgãos de poder e reguladas por procedimentos. As instituições nascem, vivem e morrem juridicamente; nascem por operações de fundação que lhes subministra seu fundamento jurídico ao continuar-se; vivem uma vida, ao mesmo tempo, objetiva e subjetiva graças a operações jurídicas de governo e de administração repetidas e, ademais, ligadas por procedimentos; por fim, elas morrem por operações jurídicas de dissolução ou de ab-rogação. Desse modo, as instituições representam juridicamente a duração, e sua urdidura sólida se cruza com a trama mais frouxa das relações jurídicas passageiras.[6]

Nesse sentido, conquanto a sociedade nasça da motivação pessoal dos sócios e passe a existir a partir do estabelecimento de um contrato, ela se afirma com a personalidade jurídica que dá surgimento a um ente independente, titular de deveres, obrigações e direitos subjetivos,[7] independentemente, pois, dos interesses egoístas de seus sócios, vez que ela se rege por regras e valores relevantes e de finalidade social que os distinguem. Como instituição, a

6 Hauriou, *apud* Rubens Requião, A Sociedade Anônima como "Instituição", Revista de Direito Mercantil, Industrial, Econômico e Financeira nº 18, RT, pp. 26-27.

7 [bisogna ammenter] che una operazione di fondazione si è combinata con un'operazione contrattuale. Se una società commerciale per azioni fa nascere un corpo constituite, vuol dire che il suo statuto, malgrado le apparenze contrattuali, contiene una fondazione, perché il contratto, di per se stesso, non potrebbe esser fonte che di obligazioni tra i soci, come accade nelle società di diritto civile (Hauriou, Teoria dell'instituzione e della fondazione, Giuffré Editore, Milão, 1967, p. 37).

personificação da sociedade implica uma *realtà* como entidade movida pelos interesses exclusivamente próprios, e não daqueles de seus membros.[8]

Nas instituições-corporações, tais como a sociedade anônima, as ideias do contrato privado, da relação entre as vontades individuais e das reuniões de vários interesses particulares são substituídas pela noção de organismos com fins e meios superiores e em duração aos dos indivíduos que os compõem; a repartição hierárquica de poderes é transformada em fim comum, que é um limite às vontades individuais e ao próprio poder; aplicam-se regras de direito administrativo mais do que regras contratuais; prevalece a noção de interesse intermediário entre o dos indivíduos e o do Estado.[9]

Ao que interessa a este estudo, extraímos da concepção institucionalista a vinculação do interesse social não mais à pessoa dos sócios, como pretende a teoria contratualista, mas, sim, à pessoa da instituição, que tem fins próprios – não necessariamente coincidentes com os dos sócios – e que, naturalmente, se alternam como detentores dos títulos acionários, enquanto a sociedade tende a permanecer no tempo e, assim, sobreviver aos seus acionistas.[10] A questão basilar que distingue essas doutrinas funda-se na divergência da finalidade social: enquanto os contratualistas a alinham aos interesses dos sócios, os institucionalistas a tem como bem superior da companhia. Não se discute, pois, a existência de um interesse, mas, sim, qual titular desse interesse há de ter a supremacia, ou seja, a que patrimônio jurídico se destina, primordial-

8 Carlo Vanetti, *in* M. Rotondi, Inchiesta di Diritto Comparato, vol, 5, I Grandi Problemi della Società per Azioni nelle Legislazioni Vigente, Padova, Cedam, 1978, p. 246.

9 Cañizares, *apud* José Waldecy Lucena, Das Sociedades por Cotas de Responsabilidade Limitada, 4ª ed., Renovar, Rio de Janeiro, 2001, p. 64.

10 Chief Justice Marshall, no caso Trustees of Dartmouth College v. Woodward, 17, V.S. (4 Wheat) 518,636 (1819), parece acompanhar a tese institucionalista ao definir, em seu voto, a personalidade jurídica da companhia: "[is] an artificial being, invisible, intangible, and existing only in contemplation of law. Being the mere creature of law it possesses only those properties which the charter of it's creation confers upon it, either expressly, or as incidental to its very existence. These are such as are supposed best calculated to effect the object for which it was created. Among the most important are immortality, and, if the expression may be allowed, individuality; properties, by which as perpetual succession of many persons are considered as the same, and may act as a single individual. They enable the corporation to manage its own affairs, and to hold property without the perplexing intricacies, the hazardous and endless necessity, of perpetual conveyances for the purpose of transmitting it from hand to hand. It is chiefly for the purpose of clothing bodies of men, in succession, with these qualities and capacities, that corporations were invented, and are in use. By these means, a perpetual successions of individual are capable of acting for the promotion of the particular object, like one immortal being." (*apud* James D. Cox e Thomas Lee Hazen, Cox & Hazen On Corporations, Vol. I, 2nd edition, Aspen Publishers, New York, 2003, pp. 4-5.

mente, tal interesse. Com efeito, neste estudo, o que importa é a *existência de um interesse social*, cuja prevalência se afirma nos sócios ou na sociedade.

Na sequência, impõe-se a pergunta: Esse interesse social atinente às sociedades anônimas poderia consistir em empecilho primário à utilização da arbitragem na solução dos conflitos societários?

Parece-me que não. Em hipótese alguma, creio, a discussão da natureza jurídica das companhias pode influir ou gerar um obstáculo à concretização da arbitragem no âmbito das relações jurídicas concertadas pelas companhias e seus acionistas – mais especificamente, no nível intrassocietário. Ao contrário, a arbitragem se integra ao interesse social e com este se harmoniza sem embargo da corrente conceitual que se adote para definir a natureza jurídica das sociedades. Como instrumento de realização de justiça, ela agrega valores importantes que coincidem com o interesse social das companhias.

A consecução do escopo social depende, naturalmente, da convivência regular daquelas pessoas vinculadas à sociedade e daquelas que com esta mantêm vínculos obrigacionais. Essa regularidade propiciará o desenvolvimento das relações sociais e a consecução do objeto social dentro da normalidade essencial para o atingimento dos fins almejados. No entanto, a ruptura da normalidade nas relações gera, por certo, tensão indesejada e deslocamento do foco empresarial em detrimento da atividade social. Nesse momento, o interesse social se desgarra de hierarquias e egoísmos para coincidir com o dos sócios e o da companhia na busca de solução justa, imparcial e, acima de tudo, célere. A arbitragem, assim, converge para o interesse do grupo social (i.e., os sócios) e o da empresa e os ajusta no mesmo patamar; suprime hierarquias e, por isso, resume em si ambos os interesses.

Tanto sob o ponto de vista dos sócios quanto da empresa, a arbitragem agrega valor jurídico e concretiza seus objetivos. Os interesses se harmonizam e se imbricam em um interesse jurídico comum, independentemente da corrente doutrinária que se adote: a contratualista ou a institucionalista não negará as vantagens que a arbitragem adiciona às relações intrassocietárias.

Os interesses dos sócios e da empresa repudiam, por certo, a paralisação ou a obstrução das atividades sociais. A eternização dos conflitos internos prejudica tanto os sócios quanto a companhia, desvirtua o foco e mina a energia dos administradores; ademais, afeta, sensivelmente, a produtividade e pode gerar impasse nas deliberações sociais. Toda essa problemática pode exponenciar-se caso não haja uma resposta plena, em tempo razoável e que ponha fim às desavenças. A falta de efetividade na resolução das controvérsias intrassocietárias afetará, sem dúvida, o interesse de sócios e da empresa. Não importa quem detenha a supremacia: o interesse geral restará prejudicado na ausência de mecanismo ágil de resolução de conflitos. Pouco relevante, nesse particular, a corrente doutrinária perseguida – contratual ou institucional –, vez que ambas identificam a existência de um interesse social e, tão somente, debatem a que titular tal interesse se deve dirigir.

A arbitragem, por essência, ao mesmo tempo em que realça o interesse dos sócios possibilita a preservação da empresa. Ela se coaduna com tal interesse e o ressalta ao prover os meios para sua concretização. A arbitragem é elemento objetivo na otimização do interesse social, frise-se, independentemente da concepção contratualista ou institucionalista da natureza jurídica da sociedade. Mais ainda: também se compatibiliza com outra doutrina desenvolvida a partir dos estudos de **Coase** a qual se vale da visão econômica para determinar os fundamentos jurídicos da empresa.[11]

A referida teoria adota, e sobreleva, uma mesclagem econômica de moda a se opor às tradicionais contratualista e institucionalista.[12] Isso porque as tradicionais teorias foram elaboradas em ambiente econômico muito diverso do atual, razão de hoje o direito societário estar invadido por novas teorias judídicas e, sobretudo, novas tentativas de explicação econômica de seus fundamentos. [13]

Segundo a análise econômica da empresa e do interesse social a companhia é retratada como uma rede de contratos (*nexus of contracts*) a ela umbilicalmente ligados como centro de irradiação de extensa relação jurídica[14]

---

11 The nexus of contracts has its roots in pioneering economics analysis by Ronald Coase in the 1930s. (Robert W. Hamilton , The Law of Corporations in a Nutshell, , fifth edition, West Group, St. Paul, Minnesota, 2000, p. 52.

12 De acordo com William W. Bratton, "[Nevertheless], a theory of the firm now advanced in corporate law literature, here termed the 'new economic theory of the firm' makes this claim. This theory explains corporate relationships and structures in terms of contracting parties and transaction costs (...) The new economic theory's core notion describes the firm as a legal fiction that serves as a nexus for a set of contracting relations among individual factors of production." (The "Nexus of Contracts" Corporation: A Critical Appraisal, Cornell Law Review, Cornell University, 1989, p. 1). No ano de 1989, por meio do texto "The Debate on Contractual Freedom in Corporate Law", Lucian Arye Bebchuk afirmava que "[As already noted], an important question in corporate law theory is whether the corporation should be viewed as a contractual being a nexus of contracts. The contractual view of the corporation is now well accepted among economists, and many corporate law scholars, including those who advance the deregulatory view, subscribe to it." (Columbia Law Review, Directors of the Columbia Law Review Association, p. 7). Segundo informa William B. Bratton, essa nova teoria surgiu de um artigo escrito em 1972 por Alchian e Demstz (Production, Information Costs, and Economic Organization) e com a posterior análise da empresa, apresentada por Jensen e Meckling em 1976 (Theory of the Firm: Managerial Behavior, Agency Costs and Ownership Structure).

13 Calixto Salomão Filho, O Novo Direito Societário, 2ª edição, Malheiros Editores, São Paulo, 2002, p. 25.

14 Among Professor Coase's insights, was the observation that the essence of a firm is a long term relational contract by which each factor of production is affiliated with the other factors contributing to the enterprise. From this insight the nexus of contracts model has developed. Professor Stephen M. Bainbridge describes this model as follows:

– vínculo que a liga aos sócios, fornecedores, trabalhadores e capitalistas.[15] Essa visão econômica centra-se no conceito e na dinâmica dos custos de transação, cuja teoria procura demonstrar que os controles interno e externo podem ser úteis para os interesses da empresa.[16]

O interesse da empresa não mais pode ser identificado, como no contratualismo, ao interesse dos sócios nem, tampouco, como na fase institucionalista mais extremada, à auto preservação. Deve, isso sim, ser relacionado à criação de uma organização capaz de estruturar da forma mais eficiente – e aqui a eficiência é a distributiva, e não a alocativa – as relações jurídicas que envolvem a sociedade.[17]

---

'The nexus of contracts or contractarian model conceptualizes the firm not as an entity but as an aggregate of various inputs acting together to produce goods and services. Employees provide labor. Creditors provide debt capital. Shareholders or partners, as the case may be, initially provide equity capital and subsequently bear the risk of losses. The firm is simply a legal fiction representing the complex set of contractual relationships between these inputs. In other words, the firm is not a thing, but rather a nexus or web of explicit or implicit contracts establishing rights and obligations among the various inputs making up the firm.'...In this model, the managers are viewed as the essential glue that fits together all the various contributors to the firm in the most efficient way.... The shareholders are simply contractual suppliers of residual capital, the group whose 'contract' entitles them to the residual profits of the business and requires them to assume the primary risk of loss since all other providers to the corporation have priority in payment over them. Shareholders are not viewed as 'owners' of the corporation. Rather, they are only the several contractual suppliers of vital resources to te corporation." (The Law of Corporation in a Nutshell, *op. cit.*, pp. 52-55.

---

15 De acordo com William W. Bratton, "[Within this framework], firm contracts take forms determined by the imperative of reducing costs. Contracts that allocate risk have winners and losers. Losers maximize their positions by taking actions to avoid having to perform their promises fully – the theorists call this 'shirking'. Agency costs are the costs of shirking. Rational economic actors know all about possibilities for shirking and charge the agency costs against their contracting partners ahead of time. Given competition, the party who must reduces agency costs has the edge. And contract forms with the lowest cost survive. Theorists apply this model to explain a range of corporate arrangements including diverse phenomena as the positive law relations among shareholders, boards of directors and officers; the internal decisionmaking structures, policies, and procedures of corporate bureaucracies; and the contracts firms make with employees, suppliers, and creditors." (op. cit. p. 5).

16 Calixto *Salomão Filho, o.p. cit.* p. 42. Afirma o mesmo autor que "O controle interno naqueles casos em que o estabelecimento tinha uma relação externa, contratual, de mercado com determinado grupo, seria mais custoso. E o controle externo, na medida em que os interesses de eventual grupo de controle interno sejam tão heterogêneos que levem a custo de transação (leia-se tomada de decisões) altíssimas, acarretando virtualmente paralização da empresa ou sua operação ineficiente" (*ibidem*, p. 42).

17 *Ibidem*, p. 42.

Essa teoria afasta do núcleo de interesses da sociedade a vontade dos sócios ou a manutenção da empresa para identificá-los à estrutura organizacional que melhor atenda à diversidade do feixe contratual e às vicissitudes que toda relação jurídica ou negocial produz.[18] Há um pressuposto de interdependência dessa rede de contratos cuja consequência converge para a montagem de uma organização capaz de resolver eficazmente os conflitos que deles se originarão. A formatação de estrutura apta, dinâmica e suficientemente atenta e ágil na resolução dos conflitos originados dessa rede de relações passa a se identificar com o interesse social. O feixe que liga e vincula todos à empresa resta por gerar certa dependência recíproca e, naturalmente, fricções que precisam ser eficazmente solucionadas.

O interesse social passa, então, a ser identificado com a estruturação e a organização mais apta a solucionar os conflitos entre o feixe de contratos e as relações jurídicas.[19] Aqui *eficiência econômica* implica *eficiência jurídica*. A estrutura organizacional desenvolvida pela empresa, para melhor atender às suas atividades, depende de aparelhamento jurídico ágil para resolver os atritos que relações interligadas e próximas e, acima de tudo, interdependentes, possam ocasionar. A *eficiência jurídica*, nesse particular, atenderá aos anseios econômicos da organização ao tratar o conflito como ruptura temporária da relação e, assim, possibilitar sua retomada pelo acerto do negócio em tempo razoável, de certa forma consensual e por força de decisão palatável para os demandantes.

Nesse ponto, o interesse social se alinha ao instituto da arbitragem. De antemão, pode-se afirmar, a utilização da arbitragem é fator de redução dos chamados custos de transação[20] e, assim, agrega valor à empresa sob a ótica organizacional e de uma rede de contratos interligados. Quanto ao *valor*

---

18 Exemplo típico é a organização empresarial que agrupa em seu espaço físico os seus fornecedores como forma de otimizar a produção e melhorar a qualidade dos produtos. São os chamados consórcios modulares, característicos das montadoras de automóveis.

19 Calixto Salomão Filho, *op.cit*, p. 43.

20 Segundo atesta G. Richard Shell, "Arbitration helps to reduce the transaction costs of 'continuing exchange relation[s]' in four primary ways. First, as noted above, the use of an arbitration clause helps to build an atmosphere of trust and goodwill and encourages negotiated settlement of disputes. Second, arbitrators can expand the transaction resource available to the parties at negotiation and renegotiation stages by providing new information, ideas, and solutions to contractual impasses. Third, arbitrators provide neutral 'division services' to parties that reduce tension when the parties must divide the profits or losses resulting from their efforts. Finally and most obviously, arbitrators provide speedy, credible enforcement services to deter opportunistic breaches of contract and to compensate the wronged party when such breaches occur. The expertise of arbitrators, the informality and relative efficiency of arbitration procedures, and the ability of arbitrators to rest their decisionon relational norms peculiar to the parties-such as trade customs and courses of dealing – are attractive to the parties seeking governance structures that will give them confidence in their relationships with one another." (Arbitration and Corporate governance,- North Carolina Law Review, North Carolina Law review Association, 1989, p. 19).

*agregado*, não temos dúvida. Ao mesmo tempo, como essa teoria abrange os contratos que extrapolam as relações eminentemente internas da sociedade, torna-se relevante neste capítulo avançarmos, um pouco, nas relações externas da sociedade (v.g., com fornecedores), a fim de se demonstrar a sua harmonia com o instituto da arbitragem.

Com efeito, a arbitragem facilita a manutenção de uma relação jurídica conturbada, mesmo entre agentes que mantêm relação comercial corriqueira, pois se trata de um procedimento informal e consensual.

A consensualidade está na livre escolha das regras de direito material e procedimental; está na liberdade de escolha do julgador e, caso desejável, na fixação de pré-requisitos de qualidade técnica como condição à nomeação. Está, também, na escolha do local da sede da arbitragem que se traduz em ótima oportunidade para se afastarem receios quanto à ausência de neutralidade de certas jurisdições, a qual muito aflige as empresas estrangeiras.

A informalidade ou flexibilidade do procedimento rompe, inconscientemente, as barreiras que separam as partes e respectivos advogados, e as partes – por que não? – dos membros do Tribunal Arbitral. A informalidade do procedimento arbitral torna mais ameno o depoimento dos representantes legais das partes e das suas testemunhas os quais, ao se verem libertos de certos ritos e formalidades para eles usualmente desconhecidos, ficam mais relaxados, sem as pompas jurídicas. Dessa forma, cria-se para todos, não raro, um cenário mais propício ao descobrimento da verdade material, inclusive, pela ampla duração das audiências.

Mas não são somente essas as vantagens inerentes ao instituto da arbitragem. Esta é, normalmente, confidencial e pressupõe a especialização dos árbitros nomeados. A propósito, confidencialidade é, na atualidade, elemento de máxima importância no mundo globalizado e altamente competitivo. A *internalização* da controvérsia, por certo, preserva o interesse social. É eficiente para a empresa que o conhecimento da disputa que trava com um cliente ou fornecedor se limite a um grupo mínimo e restrito de pessoas. Não interessa à companhia que seu conflito seja ventilado publicamente, pois o negócio jurídico em conflito pode ser um ativo importante não só pelo diferencial da engenharia de transação e de estruturação jurídica, bem como pelo assédio de concorrentes ao parceiro da companhia. E tais razões também se aplicam aos conflitos gerados *interna corporis*.

A especialidade do árbitro é outro elemento substantivo e de forte implicação na otimização da *eficiência jurídica* como patrimônio inerente ao moderno conceito de interesse social. Conforme ressaltado por **Bruce L. Benson:**

> *"The differences between arbitration and litigation may also be instructive. For example, unlike judges and juries, arbitrators tend to specialize in particular types of disputes. A knowledgeable specialist can render a decision more quick-*

*ly and with less information transfer from, and therefore less costs incurred by, the disputants, and is less likely to make an error."*[21]

A especialidade rompe com a assimetria de informações existente nos litígios judiciais. O árbitro especialista não só independe de *mais* informações das partes, bem como detém maior potencial crítico sobre os argumentos dos demandantes, em razão do grau de conhecimento que possui a respeito da questão controvertida. Segundo afirma **José Emílio Nunes Pinto:**

> *"A questão da especialização do árbitro assume contornos bastante relevantes quando da escolha da arbitragem como meio de solução de controvérsias. Deve-se ter em mente que os contratos complexos, por sua própria natureza, são tidos como contratos incompletos. A completude de um contrato, quando de sua elaboração, acarreta um aumento significativo dos custos de transação, razão pela qual as partes preferem deixar lacunas e omissões em seu texto para que sejam supridas quando da interpretação das cláusulas contratuais relativas à controvérsia que venha a surgir no curso de sua vigência. Nesses casos, a forma de interpretação mais adequada é a contextual em oposição à interpretação literal. A interpretação contextual está perfeitamente alinhada com o dispositivo contido no art. 112 do Código Civil de 2002, onde se atenderá mais à intenção das partes contidas nas declarações por elas feitas do que o sentido literal da linguagem. Nesse sentido, deve-se valorizar a especialização do árbitro na matéria objeto da controvérsia que, por deter o mesmo grau de informação que as partes, poderá suprir adequadamente as lacunas e omissões contidas nos contratos incompletos. Pode-se mesmo afirmar que existe entre as partes e o árbitro especializado uma simetria de informações que assegura que a solução da controvérsia venha a se efetivar da forma esperada. Portanto, no que tange aos direitos patrimoniais disponíveis, quando da escolha entre o recurso ao Poder Judiciário e à arbitragem, deverão as partes analisar a importância do papel que possa vir a ser desempenhado pelo árbitro especialista."* [22]

---

21 Arbitration, 162 (internet, <Encyclopedic of Law and Economics <encyclo.findlaw.com/7500book.pdf>). Ainda no dizer de Benson, "Any dispute is 'adversarial' of course, but in the commercial area, the voluntary use of arbitration is motivated by positive economic incentives. Private arbitration appears to be an attractive substitute for litigation, in part because arbitrators can be selected on the basis of their expertise in matters pertinent to specific disputes, as noted above. Governments judges need have no such expertise, so arbitration reduces the uncertainty associated with judicial error and/or bias. This specialization also means that arbitration can be accomplished faster, less formally, and often with less expense than litigation because the parties do not have to provide as much information to the arbitrator as they would to a judge/jury". (*op. cit.* p. 164)

22 "A Arbitragem na Recuperação de Empresas", Revista de Arbitragem e Mediação, ano 2, nº 7, Outubro-Dezembro de 2005, editora Revista dos Tribunais, p. 80. De acordo com Arnoldo Wald, "Pode-se concluir que o juiz passa a exercer uma nova função, deixando de ser autoridade que tão-somente resolve as situações patológicas de conflito

A simetria de informações tende, claramente, a otimizar o procedimento de resolução de conflitos e, ademais, o conhecimento específico do árbitro, aliado à sua voluntária indicação, torna mais palatável sua decisão para a parte perdedora. Afinal, o consenso é a base da manifestação de vontade quanto ao procedimento. A opção pela jurisdição arbitral, em detrimento da justiça estatal, a liberdade de escolha da lei aplicável, inclusive usos e costumes[23] e princípios gerais de direito, e das regras procedimentais, aliadas à oportunidade de se indicar árbitro especializado, realçam a consensualidade desse meio de resolução de conflitos e, de outro lado, atraem para os demandantes uma espécie de corresponsabilidade pelo produto final oriundo da arbitragem (i.e., a decisão dos árbitros) traduzida na ponderada assimilação de suas conclusões fático-jurídicas. [24]

---

entre empresas ou entre indivíduos, mas assume um papel de vigilância e fiscalização do mercado [por força de um Estado menos intervencionista e da incontestável ampliação da área contratual] (...) essa transformação pressupõe uma formação distinta daquela que o magistrado tinha no passado, abrangendo uma especialização, ou seja, maiores conhecimentos econômicos e técnicos, além da possibilidade de dispor do tempo necessário para decidir as questões mais complexas, seja na apreciação dos fatos, seja na análise do direito aplicável...Acresce que recentes pesquisas indicam que a maioria dos juízes, ou que uma grande parte dos mesmos, nem sempre respeita o texto e o espírito dos contratos empresariais, fazendo prevalecer o que entendem ser o interesse social, que pode ter uma interpretação subjetiva, ensejando uma incontestável insegurança jurídica (...) Efetivamente, é preciso que, em tais processos [mais complexos], tenhamos julgadores especializados, conhecedores da realidade econômica e técnica do contexto no qual vão decidir a causa, dispondo, outrossim, do tempo necessário para examinar todas as peculiaridades de cada caso que pode ser de dias, de semanas, meses e até anos. Há necessidade de uma justiça sob medida, que conheça o passado e o presente dos negócios e possa prever razoavelmente o futuro, ou seja, as consequências da decisão proferida. Cabe-lhe também considerar as situações peculiares das partes, o espírito no qual os contratos foram assinados e ainda a evolução do meio ambiente, ou seja, do contexto no qual estão sendo executados, para garantir a justiça equilibrada com certa dose de equidade, sem sair das linhas gerais estabelecidas no acordo firmado entre as partes. Essa função altamente construtiva do árbitro se distingue, pois, da desempenhada pelo Poder Judiciário, tanto pelas exigências dos clientes, como pela necessidade de compreender a visão dos problemas de cada um deles e de conciliar as pretensões de ambos, considerando suas respectivas perspectivas." (A Arbitragem e os Contratos empresariais Complexos, *in* Revista de Arbitragem e Mediação, ano 2, nº 7, outubro-dezembro de 2005, pp. 13 e 18).

---

23 J.C. Chen registra: "Arbitration is also attractive because international traders generally assume that national courts will not enforce obligations derived solely from customary commercial law." (*apud* Bruce L. Benson, *op. cit.*, p. 168).

24 Vale registrar trecho da decisão proferida pela juíza Marcia Cunha (Ação Ordinária nº 2000.001137.439-0, TJ/RJ, 44ª. Vara Cível, 01.06.02), *verbis*: "*[diversos] são os princípios de hermenêutica jurídica a serem levados em conta, que apontam para a preservação*

Esse cenário propicia a preservação da relação jurídica e negocial com o parceiro com quem a questão se debate, a ponto de, inúmeras vezes, a arbitragem conduzir os demandantes a uma transação que põe fim ao conflito;[25] em linha, pois, com o interesse social, independemente do sujeito jurídico que detém a primazia desse interesse.

Não bastasse, a tão decantada celeridade do procedimento arbitral se põe em plena sintonia com a persecução da redução dos custos de transação necessária à melhoria do nível de eficiência de todas as empresas. Já foi dito, e repetido, que "justiça demorada resulta em injustiça". Para os empresários, a perda de tempo é mais prejudicial do que a perda de dinheiro, simplesmente porque dinheiro se recupera com negócios, enquanto o tempo é irrecuperável.[26] Segundo registra **Bruce L. Benson**, "*Another benefit arises when government court time is allocated by waiting, since delay can be devastating to a business.*" [27]

Nesse ponto, uma particularidade da arbitragem não apontada pela doutrina – mas experimentada na prática e ao lado da especialização – se consubstancia em um dos elementos da celeridade: falo da disponibilidade do árbitro para o exame e o trato da questão controversa. Enquanto o juiz estatal está submetido a uma judicatura de milhares de processos, o árbitro, por

---

*da decisão* [arbitral]. *Em primeiro lugar, o Juízo Arbitral é composto por membros escolhidos livremente pelos litigantes, vigindo aí o princípio da confiança que estes depositam nos eleitos, levando-os a uma maior responsabilização pelas suas decisões, do que quando se submetem à jurisdição pública, onde jamais podem escolher o julgador. Portanto, não é qualquer equívoco dos árbitros que levará à nulidade de suas decisões, não podendo ser aplicados os mesmos critérios adotados na jurisdição pública para nulidade dos atos judiciais.*"

Segundo estatísticas da CCI, 90% das decisões arbitrais são cumpridas espontaneamente. Sustenta René David: "A sense of fair dealing on one hand, the respect for public opinion on the other, also the fear of being criticized by one's own community or that non-performance may be interpreted as evidence that one's business is in a critical financial situation are reasons why arbitral awards are most generally promptly and willingly executed by business people. Such conduct may also be encouraged if the loosing party is led to believe that the community will not remain passive in case of non-performance but that sanctions may be imposed if the award is not executed." (*apud* Bruce L. Benson, *op.cit.*, p. 168.

---

25 De conformidade com as estatísticas da CCI, aproximadamente 50% das arbitragens terminam por acordo das partes.

26 Segundo Heitor Beltrão, "Além disso, as sentenças judiciais têm, todas elas, um defeito capital: a demora. A espera é a morte do comerciante. Ele prefere perder dinherio, a perder tempo. Aquele é recuperável, este não. Toda questão comercial que não encontra solução imediata solapa o crédito – e o crédito é mais que a vida para o negociante, depositário, sem o pensar, de uma partícula desse todo que é a riqueza patrimonial de uma nação, o que quer dizer, da única força indiscutível nas relações internacionais." (Do Arbitramento Commercial, Typ. Jornal do Commercio, Rio de janeiro, 1923, pp. 11-12).

27 *Op. cit.*, p.164.

sua vez, se dedica a um número bastante limitado de questões. Conquanto o volume de documentos, não raro, seja exacerbado, o árbitro dispõe (e *deve* dispor) de tempo suficiente para se dedicar, com atenção, aos fundamentos fáticos e jurídicos e aos detalhes constantes da massa probatória. Do mesmo modo, ao reverso do que ocorre na justiça comum, os depoimentos dos representantes legais das partes, dos *experts* e das testemunhas podem prolongar-se por dias, semanas e até meses, se a complexidade do tema assim exigir. Na arbitragem, pode-se afirmar, o devido processo legal se concretiza com minudência exaustiva.

Tudo o que acima foi registrado confirma a contribuição da arbitragem para com o desiderato contido no interesse social de toda a sociedade anônima, independentemente da questão da alocação da primazia do interesse social e, por conseguinte, das nuances que distinguem as teorias sobre a natureza jurídica das sociedades anônimas.

A arbitragem é tema que transcende a discussão sobre a qual sujeito se endereça o interesse social. Como vimos, ela se harmoniza com o interesse dos sócios, da sociedade e da comunidade de empregados, fornecedores e demais pessoas ligadas à companhia; é, portanto, suprapartidária, consolida e traduz o interesse de todos os sujeitos e agentes relacionados à sociedade e ao mercado de capitais. Ela proporciona a manutenção da parceria negocial e, assim, preserva o interesse social que se extrai da organização como feixe de contratos interdependentes. É, nessa esfera, elemento propulsor da *eficiência jurídica* imperativa à execução qualificada do objeto social das sociedades anônimas.[28]

A *eficiência jurídica* se apresenta na arbitragem, pois o instituto, também, é veículo de redução dos chamados custos de transação, seja pela premissa da simetria de informações antes referida, seja pela simples ausência de recursos verticais e horizontais admitidos nos procedimentos judiciais.[29] Afinal, os

28 "È noto come, in generale, il recorso al procedimento arbitrale, a fronte di una giustizia civile sempre più collassata, sia diventato nella realtà contrattualistica un'esgenza quasi ineludibile al fine di risolvere nelle forme più celeri le controversie insorte od insorgende tra le parti, ed è altrettanto noto como tale esigenza sia ancor più avvertita nell'ambito societario in cui il contratto constitutivo, essendo di regola di lunga durata, deve confrontarso con una realtà necessariamente mutevole; ne consegue che l'eventuale affidamento della controversia al giudizio ordinario, costituzionalmente inidoneo a fronteggiare in modo tempestivo le nuove e sempre imprevedibili istanze socio-economiche, potrebbe addiritura 'comportare la morte della società (perlomeno di quella società nella sua individualità economico-giuridica)." (Roberto Ambrosini, Clausola Compromissoria e Invalidità delle Delibere Assembleari, *in* Giurisprudenza, 1609, Le Società, Revista di Diritto e Pratica Commerciale Societaria e Fiscale, ano XIV, nº 12, Dezembro/1995.

29 Não apenas a Economia dos Custos de Transação considera que o modo de pensar sobre contratos e organizações seja o da ótica do planejamento e propósito minimizadores de custos, como a governança e a própria existência das firmas são temas fundamentais da ECT. (Oliver Williamson, "Por que Direito, Economia e Organizações?", *in* Direito &

custos alocados a todas as relações negociais contabilizam-se pelos mecanismos dispostos nos contratos com vistas à superação dos futuros e necessários ajustes. Todo contrato complexo é, por natureza, incompleto por força das limitações humanas, dos imprevistos e da dinâmica e agilidade dos negócios. O empresário não tem tempo suficiente, sequer, para planejar e avaliar, com razoável tranquilidade, as opções que embasam certas decisões empresariais. O tempo e os atos da concorrência, não raro, exigem rapidez na tomada de decisões, o que, por sua vez, implica, naturalmente, a assunção de riscos a elas inerentes e inevitáveis.

O custo e a dificuldade de se fixar o espectro de nuances que advirão e impactarão na relação contratual resultam em declarações, condições e termos que necessitarão de ser preenchidos futuramente, ou melhor, interpretados e integrados, posteriormente, sob a égide de novo cenário e de realidade, por certo, distinta e distante daquela em que o negócio se concretizou. Como bem ressalta **Richard Shell:**

> "*Transaction costs= economists focus on the human agents who make and perform commercial agreements to explore the world of private contracting. Transaction cost theory makes two basic assumptions about these human agents. First, human beings have 'bounded rationality' – they are not capable of knowing, understanding, or providing for all possible contingencies in their relationships with others. In practice, the attribute of bounded rationality means that people makes contracts with less than perfect information about their contracting partners and the future. Second, people are, to varying degrees, opportunistic and will, if the chance arises, serve their self-interests in preference to and at the expense of their contracting partners. Transaction cost theory does not assume that all people are opportunistic all of the time. It is enough that some are inclined to 'cheat' some of the time and that is extremely difficult for the noncheating parties to know who the opportunists are in advance.*"[30]

Com base no fato de que o desenho de contratos que considerem todas as contingências possíveis é custoso, a teoria [dos contratos incompletos] considera que os agentes deixam lacunas contratuais que serão preenchi-

Economia – Análise Econômica do Direito e das Organizações, org. Decio Zylbersztajn e Raquel Sztajn, editora Campus, Rio de Janeiro, 2005, p.52. Segundo R. Gilson, "Quando advogados empresariais atuam bem como engenheiros de custos de transação, 'as cortes e a lei formal, em geral, diminuem drasticamente de importância'...Edward Rubin afirma que "[as faculdades] de Direito (e os estudiosos dos contratos de um modo geral) precisam de uma 'teoria dos contratos (...) que incorpore o *processo contratual em si*, ao invés do processo contratual judicial', 'consequentemente um domínio não-judicial do comportamento contratual' ganhará ênfase." (*apud* Oliver Williamson, *op. cit*, pp.46 e 48).

30 op. cit. p. 18.

das *a posteriori*. Tal teoria é fundamentada pelo pressuposto da racionalidade limitada, que impede o desenho de contratos completos, e considera que existe lógica de eficiência para a definição dos direitos pós-contratuais.[31] Daí a importância dos mecanismos contratuais mínimos de proteção e redução de custos relacionados à execução do contrato e aos riscos dela advindos. As rupturas devem, portanto, ser tratadas de forma temporária e eficiente. Somente assim será possível, em geral, preservar a relação e atenuar os custos associados ao *completamento*, no tempo, do negócio jurídico complexo. [32]

---

31 Raquel Stajn, Decio Zylbersztajn e Paulo Furquim de Azevedo, *in* "Economia dos Contratos", Direito & Economia..., p. 109. O fato é que a própria tentativa de se negociar *ex ante* um número mais amplo e detalhado de cláusulas e condições contratuais implica dispêndio de recursos, tempo e desgaste pessoal que a dinâmica dos negócios, geralmente, repudia e que aumenta os custos de transação. De todo modo, mesmo com a exaustão negocial, os fenômenos apontados por Posner do oportunismo (incumprimento de uma promessa ou aproveitamento de uma situação que viole o pactuado) e das contingências imprevistas (fatores exógenos que alteram o contexto negocial e tornam inconveniente uma situação, até então, benéfica) desacreditam a tese da existência de contrato imune a questionamentos. Daí a importância da escolha de um meio eficiente de solução de conflitos e de preenchimento das lacunas contratuais. (cf. German Coloma, Analisis Economico del Derecho – Privado y Regulatorio, Ciudad Argentina, Buenos Aires, 2001, p. 184). Segundo informa Juan Vicente Sola, "Los costos en esta categoría [de decisión y de negociación] se refieren a los gastosque deben hacerse cuando un contrato está siendo redactado y se plantea la preocupación de las partes por la negociación y generar un acuerdo sobre su contenido. No solamente se requiere tiempo en el proceso, sino que cosas como un asesoramiento jurídico costoso pueden ser necesarias. Cuando existe asimetría de información, porque algunas de las partes posee una información privada que el otro no posee, puede haber resultados ineficientes. Al mismo tiempo un contrato puede ser más o menos complicado desde el punto de vista jurídico y por lo tanto más o menos difícil de negociar. Los costos de decisión incluyen los costos de *obtener información* y de *transformar la información* obtenida en una información que pueda ser utilizada en la negociación. Esto incluye la compensación que se paga a los asesores y los costos de llegar a decisiones dentro de grupos". (Constitución y Economia, Abeledo Perrot, Buenos Aires, 2004, p. 222).

32 São três as razões apontadas por Masten para a existência dos contratos, a saber: prover a alocação eficiente do risco (teoria da agência), prover incentivos eficientes (teoria dos incentivos) e economizar em custos de transação *ex post* (Economia dos Custos de Transação). Raquel Stajn, Decio Zylbersztajn e Paulo Furquim de Azevedo, *ibidem*, p. 105.

CAPÍTULO 4

# ARBITRABILIDADE SUBJETIVA. A INSERÇÃO, POR MAIORIA DE VOTOS, DE CLÁUSULA DE ARBITRAGEM NOS ESTATUTOS DE SOCIEDADE ANÔNIMA ABERTA E A IMPOSIÇÃO DE SEUS EFEITOS A TODOS OS ACIONISTAS

## 1. Introdução

Neste capítulo, enfrentamos o controvertido tema da arbitrabilidade subjetiva no campo das sociedades anônimas, nas disputas que envolvem a companhia, seus acionistas (majoritários ou minoritários), administradores em geral (membros dos Conselhos de Administração e da Diretoria estatutária) e integrantes de órgãos "criados pelo estatuto, com funções técnicas ou destinados a aconselhar os administradores" (art. 160, Lei nº 6.404/76).

A matéria é por demais polêmica e, apesar dos esforços doutrinários, restará por ser, ao fim e ao cabo, esclarecida pela via jurisprudencial por causa da ausência de lei clara e determinante quanto aos limites e do alcance da estipulação compromissória no seio dos estatutos sociais.[1] Não se pode olvidar que a matéria não tem sido difundida e debatida em demasia pelos estudiosos da arbitragem; só recentemente, foi objeto de alguns trabalhos publicados em livro e em textos avulsos divulgados em revistas especializadas. Trata-

1 No Brasil, o art. 109, parágrafo 3º, da *Lei nº 6.404/76* (dispõe sobre as Sociedades Anônimas) – introduzido pela *Lei nº 10.303/2001* –, conquanto tenha previsto a possibilidade de se estabelecer a arbitragem para a resolução dos conflitos que envolvam os sócios majoritários e os minoritários, e estes e a sociedade, sem qualquer tipo de restrição quanto a *quorum* e quanto a eventual direito de retirada, ainda assim, e talvez pela ausência desses mecanismos protetivos (inobstante entender desnecessários), é motivo de debate quanto a validade e à eficácia da convenção, se ausente o consentimento de todos os acionistas. Na Espanha, não há regra lançada no *Real Decreto Legislativo nº 1.564/89* que trata das normas aplicáveis às sociedades anônimas. Esse vácuo legislativo, por certo, leva o intérprete a debater com ênfase a aplicabilidade da arbitragem a toda a comunidade de acionistas e administradores. Sem embargo, tanto a lei brasileira quanto a espanhola fizeram menção à via arbitral, respectivamente, para possibilitar o desempate de deliberação da assembleia geral (art. 129, parágrafo 2º) e para assegurar aos liquidantes o uso da arbitragem nas questões que entendam adequadas (art. 272, f).

se, portanto, de tema ainda por ser explorado na literatura jurídica, o qual não pode, entretanto, demandar muito tempo, pois é crescente a inserção de convenção de arbitragem em estatutos de companhias abertas, fechadas, de sociedades limitadas e nos instrumentos parassociais. Ademais, disputas já despontam, envolvendo as companhias e seus acionistas.

Daí, parece-me, a utilidade e a contemporaneidade da matéria que tratamos neste estudo, especificamente em relação às sociedades anônimas abertas – já que entendo ser essa questão menos complexa nas sociedades limitadas e anônimas fechadas, nas quais o número de sócios é menor, não raro familiares, o que facilita a integração unânime da convenção de arbitragem aos respectivos atos societários.

Penso que a arbitrabilidade subjetiva, no que toca às relações que envolvem a sociedade anônima, para ser enfrentada, deve, antes e acima de tudo, passar por uma reflexão histórica desse tipo societário, pelos princípios que a norteiam e pelas regras que têm por finalidade a execução do contrato que a organiza e que buscam equilibrar o difícil pêndulo da conflituosa convivência maioria – minoria acionária.

## 2. Breve Histórico das Sociedades Anônimas

Superada a fase do feudalismo e da economia artesanal, operou-se certa transformação nas relações negociais centradas na figura do comerciante, que, pela própria característica, se adiantava aos demais segmentos existentes para impingir transformação na forma de produção. Essa modificação centrou-se na maior agilidade nas transações comerciais e na expansão do crédito. Era o comerciante a pessoa mais capaz para se antecipar a tal mudança, acostumado que era, e sempre foi, a manejar o crédito e os riscos a ele inerentes.

Com a evolução dos negócios comerciais, seus agentes necessitavam suplantar a fase de meros intermediários entre as efetivas partes do negócio, para se estabelecerem, efetivamente, como empresários.[2] Nascia a empresa,

---

2 "*Sin entrar en la larga polémica que, sobre todo a fines del siglo pasado y principios de éste, dividió a los autores sobre el origen de la moderna sociedad anónima, hoy podemos dar por aceptado que ésta tiene sus antecedentes en las compañías coloniales de los siglos XVII y XVIII. Aun cuando bajo la calificación de tales se encuentren muy distintos tipos de empresa, se puede hablar de la existencia de unos rasgos caracterizadores en cuanto que, por lo general, se trata de grandes empresas de negocios, que reúnen un gran capital de distintas capas sociales para lo que resultan inadecuadas las formas y técnicas anteriores y que realizan sus negocios, en el marco de una cierta utilidad general, para la obtención de beneficios. Decisivo frente a figuras asociativas anteriores es la constitución de un fondo que se explota por cuenta y riesgo común y el reconocimiento a los participantes en el capital de un derecho al dividendo, responsabilidad limitada, por lo general, a la aportación, cuya retirada se prohíbe antes del transcurso de un determinado plazo y la consideración de la Compañía como Corporación*". (Gaudencio Esteban Velasco, *El Poder de Decision en las Sociedades Anonimas – derecho europeo y reforma del derecho español*. Madrid: Editorial Civitas, 1982, pp. 43-44).

pois, sob a égide do direito comercial, que, em momento algum, se deu conta da transformação substancial que ocorria no seu campo. Assim, o comerciante transformou-se profissionalmente, deixou de exercer a mera intermediação com objetivo de lucro (que caracterizara sua atividade até então) para tornar-se empresário – com a necessidade crescente de imobilizações de recursos financeiros e expansão do grupo social a seu serviço – e atender a exigências de competição sempre maior no mercado crescente, sem que se alterassem, correlatamente, os comandos e as normas do direito comercial. [3]

Nesse início e até o fim do século 18, a produção na Europa Ocidental foi mero acessório do comércio. [4] Contudo, com o nascente desenvolvimento das máquinas, tal produção passou a necessitar de mais recursos em busca de uma expansão que resultaria na evolução das empresas industriais. De início, os recursos provenientes dos próprios comerciantes eram suficientes para cobrir as despesas com a aquisição da maquinaria e fazer frente aos desembolsos marítimos importantes (navio, equipamentos e armamentos) para a realização das viagens e expedições de compra e venda de mercadorias.

Com a tecnologia nascente, a exigência de capital fixo superou a do circulante e o investimento se apresentou como condição de organização da nova unidade de produção – a empresa industrial. Não mais se tratava da loja comercial ou da simples aquisição de mercadorias revendáveis com lucro; cogitava-se, agora, de adquirir máquinas, dominar a tecnologia em progresso, contratar empregados e – outro elemento da maior significação – de produzir para o mercado.[5] A era da limitação da produção estava, pois, superada; via-se no futuro a conquista de mercado, o incremento da demanda e da oferta e, também, o avanço da competitividade. Não mais havia espaço para a produção direcionada ao estrito consumo; o mercado se abria e passava a ser o foco produtivo e a ditar as regras expansionistas.

Mas, para tanto, seria relevante que o empresário conquistasse, antes de tudo, capital para os intensos investimentos que essa nova realidade exigia. Atualização tecnológica, projetos financeiros de mais longo prazo e aquisição de estoques de insumos vinculados à produção impunham visão mais ampla de negócio e de sócios capazes de correr o risco inerente a essa perspectiva. Com isso, o comerciante de pequenos negócios e retorno limitado se tornou o empresário contemporâneo que, visando o lucro, aplica seus recursos em segmentos específicos da economia, assume os riscos do negócio, associa-se a outros capitalistas e se cerca de administradores para executarem as atividades sociais. Assim, com o tempo, a empresa tornou-se a mola mestra de toda

3 Alfredo Lamy Filho, "Relações de Trabalho na Empresa", Apostila do Curso IEDE, p. 1.

4 Polanyi, *The Great Transformation*, *apud* Alfredo Lamy Filho, *op. cit.*, pp. 9/10.

5 Alfredo Lamy Filho, *op. cit.*, p. 10.

a economia, propulsora do desenvolvimento dos países, fonte de geração de riquezas e de trabalho, centro de criação e avanços tecnológicos. Em suma, como pontificou **Fábio Konder Comparato:**

> *"Se se quiser uma instituição social que, pela sua influência, dinamismo e poder de transformação, sirva como elemento explicativo e definidor da civilização contemporânea, a escolha é indubitável: essa instituição é a empresa (...) É das empresas que provêm a grande maioria dos bens e serviços consumidos pelo povo, e é delas que o Estado retira a parcela maior de suas receitas fiscais. É em torno da empresa, ademais, que gravitam vários agentes econômicos não assalariados, como os investidores de capital, os fornecedores, os prestadores de serviços. Mas a importância social dessa instituição não se limita a esses efeitos notórios. Decisiva é hoje, também, sua influência na fixação do comportamento de outras instituições e grupos sociais que, no passado, ainda recente, viviam fora do alcance da vida empresarial. Tanto as escolas quanto as Universidades, os hospitais e os centros de pesquisa médica, as associações artísticas e os clubes desportivos, os profissionais liberais e as forças armadas – todo esse mundo tradicionalmente avesso aos negócios viu-se englobado na vasta área de atuação da empresa."*[6]

No entanto, essa estrela do direito e da economia não poderia brilhar sem que se criassem mecanismos jurídicos possibilitadores da união de investidores, de natureza impessoal, cuja finalidade fosse a concretização do objeto da sociedade e a geração de lucro.

Tais mecanismos jurídicos, a par da circulabilidade das ações, centram-se na limitação da responsabilidade dos sócios e na adoção do princípio majoritário. Sem esses instrumentos seria impensável o desenvolvimento da empresa e os avanços que dela desfrutam todas as nações.

## 3. A Limitação de Responsabilidade

A limitação de responsabilidade surgiu do direito marítimo por força do avanço das expedições por conquista de novos produtos e iguarias, ocorrido no transcurso dos séculos XVI e XVII. Esse comércio, cada vez mais intenso e sofisticado do ponto de vista econômico, ganhou projeção e escala no momento em que as realezas envolvidas no negócio concluíramque o sucesso do empreendimento dependia da união de outros capitais. Certas desse pressuposto, as casas reais passaram a cooptar os comerciantes afortunados para participarem, como sócios, de projetos mercantis inexoravelmente de grande porte.

---

6 A *Reforma da Empresa*, texto resultante da aula inaugural dos cursos jurídicos da Faculdade de Direito da Universidade de São Paulo, 1983, anexo à apostila cit., p. 6.

A partir daí, começaram a surgir as *joint ventures* comerciais entre o Estado, experiente no ramo, e os privados que contribuíam com parte razoável do capital indispensável à realização do empreendimento. Com isso, apareceram no cenário as primeiras companhias comerciais, tais como as portuguesas, inglesas e holandesas, que esboçavam a primeira estrutura das modernas sociedades anônimas, contemplando, inclusive, a possibilidade de livre transferência dos títulos de participação. A atração desses sócios capitalistas se concretizou com o rompimento do princípio de que o devedor responderia perante o credor com a totalidade de seus bens pessoais.[7]

A ruptura do patrimônio do devedor para fins empreendedores adveio da prática mercantil do chamado abandono liberatório, pelo qual a responsabilidade do comerciante investidor se limitava ao navio e pertences empregados na atividade vinculada ao crédito em questão. Em outras palavras, o ativo que caberia ao credor se resumia ao navio utilizado para a consecução do empreendimento. Com o abandono ou a entrega do navio, o devedor se liberaria da obrigação assumida. Esse conceito restou por evoluir e ser empregado nas sociedades criadas posteriormente, até se cristalizar na limitação de responsabilidade das atuais sociedades anônimas centrada na cifra do capital social.

Com efeito, os acionistas respondem tão somente pela integralização da parcela individual com que concorrem para o capital da companhia.[8] No caso de quebra da empresa, portanto, não respondem pelas dívidas sociais.[9]

---

7 Com efeito, a possibilidade de criar um patrimônio "separado" contrasta com o princípio fundamental de dever, em princípio, cada sujeito responder, com todo o seu patrimônio, por suas dívidas; de deverem, portanto, vários sujeitos, que operem em conjunto, responder, todos e com todo o seu patrimônio, pelas dívidas contraídas na sua gestão coletiva. É justamente por isso que, na sua origem histórica, a responsabilidade limitada dos sócios de uma companhia decorre de princípios excepcionais e se apresenta como um "privilégio" que, por isso, pode ser baseado tão somente num ato legislativo especial, que derrogue o direito comum. (Tullio Ascarelli, *Problema das Sociedades Anônimas e Direito Comparado*, Saraiva, São Paulo, 1945, p. 344).

8 Explaining the emergence of the firm does not explain why most of the largest firms are organized as corporations. The attractiveness of the corporation relative to other forms of business associations is due in large part to the economic benefits of issuing shares of stock that limit the shareholders liability to the initial investment in the firm. The issuing of stock facilitates the productive specialization of activities. The publicly traded corporation allows individuals with no managerial expertise to participate in corporations as owners by purchasing shares of stock. (Henry N. Butler, "The Contractual Theory of the Corporation", *in Corporate Practice Commentator*, 1989-1990 Annual, Callaghan, Illinois, pp. 563/564).

9 The residual claimant status of common shareholders means that they are the primary risk bearers of the corporation. Common shareholders sell their risk bearing to the corporation. In fact, it is often suggested in the economic literature on the theory of the firm that the productive role of common shareholders is that of risk bearers, rather than owners. (*ibidem*, p. 564).

Trata-se, por conseguinte, de limitação de responsabilidade dos sócios, e não da sociedade em si, a qual se obriga por todo o seu ativo, ilimitadamente. Em suma, nas palavras de **Garrigues**, "*a responsabilidade limitada é igual à incomunicação de responsabilidade*".[10]

O instituto jurídico do capital social é, assim, ponto nevrálgico no desenvolvimento e no avanço do capitalismo mundo afora. Impensável imaginar tão expressiva união de capitais em um só empreendimento, sem a existência do regramento que informa a limitação de responsabilidade, ainda mais quando a unidade social se apresenta desvinculada da figura ou da importância da sua comunidade de sócios[11] – unidade empresarial que tão somente "enxerga" (por ser o dado relevante) o capital de seus acionistas, indispensável à realização dos negócios constantes de seu objeto, pouco se importando, por irrelevante, com a qualidade profissional e pessoal do detentor desse capital.

*Mutatis mutandis*, as razões textualizadas acima se harmonizam com o outro mecanismo jurídico viabilizador das sociedades anônimas. Com efeito, pode-se afirmar da imperatividade do princípio majoritário, de forma clara e efetiva, como pressuposto inexorável a possibilitar que os maiores interessados (financeiramente) no negócio social possam investir recursos suficientes à boa execução da atividade social. Impensável imaginar que aquele que corre maiores riscos financeiros, por deter participação acionária mais expressiva, vai aportar recursos em companhia na qual as deliberações não se subordinem às decisões da maioria. Ausente esse pressuposto, incogitável, há muito, a reunião de capital com vistas a empreendimento comum. Com efeito, não há que se falar em sociedade anônima.

## 4. O Princípio Majoritário

Pontuam **Garrigues** e **Uria:**

> "*La junta funciona bajo el principio democrático de la mayoría combinado con el principio capitalista que transforma la democracia en plutocracia, en el sentido de que la mayoría no se forma por personas, sino por participaciones de capital. La adopción del principio mayoritario no obedece tanto a la convicción de que la major pars sea la melior pars, como a razones de carácter práctico*

10 *Problemas Atuais das Sociedades Anônimas*, trad. Prof. Caruso MacDonald, Sergio Fabris Editor, Porto Alegre, 1982, p. 41.

11 Esta mobilização pressupõe o princípio da responsabilidade limitada, pois é claro que, se assim não fosse, a sociedade não poderia recorrer senão a um pequeno grupo de pessoas relacionadas pessoalmente entre si e animadas de uma recíproca confiança pessoal. (Tullio Ascarelli, *op. cit.*, p. 342).

*ante la imposibilidad de conseguir la formación de la voluntad social por el camino de la unanimidad.* "[12]

Conquanto plenamente verdadeira a afirmação de **Garrigues** e **Uria**, o fato é que a aceitação desse pressuposto universal de deliberação societária, regra geral, trafegou caminhos restritivos ao longo de décadas.

Nos primórdios, sequer era reconhecida a assembleia geral como mecanismo de deliberação da sociedade, que era governada por poucos, nomeadamente pelos fundadores, grandes acionistas ou pelas casas reais. Esses é que administravam as sociedades sem que demonstrassem qualquer interesse pelos outros investidores. Vigia a fase aristocrática ou oligarca da sociedade anônima durante a qual sequer existia, no início, a concepção de assembleia geral.[13] Na França, o *Código Comercial* de 1808, o primeiro que regulou as sociedades anônimas, desconheceu a assembleia geral. No Brasil, os estatutos do Banco do Brasil, fundado no mesmo ano, estabeleciam em seu art. 9º.

---

12 J. Garrigues e R. Uria, *Comentario a la Ley de Sociedades Anonimas*, Tomo I, segunda edicion, Madri, Imp. Samarán-Mallorca, 1953, p. 497.

13 "*No obstante, tomando como punto de referencia los actos de concesión ('octroi') y estatutos de las principales Compañías suele distinguirse dos tipos dominantes de organización, que aparecen descritos en los principales estudios sobre la historia de la sociedad anónima y a los que posteriormente la doctrina con cierta imprecisión califica de modelo 'aristocrático' o 'democrático'. Descritos sumariamente se caracterizarían, el primero, porque no concede a los accionistas ninguna o escasa influencia en la administración de los asuntos de la sociedad, desconoce la existencia de la Junta General y los directores ('Bewindthebbers') son los principales interesados o participantes ('Hauptparticipanten') de la Compañía, mientras que el segundo reconoce a la Junta General la condición de órgano principal que entre otras funciones, tiene la de nombrar a los directores. Se toma como modelo del primer tipo la constitución de la Compañía holandesa de Indias Orientales que es imitada por gran parte de las compañías europeas continentales y del segundo a la Compañía inglesa de Indias Orientales. El contraste así presentado debe matizarse teniendo en cuenta lo siguiente. Primero, que sin perder las compañías inspiradas en el modelo holandés su carácter de instituciones semipúblicas y sin desaparecer la influencia política reflejada sobre todo en la concesión de privilegios, lo peculiar de las mismas, en lo que a organización se refiere, es la importancia del grado de participación en el fondo común. A este respecto, frente a las primitivas y fuertes injerencias gubernativas, pronto los principales participantes exigieron un derecho de control sobre la gestión y la votación sobre los asuntos importantes y en especial para decidir el reparto de beneficios. En manos de los principales participantes se reúne gran parte de las competencias que en la evolución posterior holandesa-germánica, corresponderán a la Junta General y al Consejo de Vigilancia. Lentamente se configura el instituto de la Junta General, pero de ella, en un principio, sólo forman parte los grandes accionistas. Y es esta Junta, aristocráticamente constituida, la que decidiendo por mayoría, acepta las cuentas anuales, gana influencia, frente a los poderes públicos, en el nombramiento de los directores, decide sobre los dividendos, la modificación de estatutos, la disolución anticipada, etc.*" (Gaudencio Esteban Velasco, *El Poder de Decision en las Sociedades Anonimas – derecho europeo y reforma del derecho español*. Madrid: Editorial Civitas, 1982, pp. 45-48).

que "*A assembléia geral do Banco será composta de quarenta dos seus maiores capitalistas.*" [14]

Com a expansão do número de companhias e a multiplicação dos sócios por meio da oferta pública de ações, aos poucos foi sendo aceito o princípio majoritário – inicialmente, apenas para reger o funcionamento interno da sociedade com a escolha de administradores – atento a que o grupo societário se formasse com uma finalidade comum expressa no objeto social.[15] Movia-se, assim, a corrente que desejava prestigiar a autonomia da maioria para, de modo efetivo, gerir as atividades sociais. Mas era ainda um passo curto pela necessidade de *quorum* extravagante e pela impossibilidade de se alterar, por maioria, o pacto ou a base contratual, isto é, o estatuto social. Todas as disposições estatutárias eram tidas, pois, como essenciais e fora do alcance deliberativo da maioria. O pacto contratual mantinha-se atrelado a sua origem, ou seja, aos oligarcas.

Tal restrição se manteve ainda em 1867, embora mitigada, quando uma lei francesa admitiu que, por *quorum* especial – correspondente à metade dos acionistas da sociedade –, desde que previamente estabelecido nos estatutos, a base contratual poderia ser modificada. Contudo, a jurisprudência se mantinha ainda atada ao passado e restringia essa possibilidade, desconsiderando a modificação, mesmo pelo *quorum* de metade dos acionistas, quando se tratasse de matérias tidas por relevantes na órbita societária, como a nacionalidade da empresa e o seu objeto social.

A situação avessa ao princípio majoritário perdurou até o ano de 1913, quando uma lei consagrou, na França, o princípio da onipotência da assembleia geral, com exclusão, apenas, das hipóteses de alteração de nacionalidade e do montante máximo de engajamento dos acionistas.[16] Previu, também, condições diversas de *quorum*, conforme a matéria a ser votada, só unificadas em lei de 1953, que justificou o comentário dos doutrinadores: "*o direito institucional suplantou o direito contratual.*"[17] Na atualidade, não mais se pensa na

---

14 Carlos Fulgêncio da Cunha Peixoto, *Sociedades por Ações*, 3º. Volume, Saraiva, São Paulo, 1973, p. 3.

15 Alfredo Lamy Filho, *Temas de S.A.*, Renovar, Rio de Janeiro, 2007, p. 195.

16 Não foi senão após demorada e exaustiva luta de ideias que o princípio majoritário conseguiu dominar o conceito de que os estatutos, como um conjunto de cláusulas ou estipulações de um contrato, não podiam ser alterados ou reformados senão com o consenso unânime dos acionistas. Não era possível, com efeito, que empresas destinadas a perdurar, a viver mais que a vida humana, tivessem sua sorte, seu desenvolvimento e progresso ligados a regras estatutárias, que a nova situação ou o meio econômico não mais justificava ou exigia mesmo a revogação ou a modificação delas, objetivo, porém, que não se poderia alcançar senão mediante o concurso unânime dos acionistas da sociedade anônima. (Trajano de Miranda Valverde, *Sociedades por Ações*, Vol. I, Forense, Rio de Janeiro, 1941, p. 474)

17 Cf. Alfredo Lamy Filho, *op. cit.*, p. 196.

constituição de uma companhia e na execução de suas atividades sociais sem que nela predomine o princípio majoritário das deliberações sociais.[18]

Porquanto a vantagem da unanimidade consista no fato de nenhum assunto poder ser deliberado contra a vontade de qualquer acionista, assegurando-se em pleno a efetiva cooperação de cada um, paradoxalmente, aí residem os pontos fracos do sistema: a unanimidade de uma pluralidade de sócios é difícil de atingir e a simples discordância de um único pode comprometer sensivelmente a sua consecução.[19] Raramente, com efeito, em uma reunião ou assembleia deliberativa haverá uniformidade no modo de encarar o assunto submetido à apreciação e ao julgamento dos seus componentes. O direito haveria de procurar uma fórmula que solucionasse as divergências e garantisse a continuidade da pessoa jurídica. Foi encontrá-la no princípio majoritário, já disciplinado nas instituições de direito público dos romanos: maioria ora absoluta, ora relativa, especial ou qualificada conforme a natureza do ato, mas sempre calculada, nas sociedades anônimas, em relação ao valor ou à importância do capital social.[20]

As próprias características que marcam a sociedade anônima aberta, tais como a grande massa de acionistas, a livre circulação das ações e a impessoalidade da figura dos sócios, confirmam ser imprescindível que as deliberações sociais sejam pautadas no princípio da maioria. A indeterminabilidade do prazo de duração da sociedade anônima e a consecução eficiente de seu objeto não se coadunam com qualquer pretensão de sujeitar seus destinos aos desejos convergentes de toda a comunidade de seus acionistas, interesses variam de acordo com a peculiaridade que deu causa pessoal ao seu investimento. Enquanto alguns buscam o ganho de capital, especulando com as ações da companhia e, consequentemente, gerando liquidez para todos os investidores, outros tantos almejam certa rentabilidade que lhe melhore a renda anual;[21] outros, ainda, tencionam dirigir o negócio em si e, para tan-

---

18 O egoísmo ou a incompreensão de alguns acionistas não havia de prevalecer contra o interesse coletivo e da organização econômica da nação em que a sociedade anônima tem sede e desenvolve a sua atividade. Para que, pois, a empresa continue, não cesse o seu trabalho e possa adaptar-se às novas concepções ou imposições do tempo que atravessa, é necessário que a lei garanta à maioria que dirige a corporação e representa o interesse preponderante o direito de alterar e reformar as regras que disciplinam o funcionamento da pessoa jurídica e regulam os direitos e obrigações dos seus membros. (Miranda Valverde, *op. cit.*, p. 474).

19 cf. Eduardo de Melo Lucas Coelho, *A Formação das Deliberações Sociais*, Coimbra Editora, Coimbra, 1994, p. 184.

20 Miranda Valverde, *op. cit.* p. 441.

21 "Limited liability clearly facilitates this specialization by shareholders [risk bearers] because it allows shareholders to be "rationally ignorant" of managerial practices. That is, because their risk is limited to their initial investment, shareholders do not waste their

to, contribuem com parcela maior do capital da empresa, assumindo, assim, parcela maior do risco do negócio empresarial.[22] Imprescindível, pois, para melhor aparelhamento e desenvolvimento das sociedades anônimas, que estas sejam comandadas pela maioria do capital. Trata-se de um *fait accomplis*.

As decisões da assembleia geral são submetidas ao princípio da maioria, que obriga não somente os minoritários ali presentes mas também todos os sócios, inclusive os dissidentes e os que não tenham dela participado. [23] Nas anônimas, o comando se afirma em função da participação acionária e dos interesses próprios de seus titulares. Ao mesmo tempo, nessas sociedades, o divisor comum vem a ser a necessidade de liberdade de movimentos de direção, contrastando com a necessidade de proteção dos acionistas. A direção dos negócios tem natureza pouco sentimental, é objetiva, como eufemicamente se costuma enunciar. Se todos os sócios, se todos os acionistas opinassem, nada se faria em verdade. O descontentamento seria iminente.[24]

Destarte, inexorável que o direito encontrasse um *modus operandi* capaz de dar vida a uma instituição tão relevante para os países e nações. No dizer de **John Rawls:**

> *"[Alguma forma] de regra da maioria se justifica como sendo a melhor maneira disponível de garantir uma legislação justa e eficaz. É compatível com a*

time trying to monitor managerial behavior. Thus, limited liability allows investors to be passive to the internal affairs of companies and to concentrate on the externally observable traits like profits and rate of return on investment". (Henry N. Butler, *op. cit.*, pp. 564/565).

"Na sua maioria os pequenos accionistas, ao adquirirem as acções, não têm a mínima intenção de exercer influência alguma no andamento da empresa, pois que apenas desejam colocar o seu capital de uma forma transitória ou definitiva ou especular com as acções. Por este motivo, o que principalmente lhes interessa é a sua cotação, não lhes estando no pensamento o assistir e votar nas assembléias gerais". (Assis Tavares, *As Sociedades Anónimas*, Livraria Clássica Editora, Lisboa, 1969, p. 135).

22 "A coexistência de dois tipos de acionistas na sociedade anônima – o acionista-empresário e o acionista-capitalista – a qual, de resto, nada mais faz do que reproduzir a estrutura acionária da comandita, parece conatural à grande sociedade por ações. As primeiras companhias coloniais apresentavam, todas, a mesma diferenciação em seu corpo de acionistas. Desde sempre, na grande empresa, a par de uma minoria de empresários, que detém efetivamente o poder de controle e o exerce, seja pessoalmente, seja por intermédio de preposto de confiança, formou-se uma minoria de aplicadores de capitais, quer com o objetivo de poupança, quer com o intuito especulativo. De onde a distinção técnica, operada pela doutrina francesa, entre *participacion* e *placement*". (Fábio Konder Comparato, *O Poder de Controle na Sociedade Anônima*, 2ª. ed., Revista dos Tribunais, São Paulo, 1977, p. 45.

23 *Op. cit.*, p. 28,

24 Filomeno J. da Costa *apud* Cunha Peixoto, *op. cit.*, p. 4.

*liberdade igual e possui uma certa naturalidade; pois, se adotarmos a regra da minoria, não há nenhum critério óbvio para escolher qual minoria deve decidir e viola-se a igualdade."*[25]

A unanimidade nunca passou de mera ficção – impossível de ser alcançada na prática. O governo de poucos – oligarquia – esgotou-se no tempo e nas mudanças sociais com os ventos da democracia.[26]

A imperatividade na manutenção das atividades da sociedade e da capacidade de dotá-la de um mecanismo interno de superação das opiniões opostas levou o legislador a encontrar no princípio majoritário, aliado a regras de proteção da minoria, o ponto de equilíbrio nas relações intrassociais. A doutrina e os legisladores já se curvaram a *ratio* do pressuposto majoritário e aos benefícios inerentes à evolução das sociedades anônimas. Nas palavras de **Fernando H. Mascheroni** e **Roberto A. Muguillo:**

> *"En lo que va de este siglo se ha afianzado en todo el derecho comparado, la doctrina asigna a las mayorías internas de los entes asociativos la encarnación o representación de la voluntad social. Adviértase la elección terminológica: encarnar o representar no significa identificarse con la voluntad social. La adopción de las decisiones sociales mediante el voto de la mayoría de los socios es, en definitiva, el medio técnico que han encontrado las diversas legislaciones ante la innegable dificultad en reunir la unanimidad de voluntades individuales de áquellos, cuya suma constituye la voluntad social. La ley concede, pues, a la mayoría, el poder de gobierno de la sociedad, acudiendo a un sucedáneo necesario y eligiendo la menor de las injusticias (mucho mayor lo sería el gobierno de la minoria). Se trata de un principio análogo al que da fundamento a la democracia en el derecho público.*[27]

25 Uma Teoria da Justiça, tradução Almiro Pisetta e Lenita Maria Rímoli Esteves, São Paulo, Martins Fontes, 2002, p. 395.

26 Em decorrência da evolução do pensamento político, as ideias democráticas de divisão de poderes, soberania, controle da legalidade e sufrágio universal que triunfaram definitivamente na Europa, na segunda metade do século XIX, acabaram modificando também a estrutura da organização interna da companhia e o exercício dos direitos dos acionistas. A assembleia passou a ser o órgão soberano da companhia, em que prevalecia o princípio majoritário do capital social. Como órgão soberano, ela chegou a ser comparável a uma constituinte, já que lhe cabia decidir sobre a alteração do estatuto social. A sociedade anônima passou a ser organizada à semelhança do Estado, com três órgãos correspondentes aos três poderes estatais: um órgão legislativo, representado pela assembleia geral; um órgão executivo, representado pela diretoria, e um órgão fiscalizador, representado pelo conselho fiscal. (Modesto Carvalhosa, *Comentários à Lei de Sociedades Anônimas*, Vol. 2, São Paulo, Saraiva, 1997, p. 501).

27 *Regimen Jurídico del Socio*, Astrea, Buenos Aires, 1996, p. 35.

Não resta dúvida: a *communis opinio doctorum* é unânime em confirmar e afirmar a soberania do princípio majoritário. Segundo **Lucas Coelho**, "É, pois, o princípio maioritário que domina, nos termos expostos, a formação das deliberações sociais nas sociedades anónimas."[28] Para **Garrigues** e **Uria**, "*Las decisiones de las juntas se toman por mayoría de votos.*"[29] Nas palavras de **A. Serra:**

> "*[Poichè] non è dato dubitare che tutta la disciplina della società azionaria è sostanzialmente intesa a garantire il funzionamento dell'organizzazione creata dai soci per il perseguimento dello scopo comune. Il potere attibuito alla maggioranza si giustifica col fatto che i soci hanno conferito i propri beni per l'esercizio in comune dell'attività economica: alla realizzazione di questo fine collettivo corrisponde l'interesse dei soci ad imporre la decisisone della maggioranza. La legittimazione dei soci a decidere discende, pertanto, dal fatto che si tratta di situazioni che non sono più di esclusivo interesse del singolo socio e che, in quanto tali, la legge sottrae alla sua sfera di autonomia.*"[30]

Como ensina **Tullio Ascarelli:**

> "*O princípio majoritário encontra a justificação na comunhão de escopo entre os acionistas, assente na participação de todos eles na sociedade* ***ad utilitatem communem****, conforme a expressão de* Grocio*; é lógico, por conseguinte, que, no contraste entre as várias opiniões, as várias tendências e os vários interesses particulares, prevaleça o voto da maioria.*"[31]

Conforme leciona **Modesto Carvalhosa**, "A *minoria está, portanto, submetida à decisão tomada pelos controladores, enquanto exercem sua vontade no interesse social.*"[32] Para **Vivante**, a assembleia geral "é órgão supremo da vontade social, que se manifesta nos moldes em que ocorre em toda coletividade, pelo voto da maioria."[33]

Na lição de **Alfredo Lamy Filho** e **José Luiz Bulhões Pedreira:**

> "*O funcionamento das sociedades por ações não prescinde do princípio majoritário: exigir-se o consenso unânime dos acionistas seria a imobilização da sociedade. Em verdade – observa D'Orthé (1962, v. 1, p. 363) – toda organização coletiva baseada sobre uma comunidade de interesses recíprocos*

---

28 *Op. cit.*, 187.

29 *Op.cit.* p. 497.

30 *Apud* Giorgio Bianchi, op. cit., p. 4.

31 *op. cit.*, p. 375.

32 *op. cit.*, p. 513.

33 *Apud* Cunha Peixoto, *op. cit.*, p. 2.

*está obrigada à adoção do regime majoritário para a tomada de decisões (...) Explica Carnelutti (1926, pp. 181/182): 'o domínio da maioria é um instrumento jurídico indispensável para a vida das sociedades comerciais (...)"*[34]

No mesmo sentido, afirma **Garrigues:**

*"Em qualquer caso, a assembléia funciona sob o regime democrático da maioria (...) E, de acordo com os princípios da democracia política, organiza [o legislador] a intervenção dos sócios na vida da sociedade, concedendo-lhes o direito democrático por excelência: o direito de voto. Todo acionista tem direito ao voto. O Código de Comércio alemão de 1897 dizia que toda ação tem, pelo menos, um voto. Este direito de voto é exercido em uma assembléia democrática pelo princípio majoritário."*[35]

Ainda, segundo **Ferrer Correia:**

*"As deliberações sociais são tomadas por maioria de votos. É o chamado princípio majoritário. Compreende-se facilmente que a lei não exija o consenso unânime dos sócios para a validade das deliberações: tal exigência implicaria, na maior parte dos casos – maxime nas sociedades de capitais – a impossibilidade de a assembléia aprovar qualquer deliberação (...) Quanto a nós, a justificação aqui da regra majoritária decorre da presunção de que a maioria, pelo facto de ter em jogo na sociedade interesses de maior vulto e de correr, por conseqüência, um maior risco, oferecer garantias mais fortes de promover, com diligência, a realização do interesse social."*[36]

Para o ilustre comercialista **J. X. Carvalho de Mendonça:**

*"Exigir a unanimidade seria expor a sociedade à inanição, seria cair no absurdo de atribuir a um só acionista a qualidade de representante ou árbitro da vontade social. Adotando-se o critério da maioria, (...) não se sacrificam direitos nem interesses individuais dos sócios. Acha-se em causa o interesse exclusivo da pessoa jurídica, sociedade, abstraindo de considerações de ordem individual. A assembléia não representa a totalização das vontades individuais dos acionistas; é o órgão mais autorizado da vontade social. Os acionistas cooperam aí não como contratantes, porém com a vontade individual para produzirem uma só vontade, a da sociedade."* [37]

---

34 A *Lei das S.A.*, Rio de Janeiro, Renovar, 1992, p. 457.

35 *Op. cit.*, pp.22-23.

36 *Lições de Direito Comercial*, Lisboa, Lex, 1994, p. 397.

37 *Apud* Barbara Makant, A Arbitrabilidade Subjetiva nas Sociedades Anônimas, Revista de Arbitragem e Mediação, coord. Arnoldo Wald, ano 2 – nº 4, janeiro-março 2005, Editora Revista dos Tribunais. p. 88.

Conforme atestam **Fábio Konder Comparato** e **Calixto Salomão Filho:**

> *"Em todas as legislações, estabeleceu-se o princípio majoritário, notadamente em matéria de sociedade por ações. Mas por que a maioria deve comandar? Parte-se, sem dúvida, do postulado de que a sociedade existe no interesse dos sócios, e como ninguém, em princípio, está investido da prerrogativa de decidir pelos interesses alheios, prevalece a vontade do maior número, julgando cada qual segundo o seu próprio interesse."*[38]

Seria demasiado e inalcançável retratar a aceitação ou a conformação doutrinária quanto à aplicação imperativa do princípio majoritário no cerne das sociedades anônimas. É pressuposto afirmado e para o qual não se vislumbram retrocessos. Não há solução mágica para os conflitos que a unanimidade geraria nos processos decisórios societários. Não há ou, ao menos, ainda não se encontrou solução mais razoável para determinar os destinos das anônimas do que a votação por maioria. Mais ainda: ao se analisar em detalhe a função socioeconômica que as sociedades anônimas exercem no mundo (v.g. catalisadora de poupança popular; geradora de riquezas; grande contribuinte de impostos; mecenas cultural), concluir-se-á que sua existência torna Estados e nações como seus grandes dependentes.

Ao verificarmos as responsabilidades e deveres da moderna sociedade anônima com a comunidade em que se insere, com seus empregados e fornecedores, enfim, à luz da função social que exerce, podemos afirmar que o princípio majoritário é o instrumento jurídico que permite a continuidade da empresa e, desse modo, a preservação da instituição como um bem a serviço de muitos. Tal visão assegura ao princípio majoritário um grau elevado na hierarquia dos elementos essenciais das sociedades – relevância que lhe confere *status* de regra de ordem pública.[39] Não se pode olvidar, portanto, que a disciplina jurídica das sociedades anônimas funda-se, sobremaneira, na decisão majoritária. Esta é, em outras palavras, elemento essencial e peculiar ao sistema jurídico que disciplina as sociedades anônimas; é comando típico e norma insubstituível do direito do anonimato.

Todos aqueles que investem seus capitais nessas empresas têm pleno conhecimento de que a condução dos negócios sociais será pautada pela von-

---

38 *O Poder de Controle na Sociedade Anônima*,.4ª. ed., Rio de Janeiro, Forense, 2005, p. 60.

39 Segundo Giorgio Bianchi, "Il principio maggioritario costituisce, assieme el metodo collegiale, la regola inderogabile per la validità delle delibere assebleari." (*Assemblee Ordinarie e Straordinarie*, Cedam, Padova, 1999, p. 3. O mesmo autor transcreve na p. 6 do mesmo livro uma decisão do Tribunal de Verona, do ano de 1986, nos seguintes termos: "La regola maggioritaria nelle deliberazioni assembleari costituisce principio di ordine pubblico a tutela dell'effettivo funzionamento della società e vale anche per l'assemblea della società a responsabilità limitata."

tade da maioria. Queiram ou não, a maioria é soberana e há de ditar as regras da sociedade, inclusive, se necessário, por via da alteração da sua base contratual. Nesse particular, vejam-se as afirmações de **Seymour D. Thompson** e **Joseph W. Thompson**:

> *"The majority represents the ultimate corporate sovereignty. The discretion of the majority on matters intra vires is conclusive in the absence of fraud or oppression and can not be called in question in judicial proceedings by individual stockholders. In point of fact every person who buys stock in a corporation does so with the knowledge that its affairs is dominated by a majority of the stockholders and he impliedly contracts that the will of the majority shall govern in all matters coming within the limits of the act of incorporation and lawfully enacted by-laws and not forbidden by law. 'A holder of shares in an unincorporated body', says the supreme judicial court of Massachusetts, 'so far as his individual rights and interests may be involving in the doings of the corporation, acting within the legitimate sphere of its corporate power, has no other legal control over them than that which he can exercise by his single vote in the meetings of the company. To this extent, he has parted with his personal right or privilege to regulate the disposition of that portion of his property which he has invested in the capital stock of the corporation, and surrendered it to the will of a majority of his fellow corporators. The jus disponendi is vested in them so long as they keep within the line of the general purpose and object for which the corporation was established, although their action may be against the will of the minority, however large. It can not, therefore, be justly said that the contract, express or implied, between the corporation and the stockholders is infringed or impaired by any act or proceeding of the former which is authorized by a majority, and which comes within the terms of the original statute creating and establishing their franchise, and conferring on them capacity to exercise control over the rights and property of their members.*[40]

Com efeito, os detentores do capital majoritário ditam os rumos das anônimas; resta aos demais acionistas conformarem-se. A regra geral e universal é a da deliberação por maioria. Esse ditame é da essência das anônimas e razão de ser de seu avanço e do bem-estar dos povos. É, pois, fundamental para a união de poupança e o desenvolvimento de projetos que exigem acúmulo de investimentos. Não há sociedade que sobreviva e se sustente com base na convergência unânime de seus integrantes. Impossível. Impensável.

O pressuposto universal, repita-se, é o da condução das atividades sociais e das regras que lhe dão suporte pela via da decisão majoritária. Aqueles que com essa regra disconcordam não se devem associar; invistam seus recursos em outros produtos, mercados e segmentos da economia. A minoria

40 *Commentaries on the Law of Corporations*, Vol 6, third edition, Bobbs-Merril Company Publishers, Indianapolis, pp. 368/369.

se sujeita, impreterivelmente, às determinações adotadas pela maioria. Ao tornarem-se acionistas de uma companhia, sabem, ou deveriam saber, que essa condição é inderrogável e, portanto, de ordem pública.[41] A minoria se submete ao que for deliberado e decidido pela maioria. Não se trata de *renúncia de direitos*, mas, sim, de *sujeição à vontade majoritária*, que, ao fim, expressa a vontade da sociedade, como mais adiante será tratado.[42] O egoísmo ou o desconhecimento técnico de certos acionistas não pode impor-se à vontade expressa na manifestação da maioria. Se o comando da sociedade pelo voto majoritário pode ser criticado por alguns desacertos , por certo a inversão da pauta decisória seria algo desastroso e, reitere-se, impensável. Pior que a vontade majoritária é a ditadura da minoria.

Com efeito, não resta dúvida quanto à validade, à eficácia e à imperatividade das decisões tomadas com base no *quorum* da maioria. Resta à minoria, simplesmente, obedecer, pois a maioria se sustenta em preceito legal que impõe o *quorum* de deliberações. [43] A sujeição ao preceito tem a sua máxima expressão na lei, contra a qual o *subditus* nada mais pode do que limitar-se a obedecer.[44]

Portanto, força é reconhecer que a aceitação do princípio majoritário passa pela admissão da existência de um poder de controle nas sociedades anônimas o qual de fato e de direito, controlará a atividade social e, antes de tudo, não é e não pode ser avesso aos interesses da sociedade. Como bem acentuou **Tullio Ascarelli:**

> *"Occorre sinceramente riconoscere che una concentrazione del controlo della società è essenciale al funzionamento dell'attività econòmica di questa e il pri-*

---

41 Afirma Modesto Carvalhosa, respaldado em Ascarelli, que "Trata-se de princípio de ordem pública inderrogável pelo estatuto ou pela assembléia geral. Não pode, pois, o estatuto, v.g., instituir que caberá a determinada minoria na assembléia estabelecer a vontade social ou, contrariamente, que certos assuntos, além daqueles prescritos em lei (art. 221), somente poderão ser deliberados pelo voto unânime dos acionistas presentes." (*op. cit.*, p. 619)

42 "Para justificar-se a aplicação do sistema majoritário às sociedades anônimas, não é necessário afirmar-se que ela tem por base a renúncia que, ao se constituir a sociedade, fazem todos os sócios do direito de impedir, por simples ato de vontade, a iniciativa ou a execução de atos ou operações, que os outros sócios julgarem convenientes ou úteis aos interesses coletivos. Não há renúncia de direitos, mas, única e exclusivamente, sujeição da pessoa, que adquire a qualidade de membro da sociedade ou corporação, às regras que disciplinam as relações internas entre os seus componentes, regras dentre as quais figura, como elementar, a de que as resoluções ou deliberações se vencem por maioria". (Miranda Valverde, *op. cit.*, p. 441). No mesmo sentido, Modesto Carvalhosa, *op. cit.*, p. 619.

43 Registre-se, ademais, que mesmo as jurisdições que introduziram preceitos específicos para a aprovação de cláusula de arbitragem estatutária, como a Itália, mantiveram incólume o princípio da maioria, sem embargo de um quorum especial. Mas nunca a unanimidade.

44 Carnelutti, *op. cit.*, p. 291.

> *mo cammino per la soluzione dei problemi della società per azioni è proprio quello di non abbandonarsi all'illusione di un mondo idilliaco che poi non si riscontrerebbe nella realtà."*[45]

Maioria e controle são elementos inerentes à sociedade como um todo. Sua consagração, contudo, está atrelada a regras de adequação do exercício desse poder pela maioria. Daí porque a consagração do princípio majoritário é marcado, de outro lado, pela criação de regras institucionais de proteção da minoria. O exercício do poder de controle pela maioria sofre limitação suficiente para não violar direitos concedidos por lei ou pelo estatuto à minoria. Observadas as normas de proteção da minoria, as decisões majoritárias tornam-se inderrogáveis. Nada restará à minoria acionária exceto acatar a decisão adotada pelo controlador.

Ressalte-se que o controle na sociedade anônima diz com a administração e a livre disposição de bens de terceiros (acionistas). Todos esses investimentos e bens pessoais se descolam do patrimônio particular para formarem os bens e direitos que comporão o ativo da empresa cuja administração e disposição plenas estão nas mãos de administradores nomeados pela maioria. Essa realidade societária fez surgir a chamada dissociação entre propriedade e a administração dos bens. [46]

Dentre tais prerrogativas, afirma **Claude Champaud**, a essencial consiste no poder de dispor desses bens, no de vendê-los, de hipotecá-los ou empenhá-los, de trocá-los ou de consumi-los. Tal poder, bem conhecido dos juristas, é o clássico **jus abutendi**, elemento essencial da propriedade. O controle é, pois, o direito de dispor de bens alheios como um proprietário. Controlar uma empresa significa poder dispor dos bens que lhe são destinados, de tal sorte que o controlador se torna senhor de sua atividade econômica.[47] No dizer de **Comparato**:

> *"[O controle é um] poder originário, uno ou exclusivo, e geral. Originário, porque não deriva de outro, nem se funda em nenhum outro, interna ou externamente. Uno ou exclusivo, porque não admite concorrentes, pela sua própria natureza. Geral, porque se exerce em todos os campos e setores, sem encontrar*

---

45 *Apud* Fábio Konder Comparato, *op. cit.*, 2ª. ed, 1977. p. 5. Segundo Comparato, na mesma obra (p. 5): "A tarefa primordial e inadiável do jurista, nessa matéria, consiste, portanto, em procurar corrigir o descompasso entre o sistema jurídico e a realidade social, em função dos valores de justiça econômica. Trata-se, em primeiro lugar, de reconhecer, explicitamente, a necessidade do poder, como elemento fundamental da economia societária, deixando-se, por conseguinte, de considerá-lo como simples fato extrajurídico."

46 Veja-se, a respeito, o clássico ensaio de Adolf A. Berle e Gardiner C. Means, A Moderna Sociedade Anônima e a Propriedade Privada, publicada nos Estados Unidos no ano de 1932.

47 *Apud* Comparato, *op. cit.* 2ª. ed., 1977, p. 88.

*nem admitir domínios reservados, por parte dos órgãos societários. E muito embora não seja ilimitado, qualidade que muitos autores, aliás, denegam à soberania política, força é reconhecer que a evolução do direito, até bem pouco tempo, foi no sentido da progressiva supressão dos limites do controle. A última grande limitação, consistente na proibição de alteração do objeto essencial da sociedade, caiu em nosso direito [brasileiro] com a entrada em vigor, em 1940, do Decreto-lei nº 2.627."*[48]

Vê-se que a evolução do direito não mais permite contestar a existência de um controlador que dita as ordens e determina o rumo das sociedades anônimas. O contrapeso a essa presença foi encontrado pelo legislador ao impor limites ao exercício desse poder de controle. Ao mesmo tempo em que reconheceu a existência do controle societário, fixou-lhe obrigações e deveres quando do seu exercício. Em outros termos, se impossível assegurar um poder determinante a todos os acionistas, melhor reconhecê-lo nas mãos de alguns e aplicar a esse grupo regras de convivência e conduta de modo a que o seu exercício beneficie a toda a comunidade de acionistas. Com isso, legitima-se o poder da maioria e, em contrapartida, cria-se um sistema de proteção para a minoria.

A proteção da minoria não se deve a ela mesma, mas à violação de seus direitos pela maioria. Todos os acionistas, em princípio, são iguais e têm os mesmos direitos. Maioria e minoria contribuem para a formação da vontade social e de uma só vontade jurídica. Não se conceberia, assim, um direito do grupo minoritário, sobrepondo-se à maioria ou vice-versa. Na prática, como a maioria abusa do seu poder, tem-se, então, a necessidade de tutelar a minoria. Apesar da igualdade formal dos acionistas, reconhece-se que alguns detêm o controle da sociedade (maioria), o que acresce aos seus direitos de acionistas, mais o poder decorrente da direção da sociedade, criando-se, assim, um "plus" em relação aos demais, em face do que se deve dar aos demais, pela inferioridade da sua posição, meios legais para a sua defesa, utilizáveis na exata medida do eventual uso abusivo do poder dos controladores. [49]

A par dos dispositivos corretivos ao princípio majoritário, tais como *quorum* qualificado ou especial e, até mesmo, unânime, e o direito de recesso, para a finalidade do presente estudo, busco demonstrar a sujeição de toda a comunidade de acionistas aos efeitos de uma cláusula de arbitragem introduzida no estatuto social de sociedade anônima por modificação majoritária, razão por quê me aterei às previsões legais que se dirigem à conduta do controlador no comando da companhia.

---

48 *Op.cit.*, 2ª. ed., 1977, p. 31.

49 Waldirio Bulgarelli, A *Proteção às Minorias na Sociedade Anônima*, São Paulo, Pioneira, 1977, pp. 24-25.

## 5. As Limitações ao Poder de Controle

Quando se fala de defesa da minoria, pensa-se, com efeito, em preceitos legais que pareçam ditados para defender a minoria. Mas creio que dentro da expressão "defesa da minoria" há que distinguir dois grupos de preceitos legais perfeitamente claros por sua finalidade: primeiro o daqueles cuja finalidade não consiste tanto na defesa da minoria, porém em defender a lei, o estatuto ou os direitos individuais do acionista que tenham sido violados pela Assembléia Geral. Então se exige da minoria que demonstre que a deliberação majoritária está em contradição com a lei, ou com o estatuto, ou com o interesse social. Falar, aqui, de "defesa da minoria", creio que é sofrer de uma espécie de ilusão de ótica, derivada da tradicional oposição entre maiorias e minorias. Exige-se que a minoria demonstre a razão de sua oposição à maioria ante os Tribunais de Justiça. Não oferecem qualquer dificuldade as hipóteses de deliberações majoritárias que violem a lei ou o estatuto, ou que violem os direitos individuais do acionista.[50] Bastará atentar à lei ou ao estatuto, para saber se a violação foi efetivamente cometida ou não. Mas é muito delicado quando a minoria invoca não a violação da lei ou do estatuto, mas a violação do interesse social, porque o normal é que o interesse social coincida com o da maioria. [51] O interesse social encerra, pois, um limite ao exercício do poder de controle. Conquanto os sócios sejam movidos a participar do empreendimento comum por razões e interesses particulares e distintos – e, porque não?, até mesmo opostos –, essa contraposição encontra o aparador ou a convergência quando à maioria cabe deliberar sobre a realização do escopo social.

Nesse momento, os interesses de todos os sócios convergem para suplantar as diferenças, já que a consecução do escopo social é o próprio interesse comum a todos os sócios. A consecução do objeto social, com vistas à obtenção de lucro, expressa o interesse social que há de ser preservado pela maioria. No dizer de **Ferrara**, "*Per quanto l'assemblea decida a maggioranza, la volontà dell'assemblea non si confonde con la volontà dei soci che hanno la maggioranza.*"[52] Assim, ao exercitar seu direito de voto, não pode o acionista, seja ele quem for, direcioná-lo para fins distintos dos da coletividade acionária. Tem ele o dever legal de se despir de seus interesses egoístas para sufragar

50 Garrigues, *op. cit.*, pp. 28-29. Basicamente, os direitos individuais do acionista dizem com a participação nos lucros sociais e no acervo da sociedade, em caso de liquidação; fiscalizar a gestão dos negócios sociais; retirar-se da sociedade; preferência na subscrição de ações e outros títulos de emissão da companhia.

51 *ibidem* p. 29.

52 *Apud* Giogio Bianchi, *op. cit.*, p. 2.

o interesse social e, assim, satisfazer a consecução dos fins sociais. [53] Nesse particular, a afirmação de **Garrigues** não é oposta à de **Ferrara** já que, penso, a vontade da maioria não se confunde, objetivamente, com a da assembleia, mas com esta coincide subjetivamente.

O poder da maioria de ditar o rumo da sociedade não implica (e muito menos justifica) a prática de ato arbitrário. A legalidade da deliberação assemblear se consubstancia na intencionalidade do voto para a perseguição do interesse social. O exercício do poder de controle se legitima na intenção manifestada pela maioria de condução das atividades da sociedade em harmonia com o fim constante de seu estatuto. [54]

A emissão de voto por parte do acionista constitui declaração de vontade não receptícia, destinada a unir-se com as declarações dos demais sócios, com elas fundir-se, a fim de expressar a vontade social. Assim sendo, ao exercer o direito de voto, o sócio não pode perseguir nenhum interesse particular, mas o seu interesse de sócio *uti socius*, coincidente com o interesse social. Nesse sentido, pode-se dizer, embora o voto seja livre, o acionista está obrigado a perseguir o interesse social. [55] Enfim, o acionista, ao exercer seu voto, pratica um ato jurídico voltado para um interesse do qual não é o único e exclusivo titular. Visa com seu voto o interesse de todos os sócios e,

---

53 Vale registrar as palavras de Ihering: "Mas como é possível que o egoísmo transgrida a lei, sendo ela útil aos seus próprios fins? Não o faria se devesse esperar que o mesmo fosse feito por todos, mas espera que isso não aconteça. Com outras palavras, ele almeja a lei na medida em que essa limite os outros no *seu* interesse, mas não na medida em que essa o limite no interesse dos *outros*; ele quer que as conseqüências que lhe são proveitosas, porém, sem as que lhe são desvantajosas. Eis aí a distinção entre o egoísmo *social* e o egoísmo *individual*. Aquele leva o homem a *desejar* a lei e, quando o poder público não dispõe de meios para realizá-la, até mesmo a pôr-se em defesa dela (linchamento), enquanto esse o leva a *infringi-la*. A lei tem o egoísmo social como aliado, e o individual, como adversário. Aquele persegue o *interesse comum*, esse, o *particular*. Se ambos os interesses se defrontassem, excluindo-se de tal arte que cada um só tivesse a escolha entre a sociedade e a si próprio, sua opção não deixaria dúvida. Porém, a realização do direito através do poder público, ou seja, a ordem jurídica, possibilita-o de querer ambos – ao infringir a lei quer a *si próprio*, mas, no resto, a lei, *paralelamente*. Se todas as normas jurídicas têm por finalidade a garantia das condições vitais da sociedade, isto significa que a sociedade é o *sujeito final* do direito." (*A Finalidade do Direito*, Vol. I, trad. Faria Correa, Rio de Janeiro, Editora Rio, 1979, p. 247)

54 Nos termos do *Código Civil* brasileiro, "As deliberações tomadas de conformidade com a lei e o contrato vinculam todos os sócios, ainda que ausentes ou dissidentes." (art. 1072, par. 5º)

55 Luiz Gastão Paes de Barros Leães, *Comentários à Lei das Sociedades Anônimas*, Vol. 2, São Paulo, Saraiva, 1980, p. 246.

por conseguinte, o interesse da sociedade.[56] Como assinala **Mónica G. C. de Roimiser:**

> *"En consonancia con los lineamientos básicos de la teoria de la realidad jurídica, considero que el voto no es una potestad sino un derecho subjetivo, ya que es atribuído al socio para el logro de sus propios intereses. La inexistencia de la obligación de votar, así como la disponibilidad, es decir, la posibilidad de delegar su ejercicio, confirman el carácter señalado, por oposición a la potestad (...) Pero, en la medidad en que el socio, mediante el voto, dispone potencialmente de los intereses de los otros socios, ya que colabora en la formación de la voluntad social, es que la doctrina mayoritaria señala una limitación negativa en el ejercicio de tal derecho. Ella consiste en que el interés tenido en mira por el accionista, si bien que es su interés individual, debe ser su interés individual como miembro del grupo, es decir, su interés individual como socio. Es decir que el límite es la comunidad de intereses. A cada accionista se le otorga la posibilidad, mediante el voto, de evaluar el interés común, negándose así la existencia de un interés autónomo, de carácter institucional. Cada socio es libre de votar como crea más conveniente, siempre y cuando tenga en mira sus intereses sociales. Es, por tanto, ilícito servirse del voto para el logro de intereses extrasociales."*[57]

Com efeito, é fato que o sócio persegue o máximo de benefício com o mínimo de sacrifício, porém esse fim pessoal deve subordinar-se ao fim comum perseguido pela sociedade por meio do objeto social e da administração do patrimônio social confiado aos órgãos sociais. [58]

No entanto, o intérprete primeiro do interesse social continua sendo o majoritário ou controlador. Ele tem o direito – e, em certas circunstâncias, até mesmo o dever – de tomar a iniciativa das deliberações sociais que contrariam o interesse dos minoritários.[59]

Nessa toada, não se poderá dizer que a deliberação majoritária não seja direcionada à realização dos interesses da sociedade, se, ao cabo, convergir

---

56 Segundo Ihering, "Uma sociedade (*societas*) em sentido jurídico é uma reunião de diversas pessoas que se vincularam para a perseguição de um fim comum, de tal modo que, portanto, cada um, ao atuar para o escopo da sociedade, age, simultaneamente, para si. (op. cit., p. 47)

57 El Interés Social en la Sociedad Anónima, Buenos Aires, Depalma, 1979, pp. 64-66.

58 Isaac Halperin, *Sociedades Anonimas*, 2ª. Edición, Depalma, Buenos Aires, 1978, p. 182. Segundo o autor (p. 182), "*Nos hallamos, pues, frente a un concepto fundamental del funcionamiento de la sociedad (actuación de socios de los órganos sociales), que halla su fuente en la causa y en la lealtad de actuación de los socios e integrantes de los órganos (...), que bien puede concretarse o completarse (según la trascendencia que se le asigne) con la buena fe en la ejecución del contrato social (...).*"

59 cf. Comparato, *Direito Empresarial*, São Paulo, Saraiva, 1995, p. 226.

com os interesses individuais dos sócios ou se opuser aos interesses da minoria. Em outros termos, nada impede que a maioria, ao satisfazer seus próprios interesses, esteja, também, satisfazendo os interesses atinentes à sociedade.[60]

Tal afirmativa alinha-se com as conclusões a que chegaram os estudos sobre a formação de vontades *uti singuli*: conferir aos sócios o poder de conduzir a sociedade mediante acordos de acionistas. O debate se deu em razão do possível conflito entre os interesses dos acionistas integrantes de acordo de votos e o interesse social. No início do século XX, tais convenções foram consideradas ilegais, porque o sócio deveria resumir seu direito de voto ao interesse único da sociedade, o que acarretaria a ilicitude do negócio jurídico que visa a determinar o exercício do voto. **Ascarelli**, ao combater esse entendimento, sustentava que o voto seria concedido ao sócio, não para alcançar superior interesse institucional, mas para o seu interesse individual, que seria, todavia, comum aos dos outros sócios. [61] Essa, em pequena amostragem, foi a tese que restou por conferir legitimidade aos acordos de acionistas.

Em suma, o direito de voto do sócio e o interesse que o move são protegidos pelo direito. O exercício desse direito deve ser expresso livremente e servir para influenciar a linha de entendimento que lhe parecer mais conveniente. A presunção é a de que o voto será manifestado *ex causa societatis*. Daí a licitude dos acordos de acionistas nos quais os sócios predeterminam o sentido do voto e se lhes veda, tão somente, contrariar os interesses sociais.

Como sintetiza **Guillermo Cabanellas de las Cuevas**, as teorias sobre a natureza do direito de voto correspondente ao sócio:

> *"[tratam] de un derecho subjetivo, concebido éste como un interés jurídico protegido, derivado del contrato social y de las leyes que gobiernan a éste. Por tratarse de un derecho que se ejercerá en el contexto de órganos societarios, el ejercicio de ese derecho ha de respetar el interés social; ello no implica, sin embargo, que no exista simultáneamente un interés propio del socio en el ejercicio de ese derecho, tanto por la participación que al socio corresponde en el interés social, como por el hecho de que ese interés deja necesariamente un marco de*

---

60 Segundo Philip Anisman, "*The standard requiring the majority to act in the interests of the corporation was generalized and objective: if a proposed amendment to the corporate constitution theoretically affected all shareholders in the same way, it was treated as being in the interests of the corporation as a whole. This was true even though it might have a discriminatory impact on the individual shareholders*" (*Corporate Practice: Commentator*, 1987-1988 Annual, Callaghan, Illinois, pp. 462-462).

61 *Apud* Modesto Carvalhosa, Acordo de Acionistas, Saraiva, São Paulo, 1984, pp. 110/111. Segundo Ascarelli, "O voto é concedido ao sócio para a tutela de seu interesse como sócio; encontra a sua justificação e seu limite na comunhão de interesses; só no limite de seu interesse como sócio que os acionistas são (até com sacrifício de seu interesse extra-social frente ao interesse social) sujeitos à deliberação da maioria." (*Studi in Tema di Società*, Milano, A. Giuffre, 1952, p. 164).

> *indefinición, en el que el socio deseará actuar en provecho propio, por ejemplo, en materia de elección de administradores. Esta concepción concuerda con el valor económico que los socios efectivamente dan a su derecho de voto en el tráfico juridico."*[62]

Nessa ordem de ideias, resta definir o que seja exercício de voto contrário aos interesses sociais e, após, analisar a legitimidade e a validade da cláusula compromissória estatutária.

De antemão, cabe citar a sempre atual lição de **Gaudencio Esteban Velasco,** *verbis*:

> *"Los intereses constitutivos en la ordenación de la empresa son los de los socios. Con estos presupuestos bajo la fórmula del interés social o de la sociedad, en la interpretación contractualista mayoritaria, no se oculta un interés distinto y superior al de los socios sino el común a todos ellos. A modo de común denominador el interés común (interés 'típico' del socio) integra los distintos intereses de los aportantes de capital (mayorías, minorías, grandes y pequeños accionistas: autofinanciación y reparto de dividendos) y sirve de punto de referencia unitario de la actuación de los órganos y de sus miembros. Esta concepción se basa en la distinción entre interés social y interés extrasocial de los socios y según la acertada caracterización sintética de la misma por galgano presupone que 'el concepto de interés social es per se un concepto 'neutral': es interés social todo interés que se halla dentro del esquema causal del contrato de sociedad, sea el interés a la maximización de la eficiencia productiva de la empresa, o a la maximización del beneficio, o la maximización del dividendo; por el contrario, es interés extrasocial todo interés extraño a la causa del contrato de sociedad y, por esto, personal de uno o varios socios o de la misma mayoría de socios. La mayoría puede votar según su propia voluntad: es libre de perseguir una política de eficiencia productiva con sacrificio del interés al dividendo, o de perseguir una política de altos dividendos con sacrificio de la eficiencia productiva, pero debe, en todo caso, elegir el interés a perseguir entre los que incorpora la causa del contrato: no puede, en cambio, abusar de la propia posición de poder para realizar particulares intereses extrasociales'. Dentro de esta orientación no se pone en duda la existencia de ese interés común que obedece a la clara relación de instrumentalidad que, pese a las distintas motivaciones singulares en la participación (actividad empresarial, especulación, renta), existe entre los aportantes de capital.*[63]

---

62 *Derecho Societario: Los Socios: derechos, obligaciones y responsabilidades*, Vol. 5, Buenos Aires, Heliasta, 1997, p. 407.

63 Para uma visão perspectiva quanto à evolução e aos vários matizes conceituais sobre o chamado interesse da empresa (ou social), ver, por todos, Gaudencio Esteban Velasco, op. cit pp. 583-592.

Em um primeiro momento, pode-se afirmar que a decisão motivada por interesses extrassociais é passível de análise pelo Poder Judiciário ou por Tribunal Arbitral. Destarte, será antijurídica a deliberação aprovada em flagrante abuso de direito ou em conflito de interesses.[64] Serão ilícitas as decisões que causarem dano à companhia ou a outros acionistas, ou o sócio ter por fim obter, para si ou para outrem, vantagem a que não faz jus e da qual resulte, ou possa resultar, prejuízo para a sociedade ou para outros acionistas. [65] Serão também ilícitas as deliberações contrárias à lei e ao estatuto social.[66]

Constituem modalidades de exercício abusivo de poder, dentre outras, (i) orientar a companhia para fim estranho ao objeto social; (ii) promover a liquidação de companhia próspera ou a transformação, incorporação, fusão ou cisão da sociedade, com o fim de obter, para si ou para outrem, vantagem indevida, em prejuízo dos demais acionistas, dos que trabalham na empresa ou dos investidores em valores mobiliários de emissão da companhia; (iii) promover alteração estatutária, emissão de valores mobiliários ou adoção de políticas ou decisões que não tenham por fim o interesse da companhia e visem a causar prejuízo a acionistas minoritários, aos que trabalham na empresa ou aos investidores em valores mobiliários emitidos pela companhia; eleger administrador ou fiscal que se sabe inapto, moral ou tecnicamente, ou induzi-los, ou tentar induzir, a praticar ato ilegal; (iv) contratar com a companhia, diretamente ou por meio de outrem, ou de sociedade na qual tenha interesse, em condições de favorecimento ou não equitativas.[67] Vê-se, pois, que a noção de interesse não é psicológica, e sim de natureza objetiva. Confirma-se na realização do quanto seja idôneo para satisfazer o objeto social e se resolve na satisfação proporcional ao interesse individual de cada sócio.[68]

A infração aos interesses sociais surge da conduta ilícita do agente, no caso, aquele que exerce o direito de voto, notadamente o controlador. A figura jurídica é a do abuso, importada do direito público e possível de se desmembrar nas espécies, abuso de direito, abuso de poder e desvio de po-

---

64 Cf. art. 115 da lei espanhola que trata das sociedades anônimas (*Real Decreto nº 1.564/89*). A lei espanhola ressalta que os acordos da Junta Geral de Acionistas são nulos, se contrários à lei ou anuláveis se em oposição aos estatutos ou infrinjam, em benefício de um ou mais acionistas, ou terceiros, o interesse social. A lei brasileira estabelece que os atos praticados com abuso de poder (o que inclui aqueles estranhos ao objeto social) estão sujeitos a perdas e danos (art. 117), enquanto aqueles exercidos em conflito de interesses são anuláveis (art. 115, par. 4º).

65 Cf. art. 115 da lei brasileira que dispõe sobre as sociedades anônimas.

66 Cf. art. 115, 2, do *Real Decreto nº 1.564/89*.

67 Cf. art.117, par. 1º, *Lei nº 6.404/76*.

68 Conceitos assinalados por Gambino, Minervini e Mengoni. (*apud* Giorgio Bianchi, op. cit., p. 184).

der.[69] A causa que gera a ilicitude da conduta do sócio é a abusividade do ato, enquanto sua antijuridicidade se perfaz na violação do interesse social. Com efeito, a maioria não tem o poder de autorizar transações que transbordem dos limites do objeto social da empresa. A prática de atos *ultra vires* constitui conduta abusiva, vez que a gestão da sociedade se resume às atividades acordadas no seu objeto social.

Em termos genéricos, é obrigação de a maioria exercer seu poder de controle com boa-fé e de forma idônea e honesta;[70] de maneira justa[71] e não opressiva.[72] sem dissimulações ou fraudes.[73]

---

69 Basicamente, o abuso de poder configura-se no uso com excesso (sem moderação) da prerrogativa que o direito lhe conferiu, gerando danos ou prejuízos a terceiros. O abuso de direito se dá, justamente, no exercício irregular do direito, com a exacerbação de seus direitos subjetivos, em detrimento ou prejuízo de direitos alheios. Já o desvio de poder se dá quando o agente exerce o direito, sem excesso, sem exacerbação, mas com o intuito de atingir finalidade distinta daquela à qual o direito foi assegurado, sem embargo da observância das formalidades inerentes ao ato.

70 "The majority must act honestly and not fraudulently; for while the majority, however mistaken they may be in respect to the course dictated by the interests of the company, cannot be controlled so long as they confine themselves within the powers of the corporation and their own powers (which with the exception just mentioned [acting *ultra vires* or against a special quorum] are co-extensive with the powers of the corporation". (Arthur W. Machen, Jr., *A Treatise on the Modern Law of Corporations*, Vol. II, Boston, Little, Brown and Company, 1908, p. 1076). Conforme informa Mónica G. C. de Roimiser, "La teoría del abuso de derecho y de la Buena fe introducen de esta manera, un sistema de límites internos, en virtud de la insuficiencia de la teoría de los derechos individuales, que establece limitaciones objetivas y externa al poder de la mayoria. Se trata de un límite estrictamente funcional que tiende a la tutela, en el ámbito interno societario, del interés social." (El Interés Social en la Sociedad Anónima, Buenos Aires, Depalma, 1979, p. 79).

71 The treatment of majority-minority relations in Canadian corporate law during the last century reflects a movement from a strong application of the principle of majority rule to an emphasis on protection of minority interests on the basis of apprehended notions of "fairness". (Philip Anisman, *op.cit.*, p. 452).

72 Segundo atesta Philip Anisman, "[a shareholder] may obtain a remedy from a court whenever the business of a corporation or its affiliates is carried on in a manner that is oppressive or unfairly prejudicial to, or that unfairly disregards the interests of any shareholder." (*op. cit*, p. 458).

73 Segundo decisão norte-americana (Flynn v. Brooklin & C. R. Co., 158 N.Y. 493, 53N.E. 520), "While courts can not compel directors or stockholders, proceeding by the vote of a majority, to act wisely, they can compel them to act honestly, or undo their work if they act otherwise. Where a majority of the directors or stockholders, or both, acting in bad faith, carry into effect a scheme which, even if lawful upon its face, is intended to circumvent the minority stockholders and defraud them out of their legal rights, the courts will interfere and remedy the wrong." (*apud* Seymour D. Thompson and Joseph W. Thompson, *op. cit.*, p. 377).

O legislador, em geral, antecipando-se à proteção das minorias, fixou *quorum* especial ou qualificado para a definição de certas matérias mais relevantes e concedeu à parcela dissidente de outras tantas deliberações o direito de retirada. Assegurou, ainda, para aqueles que atinjam um percentual mínimo de participação acionária representação nos conselhos de administração e fiscal, além de haver imposto a deliberação unânime para tema que afetasse, sobremaneira, o direito individual dos acionistas.

A par de tais regras legais, é vedado ao controlador violar direitos individuais essenciais dos acionistas, seja de natureza patrimonial ou político. Dentre o primeiro, o acionista tem o direito de participação nos lucros sociais e no acervo da empresa em caso de liquidação e, nos termos da legislação aplicável, o direito de se retirar da companhia e de preferência na subscrição de títulos de emissão da companhia; na esfera dos direitos políticos, o de fiscalizar a gestão dos negócios sociais com as limitações que a lei eventualmente estabeleça.[74] São direitos a que a lei, normalmente, rende suas homenagens e os prestigia como um sistema mínimo de resguardo daqueles que não detêm o poder de controle sobre a sociedade. Portanto, devem ser preservados pela maioria.[75]

E, nesse compasso, a simples introdução de cláusula compromissória estatutária, por maioria de votos, não viola qualquer das restrições legais impostas ao exercício do poder de controle, como adiante se verá.

## 6. A Arbitragem não Afronta os Ditames Aplicáveis às Sociedades Anônimas

### 6.1. O Ramo Societário e o Princípio Deliberativo que Norteia

O trato de tema tão sensível e caro aos juristas deverá ser encarado com a luz voltada, essencialmente (mas não exclusivamente), para a disciplina jurídica em que há de se inserir o instituto da arbitragem, isto é, o direito societário.

No mundo jurídico, os ramos de direito[76] se dividem e sujeitam todos os indivíduos que se encontram nos limites da esfera de cada disciplina às nuances e particularidades a elas peculiares. Assim é no direito penal com as

---

74 Há legislações que fixam um percentual mínimo para que o acionista, por exemplo, possa requerer a exibição de livros.

75 "A decisão majoritária, absoluta ou qualificada, não prevalece, em se tratando de prerrogativas individuais de minoria ou de classes de ações, cujos respectivos direitos são inderrogáveis pelo estatuto ou pela assembléia geral". (Carvalhosa, *op. cit.* p. 621).

76 Na lição de José de Oliveira Ascensão, "A ordem jurídica é una, mas o seu estudo impõe a demarcação de setores. A esses setores se chama tradicionalmente os *ramos do direito*." (*O Direito: Introdução e Teoria Geral*, 2ª. Edição, Rio de Janeiro, Renovar, 2001, p. 345).

prerrogativas dos acusados, as atenuantes e as agravantes das penas; no direito administrativo, com os poderes da administração pública e as limitações impostas aos particulares nos contratos regidos pelo direito público; como também no direito do consumidor, com a inversão do ônus probatório e a mitigação dos efeitos das cláusulas contratuais em favor daqueles que necessitam da prestação de serviços e da aquisição de produtos. Do mesmo modo, acontece no ramo do direito societário, em que se apresentam como de extrema relevância a limitação de responsabilidade e o princípio majoritário.

Essa diversidade de ramos do direito leva o legislador e o intérprete, portanto, a tratá-los de maneira específica, pontual e própria de acordo com suas nuances e singularidades. E não poderia ser diferente, pois cada ramo tem gênese e destino distintos, e muito particulares, o que determina um sistema especial e próprio para cada ramo do direito. Como pontifica **Oliveira Ascensão**, "*O conteúdo de cada ramo deve ser estruturado por intermédio de princípios gerais próprios desse ramo.*"[77] Com efeito, na seara do direito societário é basilar, e da sua mais íntima essência, a vinculação das deliberações sociais ao princípio da maioria. Quanto a tal afirmativa todo e qualquer debate, em sentido oposto, é inócuo e desprovido de senso comum, já que inquestionável esse pressuposto jurídico.

Vimos, anteriormente, que, nos primórdios das sociedades comerciais, preponderava o interesse dos maiores investidores – a bem da verdade, sequer existia a assembleia geral como órgão de discussão, reflexão e decisão. Posteriormente, a vontade dos primeiros e principais investidores – os fundadores –, manifestada nos atos de constituição da sociedade, não era passível de modificação majoritária, por ser o instrumento de constituição no pacto base da companhia. Só após lenta evolução, as matérias atinentes ao funcionamento interno da corporação (v.g., nomeação de administradores) passaram a ser objeto de alteração por maioria. Foi após muita luta contra a resistência dos poucos e agraciados investidores que a "minoria" capitalista consagrou e implantou, em seu proveito, portanto, o princípio majoritário nos empreendimentos de cunho societário. A vontade e a prevalência do voto majoritário surgiu, por coincidência, dos esforços e em prol da grande minoria. Foram, pois, os próprios minoritários que desejaram e perseguiram, exatamente, a implantação do regime – da maioria – que, ao fim e ao cabo, possibilitou o avanço e o incrível crescimento das companhias.

Essa longa e árdua transição do sistema de decisão de poucos para o da maioria, com eficácia imperativa na determinação da vida da sociedade anônima, somente veio cristalizar-se no início do século XX, quando o direito admitiu a assembleia como órgão onipotente e soberano da sociedade.

---

77 *ibidem*, p. 345.

Desse registro histórico extrai-se que são, exatamente, os minoritários a fonte primária na implantação do regime de deliberação social até hoje vigente – prevalência da maioria capitalista sobre a comunidade acionária – regime que assim se manterá até o direito se reinventar.

Perdoe-me a repetição: não há, historicamente, sociedade *stricto* ou *lato sensu* que tenha pautado seu direcionamento no pressuposto da vontade unânime de seus partícipes. Muito ao contrário, como dito, na sua gênese, as anônimas eram administradas por poucos, ou pouquíssimos, privilegiados. Após longo debate científico-intelectual e gradual evolução, cristalizou-se o princípio da maioria, o qual passou a ser respeitado em contraposição, repita-se, aos ditames de poucos, e não, aos da unanimidade. Em outras palavras, o princípio legal e universal da prevalência da maioria se sedimentou para obstar a ditadura de poucos, e não para se contrapor aos inatingíveis desejos da unanimidade, já que nunca foi o sistema adotado sequer nos primórdios das companhias marítimas.

Essa máxima, diga-se, por todas as razões que a expressam, tem caráter inderrogável no âmbito do direito societário. Com efeito, o histórico do regime da maioria não pode ser olvidado quando do enfrentamento da questão relativa à introdução da cláusula de arbitragem no estatuto de uma anônima. O trato de tal matéria será incompleto, ou desvirtuado, se não admitirmos que é da índole e da essência dessas empresas que suas deliberações são aprovadas por maioria de votos, simples ou qualificada. Ou bem a lei fixa critérios diferentes para a aprovação de cláusula compromissória estatutária, ou bem essa deliberação se concretizará com suporte nas regras peculiares ao sistema legal das anônimas. E essa regra é a da maioria. Desse suposto legal, lógico e razoável não há como fugir. Ressalte-se, por outro lado, que tal máxima do direito societário é norma de ordem pública e, assim, impossível de ser modificada.[78] Destarte, seja qual for a deliberação assemblear posta em votação, estará ela sempre sujeita ao referido preceito jurídico inarredável do direito societário.

A ordem jurídica, como conjunto de normas que pertencem a todos os sistemas jurídicos,[79] não convive, e repudia, com posturas ou práticas ambíguas e desprovidas, portanto, de logicidade e segurança, de coerência e de unidade, de certeza e razoabilidade. O sistema jurídico, por suposto, é uno e estreitamente vinculado. No dizer de **Stammler**, "uma unidade totalmente coordenada." No entender de **Binder**, "*um conjunto de conceitos jurídicos ordenado segundo pontos de vista unitários*." Ou, conforme **Hegler**, "*a representação*

78 Ressalvem-se, nesse particular, os atos de manifestação de vontade, como os acordos parassociais nos quais o acionista que detém percentual não majoritário pode reprimir o conceito da prevalência da maioria, dado o exercício, por exemplo, de um direito de veto.

79 Cf. Jorge L. Rodríguez, *Lógica de los Sistemas Jurídicos*, Centro de Estudios Polícos y Constitucionales, Madri, 2002, p. 121.

*de um âmbito do saber numa estrutura significativa que se apresenta a si própria como ordenação unitária ou concatenada.*" Ou, ainda, segundo **Stoll** e **Coing**, respectivamente, "*um conjunto unitário ordenado*" e "*uma ordenação de conhecimentos segundo um ponto de vista unitário.*"[80]

Consequentemente, é inarredável o dever do intérprete analisar a questão, ora posta em debate, sem desconsiderar o sistema do anonimato nem olvidar, justamente, suas regras históricas, a estrutura normativa em que se funda e as regras de ordem pública. Como adverte **Jorge L. Rodríguez:**

> "*Si una norma pertenece a un cierto sistema jurídico, nunca deja de pertenecer a él: si la norma N pertenece al sistema St, siempre será verdadero que N pertenece a St. Si se quiere derogar la norma N para eliminarla de St, lo que se logra es reemplazar ese sistema St por otro St+1, distinto del anterior al menos en el hecho de no contener a la norma N.*"[81]

Não há, pois, como dissociar a imperatividade do princípio majoritário quando da modificação estatutária para a inclusão de cláusula arbitral, mormente quando a lei não o afasta.

Ora, são inúmeras as matérias deliberadas no dia a dia das anônimas e geradoras de menor ou maior impacto social. Algumas de estrelar grandeza econômico-financeira para a sociedade e outras tantas que repercutem no patrimônio dos sócios. Todas elas, sem exceção, se sujeitam, seja bom ou ruim, à regra majoritária.[82] E ao sócio, não raro, nada resta a fazer senão ajustar-se à nova realidade societária, à nova realidade patrimonial ou política do acionista. Em algumas situações, ressalte-se, até mesmo o direito de retirada não serve aos interesses do sócio descontente, sem embargo de tal direito vir assegurado por lei.

Com efeito, diferente não poderia, e tampouco poderá, ser em se tratando de deliberação atinente à modificação estatutária com vistas à introdução de cláusula de arbitragem. A ordem jurídica prima e preserva a linearidade na aplicação do direito. O sistema é uno e coerente e, por isso, repudia as medidas casuístas. No caso em questão, salvo se previsto *quorum* especial para a aprovação da inserção de cláusula compromissória estatutária, a matéria será aprovada pelo sufrágio da maioria. Cumpridas as formalidades, essa aprovação vinculará toda a comunidade de acionistas em razão da natureza

---

80 *Apud* Claus-Wilhelm Canaris, *Pensamento Sistemático e Conceito de Sistema na Ciência do Direito*, tradução de Menezes Cordeiro, 3ª. Edição, Fundação Calouste Gulbenkian, Lisboa, 2002.

81 Op. cit. p. 133.

82 Não estou considerando para o caso as raríssimas exceções cuja unanimidade é imposta pelos legisladores.

da assembleia geral e os efeitos emanados de suas deliberações, como adiante serão analisados.[83]

Afinal, que vício poderia existir em deliberação dessa espécie se, no caso especial das sociedades anônimas, excuse-me a repetição, impera, por força da sua sistemática legal, a sujeição de todos os acionistas à vontade da maioria.[84] Segundo **Marcelo Dias Gonçalves Vilela:**

> *"Por outro lado, deve-se ter em vista que as sociedades, sobretudo as sociedades empresárias, têm em sua instância deliberativa o foro adequado para a formação da vontade social. Pela teoria organicista, a formação da vontade social ocorre através da decisão colegiada dos associados. Após a deliberação da assembléia geral, não há que se falar na vontade de cada associado, mas na norma social que espelha a 'vontade da companhia'. A manifestação de cada associado, vista isoladamente, será apenas considerada para fins de exercício do direito de recesso (quando cabível) ou para fundamentar a anulação da decisão por abuso da maioria. As deliberações sociais, em regra, são tomadas pela maioria simples do capital social, salvo as exceções legais e contratuais. Não se tratando de tais exceções, há que se ter como válida a decisão colegiada do corpo societário tomada pela maioria, mesmo em se tratando de deliberação acerca do juízo a ser eleito para dirimir futuros e eventuais conflitos surgidos no âmbito do funcionamento da sociedade, vinculando a todos os associados ausentes ou ainda dissidentes. e (...) Importante esclarecer que a deliberação acerca da adoção do juízo arbitral (aprovação da inserção de cláusula compromissória) configura-se como qualquer outra deliberação social. Há que se*

83 Registre-se que, pelo direito arbitral, é pressuposto de validade de a cláusula compromissória ser estipulada por escrito, podendo estar inserta no próprio contrato ou em documento apartado a que ele se refira (art. 4º, parágrafo 1º da lei de arbitragem brasileira). No mesmo sentido, dispõe a lei espanhola (art. 6º).

84 Como sustenta Pilar Perales Viscasillas, "Una cierta polémica que, entendemos forma parte ya de una concepción desfasada, propia de épocas en las que se exteriorizaba un cierto recelo por el arbitraje, se suscitó entre la doctrina, era la de si la modificación de los estatutos con el objetivo de incluir una cláusula de arbitraje requería la unanimidad o bastaba con la mayoría. Sin duda, que siendo el principio de la mayoría la regla general en relación con las sociedades de capital, ésta es la respuesta correcta para un sector nutrido de nuestra doctrina. (...) Retornando al derecho español, los artículos que en nuestras leyes de sociedades de capital se ocupan del derecho de separación no acogen un causal basado en la introducción o supresión en los estatutos de un convenio arbitral. Descartada, además, en nuestro ordenamiento de las sociedades de capital, la posible existencia de un derecho legal de separación por justa causa, la única posibilidad es que se prevea en los estatutos un causal de separación conectado al arbitraje. En caso contrario, no quedará más remedio que entender que para la introducción, modificación o supresión de una cláusula estatutaria de arbitraje societario será suficiente con la mayoría prevista para la modificación de estatutos" (*Arbitrabilidad y Convenio Arbitral – Ley 60/2003 de Arbitraje y Derecho Societario*. Navarra: Editorial Aranzadi, 2005, pp. 213-215).

*dar maior relevo à formação da vontade social, sendo que a minoria vencida dissidente deverá vincular-se à cláusula compromissória arbitral"* [85]

Por fim, entendo conveniente repetir mera recomendação feita em artigo por mim escrito no ano de 2001:

*"Importante é a transparência da deliberação. Deve constar com clareza da ordem do dia. Deve ser dada publicidade. Preferencialmente, a existência da cláusula compromissória deveria, também, ser informada nas demonstrações financeiras e nos certificados de ações e publicizada junto à CVM e às Bolsas de Valores. A publicidade, aliada à manutenção pelos investidores do* ***status socii****, conduz à assertiva da convolação da ciência em anuência, no benefício da segurança jurídica".*[86]

## 6.2. Há Sujeição e não Renúncia a Direito

Vimos, anteriormente e de forma sintética, que o acionista, ao ingressar na sociedade, não renuncia a direitos pelo fato de preponderar o voto majoritário. A qualificação jurídica é a de sujeição: o acionista se subordina, ou se submete, ao jugo da maioria. Não há *renúncia*, e sim *sujeição*, vez que, enquanto aquela pressupõe a desistência de um direito – relega-se, abandona-se um direito –, esta exprime subordinação ou submissão dos direitos à vontade alheia. O reverso do poder (e dever) da maioria encerra, justamente, a sujeição da minoria no sentido conferido por **Carnelutti:** "*impotência da vontade para a tutela de um interesse.*"[87] Destarte, o insucesso de tal interesse na aprovação ou não da matéria assemblear não autoriza a minoria a se opor à deliberação majoritária, como se fosse detentora de direito irrenunciável e potestativo. O acionista, nesse caso, fica impotente, subjugado na sua vontade, subtraído de seu interesse em prol do interesse da coletividade; vê-se frente à inarredável "*impotência de vontade para a tutela de um interesse.*"

Renúncia é forma de manifestação de poder de disposição de um direito subjetivo. Efeito típico desse ato consiste em separar um direito da esfera jurídica do sujeito.[88] A renúncia é, pois, típico direito potestativo; trata-se de uma faculdade jurídica do titular do direito subjetivo que o exerce de forma

---

85 Arbitragem no Direito Societário. Belo Horizonte: Mandamentos, 2004, pp. 200-205.

86 Op. cit. *Reflexões sobre Arbitragem in Memoriam do Desembargador Cláudio Vianna de Lima.* São Paulo: LTr, 2002, pp. 140-141.

87 *Teoria Geral do Direito*, trad. Antônio Carlos Ferreira, São Paulo, Lejus, 1999, p. 290.

88 Aldo Bozzi, Nuovo Digesto Italiano, XI – REC/SEM, Editrice Torinese, Torino, 1939, p. 712.

espontânea e voluntária. Tem, assim, causa e efeito distintos daqueles atos praticados no interior de uma assembleia geral.

A renúncia é ato de autonomia com o qual o particular dispõe de interesse próprio que o direito regula, de modo a produzir seus efeitos. O efeito imediato e típico é a separação do direito do sujeito com o qual esteve unido. É um caso de perda do direito, que é a figura oposta à aquisição dele. Mediatamente, da renúncia deriva a extinção do direito.[89]

Nesse sentido, o acionista, ao se submeter à deliberação assemblear e, indiretamente, ao adquirir ações da companhia, não está renunciando a seus direitos, mas, sim, sujeitando-se aos interesses maiores da sociedade.[90] Portanto, o acionista, ao adquirir a qualidade de sócio, passa a manter vínculo de dependência com a maioria. A esta o acionista se sujeita. Com efeito, o acionista mantém com os sócios majoritários uma relação ou um liame jurídico de dependência. Há, desse modo, uma subordinação legal de interesses, e não uma renúncia a direitos.

A introdução de cláusula compromissória estatutária, além de não implicar renúncia do sócio dissidente ou ausente, ou daquele que se absteve de votar, ao consagrado direito de acesso à justiça, também há de ser interpretada à luz dos relevantes preceitos jurídicos que informam ambas as disciplinas.

Nesse sentido, o livre consentimento, princípio que sofre limitação (v.g., extensão a terceiros da cláusula compromissória) se sujeita ao preceito de maior relevância e significado – majoritário –, que encerra a sociedade anônima, de inegável importância social. Nessa toada, é de se indagar se algum vício societário pode levar à anulabilidade, à deliberação que insere cláusula compromissória nos estatutos sociais.

## 6.3. Não há Vício na Introdução, por Maioria, de Cláusula Compromissória Estatutária

Vimos, acima, que o controlador está jungido ao interesse social. Toda e qualquer ação ou omissão de sua parte encontra limites no interesse que determina a atividade da sociedade.

---

89 *Ibidem* p. 721.

90 De acordo com Barbara Makant (op. cit., p. 91), "Desta forma, o acionista que não tenha participado da deliberação assemblear que tenha decidido pela inclusão da cláusula compromissória estatutária, ou, ainda, aquele que tenha expressamente dissentido de tal deliberação, não poderia, em momento posterior, obstar à realização de procedimento arbitral. A sua permanência na sociedade, na qualidade de acionista, importa em sua concordância expressa com o referido sistema de solução de controvérsias, haja vista este gozar da prerrogativa de se desligar, a qualquer tempo, da sociedade de que é sócio." No caso, através da alienação da participação acionária, visto que nessa hipótese não há previsão do direito de retirada.

A adoção da arbitragem não pode, a meu ver, ser caracterizada como um ato arbitrário. Ora, a intenção do controlador de prover a sociedade e seus acionistas (e, eventualmente, seus administradores e fiscais) de um sistema legal de solução de conflitos pautado, estritamente, no devido processo legal (com direito ao contraditório e a ampla defesa) e na atuação de julgadores submetidos a regras rígidas de conduta (imparcialidade e independência)[91] não pode ser taxada de violenta, opressora, tirânica, abusiva ou autoritária. Tampouco, pode ser a arbitragem atacada como imoral ou violadora de normas ou princípios de direito. Afinal, ela se alinha com os ditames das sociedades anônimas – regramentos que pressupõem a mitigação, pelos próprios controladores, dos efeitos danosos que uma disputa interna poderá acarretar à empresa. Alinha-se, ainda, com os pressupostos do direito processual contemporâneo da efetividade na concretização da justiça, da superação dos obstáculos ao acesso à justiça – acesso amplo, no sentido da completude processual, por meio de ágil administração do processo e pronta e eficaz entrega da tutela jurisdicional.[92]

Toda essa nova realidade imposta pelos reveses da vida prática sobrelevam-se quando se fala em conflitos societários cuja delonga, como já visto anteriormente, traz sérios problemas de produtividade à empresa com reflexos perversos na comunidade de empregados, fornecedores, credores e no mercado de capitais como um todo. Inconcebível, por conseguinte, taxar a cláusula compromissória estatutária como arbitrária ou violadora de direitos

---

91 Segundo Pilar Perales Viscasillas, "Desde la perspectiva que ahora examinamos, desde luego, la cuestión no es el de si se puede prestar un consentimiento tácito, presunto o por actos concluyentes, en lugar de existir una voluntad inequívoca, sino el de si aplicando el principio mayoritario puede introducirse una cláusula de arbitraje en los estatutos, y si esta mayoría tiene el poder suficiente de vincular a los ausentes y, sobre todo, a los disidentes, esto es, a los socios que expresamente indicaron en la junta general que no desean la introducción de un convenio arbitral en los estatutos. Importante para poder calibrar la respuesta es que se recuerde que mediante el arbitraje no se priva a los socios de la tutela judicial ordinaria, sino que se varia ésta para quedar amparados ahora por la tutela (judicial) arbitral". (*Arbitrabilidad y Convenio Arbitral – Ley 60/2003 de Arbitraje y Derecho Societario.* Navarra: Editorial Aranzadi, 2005, pp. 213-214). No mesmo sentido, Marcelo Vilela: "A opção pela arbitragem não implica na quebra ou violação do direito de ação, uma vez que o cidadão (associado) continua garantido o direito à sentença de mérito acerca do conflito instaurado, apenas se determinando que a decisão de mérito será proferida pelos árbitros, assegurando-se, inclusive, às partes o acesso à jurisdição estatal para ver declarada a nulidade da sentença arbitral em face da violação (desobediência) aos princípios constitucionais do processo" (*Arbitragem no Direito Societário.* Belo Horizonte: Mandamentos, 2004, p. 199).

92 No Brasil, por força da *Emenda Constitucional nº 45*, de 8 de dezembro de 2004, foi estabelecido no capítulo dos Direitos e Garantias Fundamentais que "a todos, no âmbito judicial e administrativo, são assegurados a razoável duração do processo e os meios que garantam a celeridade de sua tramitação."

relevantes do acionista, pois não há qualquer ponto de contato com essas anormalidades ou ilicitudes jurídicas; ao contrário, ela reflete os anseios da moderna sociedade e, ainda, converge, cristalinamente, com a teleologia das leis editadas ao longo dos últimos anos e que visam enfrentar o grave problema de acesso à justiça.

Ao mitigar, sobremaneira, os percalços de uma disputa societária infindável e os desastrosos resultados para a empresa e a comunidade ao seu entorno, pode-se afirmar, categoricamente, que a utilização da arbitragem como mecanismo de solução das controvérsias sociais se coaduna, amalgama-se e harmoniza-se com os fins da sociedade. Pode-se dizer que a arbitragem, se não encerra, no mínimo permeia o interesse social. No campo da eficiência jurídica, diria, ela exprime uma das faces do interesse social.[93]

A arbitragem, pode-se dizer, não persegue nenhum interesse particular ou egoísta dos sócios, nomeadamente dos majoritários; busca o máximo benefício para a sociedade. Não encerra um interesse superior do controlador ou, sequer, um sacrifício do direito minoritário. Não se pode afirmar, muito menos demonstrar, que a deliberação majoritária que estabelece a cláusula compromissória estatutária seja motivada por interesses extrassociais do controlador; ao contrário, dita deliberação visa, exatamente, ao maior interesse da sociedade. Impensável admitir-se que a arbitragem, aprovada em assembleia geral, venha causar dano à sociedade ou a seus acionistas; muito pelo contrário, visa, justamente, a salvaguardar a empresa e, consequentemente, seus acionistas de danos e prejuízos que demorada discussão (e, não raro, não especializada decisão) reste por lhes impingir.

De outro lado, não tenciona o controlador, com a submissão a assembleia e posterior aprovação da arbitragem societária, obter qualquer vantagem direta ou indireta em desproveito da sociedade ou dos demais acionistas. A arbitragem, como dito, prestigia o devido processo legal e se rege por um conjunto de regras de conduta e de deveres dos árbitros o qual assegura ao instituto plena segurança jurídica. Do mesmo modo, como já se afirmou ante-

93 Ressalte-se que, mesmo aqueles que combatem a eficácia da cláusula compromissória lançada no estatuto da sociedade anônima, admitem a eficiência do instituto. Modesto Carvalhosa, defensor da necessidade de expresso consentimento dos sócios como condição *sine qua non* para a eficácia da cláusula, assim se manifesta quanto ao instituto da arbitragem: "A cláusula compromissória estatutária, como **pacto parassocial** que é, visa alcançar vantagens individuais de eficiência para a sociedade e acionistas convenentes, nas divergências que, no futuro, possam ocorrer entre eles. A cláusula compromissória, com efeito, visa dar maior eficiência na proteção dos interesses dos pactuantes, que encontram no juízo arbitral uma via judicante alternativa para dirimir seus litígios." (Cláusula Compromissória Estatutária e Juízo Arbitral – par. 3º do art. 109, *in A Reforma da Lei das Sociedades Anônimas*, Coordenador Jorge Lobo, Rio de Janeiro, Forense, 2002, p. 334.).

riormente, não viola a lei; ao contrário, com ela se harmoniza. Muito menos violará o estatuto social, se todas as formalidades de praxe para a instalação e a deliberação assemblear forem cumpridas. Não se contrapõe à lei, porque é a resolução dos conflitos societários autorizada, quiçá incentivada, pela lei do anonimato (art. 109, parágrafo 3º). Do mesmo modo que o art. 1º da lei de arbitragem brasileira, ao dispor que todas as controvérsias de natureza patrimonial disponível são passíveis de solução por arbitragem, não veda e, portanto, autoriza que as disputas societárias *interna corporis* sejam processadas e decididas por árbitros.

O tão decantado art. 5º, inciso XXXV da *Constituição Federal*, também não é obstáculo à utilização da arbitragem. Não bastasse o Pleno do Supremo Tribunal Federal ter decidido pela constitucionalidade da lei de arbitragem, essa via de solução de conflito não impede o direito de ação do cidadão – direito que não é monopólio do Poder Judiciário. O monopólio é o da justiça, e não da jurisdição. Nessa linha, o art. 32 c/c art. 33 da *Lei nº 3.907/96* permite ao interessado, nas hipóteses elencadas na lei, e após a prolação da sentença arbitral, a intervenção do Poder Judiciário.

Ressalte-se, por oportuno, que o acesso à justiça está plenamente observado uma vez que na arbitragem impera, sob pena de vício passível de anulação pela justiça comum, a ampla defesa, o contraditório e a imparcialidade, dentre outros instrumentos protetivos dos jurisdicionados. Outrosssim, pode-se afirmar, o interesse relevante que se extrai da referida regra constitucional é assegurar a todos justa e adequada tutela jurisdicional, o que, por certo, está amparada no sistema jurídico que a arbitragem encerra.

Registre-se, ainda, que a deliberação que aprova a cláusula compromissória estatutária não se configura como conduta ilícita do controlador, passível de anulação por abuso de direito ou de poder, ou desvio de poder. Impensável tal conjectura: trata-se de deliberação que atende aos propósitos e objetivos da sociedade (ato *intra vires*) e alinhada ao interesse social. Nada há de antijurídica dita deliberação, pois não ofende o interesse da coletividade, o qual encerra o interesse da sociedade. E, para esta, a *eficiência jurídica* é de grande relevância.

Não, há, por fim, violação aos direitos individuais essenciais dos acionistas; sequer os atinge; passa ao largo dos direitos patrimoniais e políticos dos sócios. A arbitragem não afeta os direitos de preferência, de retirada, de fiscalização da gestão social e de participação nos lucros da companhia; ao contrário, sob o prisma maior dos direitos e garantias fundamentais das pessoas, ela os reforça no sentido de que assegura aos acionistas e à sociedade maior efetividade na realização da justiça. Não vejo, assim, como inquinar de inválida ou ineficaz a cláusula de arbitragem estatutária, vez que se harmoniza, plenamente, com os ditames da lei societária.

Refuta-se, por outro lado, a afirmação de que a cláusula compromissória estatutária constitui um pacto parassocial, acordado para produzir efeitos somente entre aqueles que com ela consentiram.[94] Refuta-se, ainda, o embasamento desse entendimento quando fundado na autonomia da cláusula compromissória que, por se caracterizar como pacto adjeto ou um negócio jurídico autônomo, não se confundiria com as cláusulas organizativas constantes do estatuto social.[95] Isso porque, como sabido, a gênese e a teleologia do princípio universal da autonomia da cláusula de arbitragem não se coadunam com esse entendimento, qual seja, o de não amalgamento às cláusulas organizativas da sociedade. Sem embargo de manter íntegra sua autonomia, a cláusula compromissória pode se integrar, plenamente, aos demais termos e condições constantes do estatuto social. Um conceito não afasta o outro; ao contrário, são integrativos.

Não bastasse, a própria *ratio* dessa previsão do direito arbitral vai de encontro àqueles que pretendem furtar-se da arbitragem sob a alegação de sua autonomia frente aos preceitos estatutários. Ledo engano: sua razão de ser é, justamente, a de vedar a aplicação da arbitragem por motivos ou vícios atinentes ao instrumento em que se insere a cláusula compromissória.

Ao estatuto social o pacto de arbitragem se integra em harmonia com os demais direitos e obrigações dele constantes e dele se afasta para o fim único e exclusivo de não ser atingido por efeitos negativos e impeditivos que possam obstar sua plena eficácia.

Aqui, um breve parêntese: quando todas as atenções e proteções legais se voltam para a própria sociedade, para o seu superior interesse, é de se mencionar que nenhuma restrição se impõe aos administradores quando negociam, em todo e qualquer tipo de contrato e parceria, a adoção de lei distinta à do país em que a empresa tem sua sede, ou mesmo jurisdição estrangeira, para apreciar disputas que possam resultar de negócios extremamente sensíveis para a sua atividade social. Ao contrário, a sujeição a outra jurisdição e ao direito estrangeiro é ato de gestão ordinária dos administradores e procuradores. E, nessa linha de raciocínio, por que não seria um ato normal e ordinário a inserção estatutária de uma via especializada e consensual de resolução de disputas? Ainda mais quando se sabe que as sociedades anônimas, por sua própria natureza, carecem de mecanismo pragmático e célere como condição fundamental de coexistência do feixe de relações intrassocietárias e, quiçá, da própria sobrevivência social?! Talvez o misoneísmo e as ideologias expliquem.

---

94 Essa é a conclusão de Carvalhosa para quem "A cláusula compromissória estatutária é uma convenção entre a sociedade e detrminados acionistas que manifestaram expressamente sua vontade individualmente e da própria sociedade. Trata-se de um pacto parassocial entre a sociedade e estes acionistas individuais." (*op. cit.* Cláusula Compromissória Estatutária... p. 333).

95 Cf. Carvalhosa, *ibidem*.

Fechado esse parêntese, abre-se outro apenas por amor ao debate: duas disposições legais devem, desde já, ser enfrentadas para o bem de alguns desavisados ou com espírito emulativo – ca tratam-se das normas contidas no art. 145 da lei espanhola que dispõe sobre as sociedades anônimas e no art. 109, parágrafo 2º, da lei brasileira das sociedades anônimas.

De acordo com a regra espanhola, "*Cualquier modificación de los estatutos que implique nuevas obligaciones para los accionistas deberá adoptarse con la aquiescencia de los interesados.*" Uma primeira vista d'olhos pode despertar o desejo de se interpretar essa regra como restritiva ao interesse majoritário de inserir uma cláusula compromissória estatutária. Mas tal não é fato. A interpretação há de superar tal estreiteza de visão. A teleologia dessa previsão legal é a de proteção de direitos fundamentais e individuais do acionista, tais como aporte limitado ao valor das ações subscritas, direito de transmissão das ações e de manutenção do objeto social.[96] Dirige-se a referida regra limitativa à proteção de direitos individuais de extrema relevância para o acionista e, por isso, tidos como irrevogáveis. Resume-se, assim, a uma gama bastante restrita de direitos inalienáveis e que, por conseguinte, não alcança a estipulação compromissória; envolve apenas as disposições estatutárias ou legais cuja modificação afeta, sobremaneira, direitos patrimoniais do acionista. Não é o caso, portanto, da introdução de uma mera cláusula de resolução de conflitos.

No que toca à lei brasileira, estabelece o art. 109, parágrafo 2º: "*Os meios processos ou ações que a lei confere ao acionista para assegurar os seus direitos não podem ser elididos pelo estatuto ou pela assembléia geral.*"

A princípio, poder-se-ia argumentar que a cláusula de arbitragem subtrairia tais direitos inalienáveis dos acionistas em violação ao dispositivo legal. Contudo, penso, com firmeza e certeza, que tal não se sustenta. A arbitragem, em nada e por nada, elide os meios, processos ou ações assegurados por lei ao acionista. Isso porque, com a arbitragem, ocorre mero deslocamento de jurisdição. Os meios, processos e ações garantidos na jurisdição ordinária passam a ser assegurados na jurisdição extrajudicial. Nunca menos. A atuação do árbitro é de natureza jurisdicional e o processo arbitral há de observar a ampla defesa, o pleno contraditório, enfim, há de se pautar pelo devido processo legal, sob pena de anulação da decisão proferida pelos árbitros por via

96 Garrigues e Uria, op. cit. Vol. 2, p. 194. Segundo esses autores, "esta norma de protección es consecuencia del principio de la limitación de responsabilidade en su aspecto interno (...) Desde este punto de vista, la responsabilidad limitada en la sociedad anónima significa para los accionistas la obligación de aportación limitada (...) En ese precepto se consagra un derecho irrevocable del accionista: el derecho a que no se le impongan nuevas obligaciones sin su expreso consentimiento." (pp. 195-196).

de sentença judicial.[97] Tal qual na justiça ordinária, os árbitros devem ser, e se manter, independentes e imparciais, sob pena de anulação da decisão que proferirem. Eles têm deveres, obrigações e responsabilidades perante as partes na condução do processo de arbitragem e respondem por atos dolosos. Logo, não há qualquer razão de fato ou de direito para sustentar que a arbitragem viola o contido no art. 109, parágrafo 2º, da lei brasileira das sociedades anônimas.[98]

Por fim, um esclarecimento: a cláusula compromissória estatutária não há de produzir efeitos se a questão controversa disser respeito, tão somente, aos acionistas e não redundar em repercussão na sociedade. Resumindo-se a disputa à relação essencialmente pessoal em que a repercussão patrimonial afete, única e exclusivamente, os bens, direitos e obrigações individuais dos acionistas (v.g., condomínio acionário, partilha de bloco acionário sem expressão social), parece-me que a cláusula de arbitragem estatutária não deverá operar efeitos, sem embargo de ser a causa subjacente da disputa de caráter social, pois o fato é que a relação controversa atinge, nesse caso, diretamente o patrimônio individual dos sócios, sem outros efeitos na sociedade.[99]

## 7. Arbitragem como Meio Eficaz de Governança Corporativa

Enquanto alguns criticam ou encontram obstáculos à utilização da arbitragem para a resolução de conflitos societários, outros aplaudem e, até mesmo, incentivam sua prática de forma institucional. Com efeito, de se notar que a contemporaneidade encerra nova fase de valores na vida corporativa que se imbrica com os ditames e a finalidade ou vantagens da arbitragem. Ao lado disso, a importância das corporações e do mercado de capitais para o aprimoramento tecnológico das nações e para a criação de riquezas impõe a todos maior atenção a essas instituições de concentração e negociação de poupança popular.

Ao longo das últimas décadas, presenciou-se o surgimento de novos mercados e crises em outros acompanhados de uma pletora de regulamentos e de mecanismos de enfrentamento desenvolvidos pelo setor privado. A

97 cf. art. 21, parágrafo 2º c/c art. 32, VIII, da lei brasileira e art. 24, 1 c/c art. 41, f, da lei espanhola.

98 Em sentido oposto, Modesto Carvalhosa (*op. cit.* Cláusula Compromissória Estatutária...p. 329) para quem a aprovação de cláusula compromissória contra voto de acionistas ou sem a expressa concordância destes viola essa previsão protetiva dos direitos dos sócios.

99 Cf. Pedro A. Batista Martins, "A Arbitragem nas Sociedades de Responsabilidade Limitada", *in Reflexões sobre Arbitragem: in memoriam* do Desembargador Cláudio Vianna de Lima, coordenadores Pedro A. Batista Martins e José Maria Rossani Garcez, São Paulo, LTr, 2002, p. 126.

intensidade de tais atividades e as suas consequências levantaram questões fundamentais a respeito dos meios e modos de o mercado de capitais e o sistema financeiro crescerem e se desenvolverem e, ainda, ao respeito do papel da companhia como atora manifesta.[100]

Em função da problemática que rondou tais mercados e as próprias empresas, nos últimos anos, vários instrumentos começaram a ser utilizados (até mesmo impostos) de forma a assegurar melhor visibilidade aos seus agentes e, em última análise, a resguardar os investidores e os indivíduos que neles operavam. Desse movimento de melhoria do arcabouço corporativo surgiram *standards* de práticas que passarem a ser sugeridas ou determinadas como regras básicas e mínimas de atuação dos referidos agentes. Nasceram, assim, as regras de governança corporativa que alçaram voo para alcançar várias jurisdições do mundo globalizado cujo mercado de capitais é uma de suas maiores expressões.[101]

Diante da dinâmica dos mercados e a sua constante sofisticação, os sistemas jurídicos viram-se forçados a criar, inventar e, mesmo, tomar de empréstimo regras de atualização e aprimoramento das relações que envolviam os mercados de capitais e financeiro e a visibilidade das corporações.[102] Tais regras diziam a respeito, primordialmente, da ética, da transparência e da conduta daqueles agentes e tinham, por finalidade precípua, conferir um grau mais elevado de segurança nas transações por eles operadas. Se esses eram seus fins históricos, tais não se encerraram em si mesmos. Em outros termos, as regras da

100 Cf. Cally Jordan, "The Conundrum of Corporate Governance", 30 *Brooklin Journal of International Law* 983, Brooklin Law School, 2005, p. 2.

101 Segundo Jorge Lobo, "Governança Corporativa é o conjunto de normas, consuetudinárias e escritas, de cunho jurídico e ético, que regulam os deveres de cuidado, diligência, lealdade, informação (...) Surgida há mais de um século na Inglaterra, no alvorecer do capitalismo moderno nos países anglo-saxões e praticamente hibernada durante décadas, a governança corporativa reapareceu, com força e vigor, nas décadas de 70 e 80 do século XX e, nos últimos dez anos, passou a ser assunto cotidiano de políticos, empresários, administradores de empresas, economistas, juristas e auditores, no país e no exterior, em virtude de gravíssimas crises e falências de empresas nacionais e multinacionais, provocadas por gestão temerária e ruinosa, escândalos financeiros, fraudes contábeis, falsificação e deturpação de dados e documentos, manipulação de balanços, dilapidação de ativos etc. (Princípios de Governança Corporativa, *in* Revista EMERJ, Vol 10, nº 37, 2007, p. 199). Segundo o mesmo autor, dez são os princípios que compõem as regras de boa governança: eticidade; moralidade; ativismo societário; proteção ao acionista minoritário; tratamento equitativo; transparência e divulgação de informações; independência dos administradores; responsabilidade dos administradores; razoabilidade ou proporcionalidade e função social da empresa. (*op. cit.*, p. 200).

102 Interessante notar que muitas dessas regras foram retiradas de acordos firmados interpartes na esfera parassocial, tais como, o *tag-along, put* e *call* nos casos de venda ou retirada, critérios de avaliação econômico-financeira da companhia.

boa governança corporativa não se prestam somente a tais premissas específicas. Seu alcance é mais amplo e vem sendo talhado pela inserção de conceitos voltados para a eficiência na condução dos negócios sociais, o que inclui, como visto anteriormente, a preocupação com a eficiência jurídica.

Dentre os referidos conceitos, desponta a necessidade de se implementarem meios mais ágeis de solução de conflitos surgidos no seio das sociedades. A demora na solução de uma controvérsia envolvendo a companhia e seus acionistas, ou o seu controlador, encerra óbvio prejuízo. A perda de produtividade da administração na gestão social é fato inquestionável. A queda no valor das ações em Bolsa é outro aspecto que não se pode perder de vista. A perda de oportunidades negociais é outro ponto relevante, sem se falar na possível paralisação ou estagnação das atividades da companhia. Tudo isso se refletirá no mercado, na comunidade em que a empresa atua e nos seus trabalhadores e fornecedores. Essa situação, de efeitos perversos, não é avaliável *a priori*, mas acarretará, por certo, um custo econômico-financeiro ao empreendimento. Assim, é por necessidade que as empresas e os empresários, com a ajuda inestimável dos juristas, têm criado novas fórmulas de resolução de conflitos a par das já conhecidas mediação e arbitragem.

A situação é tão delicada, que, mesmo no interior das sociedades, não é raro encontrarmos regras de governança que adotam meios extrajudiciais de solução de conflitos. Com isso, a empresa transmite ao seu funcionário valores que se traduzem em respeito ao profissional e nova visão na relação do trabalho. Como salienta **Richard C. Reuben:**

> *"Despite the potential for employee enrichment and social capital to energize the new workplace, there will still be conflict. Disputes are inevitable fact of organizational life. However, they do have the potential to be constructive or destructive depending upon how they are handled. Constructive conflict permits organizations to learn and grow from conflict. Conversely, destructive conflict tears at the fabric of the workplace by fostering dissention, distrust, and unhealthy internal competition. Thus, in the new workplace, effective constructive dispute resolution is a particularly vital consideration for any organization.*[103]

É sabido que tempo é dinheiro. Diz-se que o empresário está disposto a correr o risco de perder dinheiro, mas não o infortúnio de perder tempo, pois, enquanto aquele se recupera, este é fatal. Os tempos modernos não permitem que as divergências, nomeadamente as de cunho empresarial, sejam resolvidas de forma agressiva e delongada. A agilidade dos mercados, a enorme competição que só fez aumentar com a regionalização e a globalização,

---

103 "Democracy and Dispute Resolution: Systems Design and the New Workplace", 10 Harvard Negotiation Law Review 11, *Harvard Negotiation Law Review*, 2005, p. 6.

a necessidade de capitais, fornecedores e parceiros não comportam atitude inamistosa diante de um conflito de interesses. Os acionistas e o mercado estarão mais confortáveis e seguros se souberem que as divergências empresariais e societárias serão resolvidas de forma menos desagregadora, confidencial, célere e por pessoas especializadas na matéria conflituosa.

Os novos ventos da governança corporativa sinalizam um conjunto mais eficiente das relações jurídicas societárias, seja inter ou intrassocial. A manutenção das relações jurídicas e comerciais é matéria que não pode ser esquecida ou desprezada pela sociedade empresária. Como bem salienta **Eduardo Silva da Silva:**

> *"Esta recolocação da arbitragem desde uma perspectiva privada é acompanhada de sua inserção em um modelo jurídico do tipo negocial, nascido da experiência concreta da sociedade, mais especificamente do campo empresarial, no qual as empresas estabelecem em seus contratos o que se poderia chamar de* ***estruturas de conservação*** *dos vínculos estabelecidos entre as partes contratantes. Estas* ***estruturas de conservação*** *são instrumentalizadas através das cláusulas compromissórias que remetem, quando da eventual ocorrência de alguma controvérsia acerca da interpretação ou execução contratual, a uma atuação pacificadora de baixa litigiosidade, através do processo arbitral de resolução de controvérsias. É cada vez mais corrente a inserção dessas* ***estruturas de conservação*** *em contratos que se estabeleçam entre partes que tendem a fixar relacionamentos continuativos, ou seja, que não se restrinjam à determinada ocasião ou circunstância esporádica, mas que, ao contrário, projetam-se indeterminadamente no tempo, em razão mesmo da natureza da atividade dos contratantes (...) O litígio e seu deslinde através do método clássico de resolução de controvérsias consistem em componente econômico a ser levado cada vez mais em conta nos levantamentos financeiros das empresas, não só pelos custos relacionados a advogados, assessorias jurídicas e valores a despender a título de condenação, mas também pelo trânsito de informações técnicas privilegiadas e pela demora na resolução de conflitos com a paralisação de projetos – fatores que oneram sobremaneira a atividade empresarial. Esses ônus são repassados ao custo da produção e encarecem o produto, bem ou serviço prestado, dificultando sua penetração em um mercado globalizado e competitivo. Litigar em um processo judicial comum enfraquece igualmente a empresa na sua capacidade de estabelecer vínculos, relações, consórcios, e empreitadas comuns com empresas congêneres. O processo judicial clássico foi concebido para atender às características de um direito essencialmente individualista, no qual a justiça e as instituições jurídicas são modeladas à finalidade essencial da proteção do direito subjetivo e no qual o relacionamento jurídico, como o econômico, tem essencialmente um caráter isolado e individual (bilateral) e não um caráter continuativo e de grupo (multilateral).*[104]

104 *Arbitragem e Direito da Empresa*, editora Revista dos Tribunais, São Paulo, 2003, pp. 42-44.

A indeterminação do prazo de existência da sociedade[105] requer instrumentos contratuais que permitam convívio confortável e palatável entre ela e seus acionistas e estes entre si, de forma a manterem eficiente e produtiva a relação com reflexos extremamente positivos para o mercado e seus agentes e toda a comunidade que com a empresa se intercomunica. A coexistência saudável é, sem dúvida, uma premissa da boa governança corporativa. Eis a razão por que a arbitragem se inclui entre as regras das melhores práticas de governança corporativa.[106] Segundo **Julie K. Bracker** e **Larry D. Soderquist:**

> *"Those involved in corporations easily perceive the efficiency and cost advantages in arbitration over litigation (...) Unlike a judge, the arbitrator or arbitration panel is selected by the parties and typically will be an expert in the relevant field, saving the costs of educating a judge or jury about the factual setting and increasing the parties' confidence that a sensible result will be reached. Arbitration can be particularly effective when the parties have an ongoing relationship, as it avoids the entrenchment created by the adversarial stance of protracted litigation. Parties may also have a sense that any unfairness in a given arbitral award will be equalized over the life of the relationship."*[107]

Em linha com o antes referido, deve-se salientar que, no Brasil, a Comissão de Valores Mobiliários (CVM), utilizando-se de sua experiência (25 anos) e a de diversos outros países, além de relatórios de pesquisa e códigos de governança internacionais, lançou, no ano de 2002, uma cartilha com recomendações sobre governança corporativa. Segundo esse documento, na parte introdutória:

> *"Governança Corporativa é o conjunto de práticas que tem por finalidade otimizar o desempenho de uma companhia ao proteger todas as partes interessadas, tais como investidores, empregados e credores, facilitando o acesso ao capital. A análise das práticas de governança corporativa aplicada ao mercado de capitais envolve, principalmente: transparência, eqüidade de tratamento dos acionistas e prestação de contas. Para os investidores, a análise das práticas de governança auxilia na decisão de investimento, pois a governança determina o nível e as formas de atuação que estes podem ter na companhia,*

---

105 Segundo consta do *Código de Melhores Práticas de Governança Corporativa* (2004), do Instituto Brasileiro de Governança Corporativa – IBGC, órgão exclusivamente dedicado à promoção da governança corporativa no Brasil, "Conselheiros e executivos devem zelar pela perenidade das organizações (visão de longo prazo, sustentabilidade) e, portanto, devem incorporar considerações de ordem social e ambiental na definição dos negócios e operações."

106 Cf. item 1.9 do *Código de Melhores Práticas de Governança Corporativa* do IBGC.

107 Arbitration in the Corporate Context, Columbia Business law review, 2003 Colum. Bus. L. Rev. 1, Lexis, p. 1.

> *possibilitando-lhes exercer influência no desempenho da mesma. O objetivo é o aumento do valor da companhia, pois boas práticas de governança corporativa repercutem na redução de seu custo de capital, o que aumenta a viabilidade do mercado de capitais como alternativa de capitalização (...) Companhias com um sistema de governança que proteja todos os seus investidores tendem a ser mais valorizadas, porque os investidores reconhecem que o retorno dos investimentos será usufruído igualmente por todos. Com a publicação desta cartilha a CVM busca estimular o desenvolvimento do mercado de capitais brasileiro por meio da divulgação de práticas de boa governança corporativa. Seu objetivo é orientar nas questões que podem influenciar significativamente as relações entre administradores, conselheiros, auditores independentes, acionistas controladores e acionistas minoritários."*

Denota-se da intenção desse órgão regulador, com o lançamento de sua cartilha, a preocupação em otimizar o desempenho das companhias; proteger os investidores, empregados e credores; aumentar o valor da empresa; estimular o desenvolvimento do mercado de capitais e orientar nas questões que podem influenciar a relação entre administradores, conselheiros e acionistas.

E é, exatamente, com base em tais considerações que a autarquia (denominada de "xerife do mercado") recomenda (item III.6) a utilização da arbitragem para a solução das divergências entre acionistas e companhia ou entre acionistas controladores e acionistas minoritários, uma vez que a arbitragem "visa acelerar a solução de impasse, sem prejuízo da qualidade do julgamento." Ressalte-se que a mesma recomendação foi seguida pela própria CVM ao editar, em 16 de julho de 2003, a *Instrução CVM nº 391*, que dispõe sobre a constituição, o funcionamento e a administração dos fundos de investimento em participações. Tal instrução determinou, no art. 2º, parágrafo 4º, dentre algumas práticas de governança obrigatórias para tais fundos, a "*adesão a câmara de arbitragem para resolução de conflitos societários.*"[108] Vê-se, pois, que o instituto da arbitragem se imbrica com os fins e propósitos que norteiam as melhores práticas de governança corporativa. Também, nesse particular, o avanço das instituições reclama visão mais aberta da sociedade e as conclama a uma convivência mais pacífica e eficiente, o que requer a adoção de meios menos litigiosos, dentre os quais a arbitragem, para a solução de conflitos.

---

108 O fundo de investimento em participações, constituído sob a forma de condomínio fechado, é uma comunhão de recursos destinados à aquisição de ações, debêntures, bônus de subscrição ou outros títulos e valores mobiliários conversíveis ou permutáveis em ações de emissão de companhias, abertas ou fechadas, participantes do processo decisório da companhia investida, com efetiva influência na definição de sua política estratégica e na sua gestão, notadamente por meio da indicação de membros do conselho de administração (art. 1º.).

Nos Estados Unidos, o Procurador Geral recomendou que as agências regulatórias encorajassem o uso da arbitragem e outros meios alternativos de solução de conflitos.[109] Também na República da Coreia, de acordo com o *Relatório Final* e as *Recomendações para a Reforma das Regras de Governança Corporativa* entregues ao ministro da Justiça desse país, a utilização da arbitragem foi assim abordada:

> *"Corporate governance in Korea and elsewhere is a broad term that encompasses rules and market practices which determine how companies, specially listed companies, make decisions, the transparency of there decision-making process, the accountability of there directors, managers and employers, the information they disclose to investors, and the protection of minority shareholders. It involves issues of company law, securities laws, the listing rules of a countries' stock exchange (...) Corporate governance involves the courts as well, as they are called upon by shareholders, directors, managers and regulators to resolve corporate governance disputes and enforce government regulations(...) To facilitate the resolution of matters now handled by the derivative suits, the Commercial Code should be amended to permit corporation to provide in their articles of incorporation for the resolution by arbitration of a dispute between any shareholder and the company or its directors, at the shareholders option in lieu of litigation.* ***Commentary****: Korean judges are generalists, with little or no experience as practicing lawyers. This creates a risk that they will not fully understand complex corporate or securities cases. In contrast, arbitrators can be choosen for their expertise in a particular area. Arbitration provides the prospect of a lower cost and speedier alternative to the derivative suits and other forms of shareholders litigation. Experience which the use of arbitration in corporate governance matters is limited, but extensive experience with commercial arbitration suggest that arbitration of corporate dispute has promise as a way to obtain a decision by an expert arbitrator, at lower cost and more expeditiously than a court trial. Such an approach is worthy of consideration..."*[110]

109 De acordo com David B. Lipsky e Ronald L. Seeber, "Although no one definition is universally excepted, we shall define ADR as the use of any form of mediation or arbitration as a substitute for the public judicial or administrative process available to resolve a dispute. One need only scan the business and legal press to see that, as compared to a few years ago, many more disputes are being resolved through negotiation, mediation, and arbitration. From the Attorney General of the United States to agency rule-makers in many areas of government regulation, policy makers at all levels of government have encouraged this trend. Accompanying this public policy movement, increasing numbers of law firms and corporates legal departments are establishing ADR practice sections or hearing expert were none existed before". (In Search of Control: The Corporate Embrace of ADR, The Trustree of the University of Pennsylbania, 1998, LEXIS, p. 2).

110 Final Report and Legal Recommendations to the Ministry of Justice of the Republico of Korea, University of Iowa, The Journal of Corporation Law, 26 Iowa J. Corp. L. 546, 2001, pp. 3 e 42.

## 8. O Estatuto Social como Contrato de Adesão. Argumento Impertinente

É descabida a afirmação de que os estatutos sociais têm a natureza de contrato de adesão como fundamento jurídico, para afastar os efeitos da cláusula compromissória estatutária àqueles que com ela não consentiram expressamente. Esse entendimento se baseia nas disposições legais que exigem manifestação expressa do aderente para que a cláusula possa, dessa forma, produzir plena eficácia.[111]

Trata-se, ao meu ver, de argumento improcedente em razão da inadequada aplicação de previsão legal, claramente, de caráter restritivo; logo, voltada para uma estrita esfera da relação jurídica moderna – relação restrita aos negócios tipicamente consumeristas. A rigor, no âmbito da convenção de arbitragem, as legislações tratam essa disposição legal como regra única de exceção à eficácia plena das cláusulas de arbitragem. Por ser exceção, deve a regra ser aplicada estritamente.

Parece-me incorreto querer ampliar a esfera dessa restrição aos estatutos das sociedades anônimas, visto que a eles não se dirige a norma, e sim, aos contratos genuinamente de adesão. Digo os contratos de massa – referentes à prestação de serviços e ao fornecimento de produtos – os quais se inserem na seara do direito do consumidor. Como já tive a oportunidade de manifestar:

> *"É nas relações de consumo onde se aperfeiçoam os contratos de adesão. Contratos estes que divergem conceitual e instrumentalmente dos contratos de sociedade. O contrato de adesão, longe de ser um tipo contratual, exterioriza um estado de espírito frente à nova realidade dos negócios comerciais e dos avanços técnicos e econômicos que colocam as sociedades industriais em um patamar superior frente ao adquirente de produto ou serviço. Diz respeito à relação fornecedor/adquirente. Esse estado de espírito gerou os formulários-padrão e as cláusulas uniformes. Gerou a predeterminação do conteúdo dos contratos firmados em abundância. Elaborado para contratação em massa, inviável, conseqüentemente, qualquer negociação. Daí a unilateralidade e a indiscutibilidade desses instrumentos legais, sejam eles de adesão ou por adesão. Tais contratos têm por objeto a prestação de serviço ou o fornecimento de produto. Bens tipicamente existentes no comércio cotidiano, onde as características de contratação são a impessoalidade e a inferioridade de uma das*

---

111 Segundo a lei espanhola, "Si el convenio arbitral se ha aceptado dentro de un contrato de adhesión, la validez de este pacto y su interpretación se acomodarán a lo prevenido por las disposiciones en vigor respecto de estas modalidades de contratación." (art. 5, (2). Nos termos da lei brasileira, "Nos contratos de adesão, a cláusula compromissória só terá eficácia se o aderente tomar a iniciativa de instituir a arbitragem ou concordar, expressamente, com a sua instituição, desde que por escrito em documento anexo ou em negrito, com a assinatura ou visto especialmente para essa cláusula."

*partes, dada a massificação e, conseqüentemente, a unilateralidade na predeterminação de suas cláusulas e condições. O escopo é individual. Prepondera o egoísmo na relação. Diferentemente se posta o contrato de sociedade. Por obra do clássico estudo de Tullio Ascarelli, a relação jurídico-societária não se explica pelos preceitos tradicionais do direito comercial contratual. Neles se inspira, mas deles se distingue. O contrato de sociedade não é de índole comum, onde são próprios o antagonismo e a repartição de bens e onde se encaixa a comercialização de produtos e serviços. O contrato social não se forma pela bilateralidade ou pela oposição de interesses. Não é sinalagmático o contrato de organização conquanto não haja reciprocidade de obrigações. Ao reverso, no contrato de sociedade cada parte tem obrigação não para com "uma" outra, mas para com "todas" as outras; adquire direitos não para com "uma" outra, mas para com "todas" as outras. É típico contrato plurilateral onde o objeto é comum a todas as partes e, por isso, sobreleva a cooperação. Verdadeiros contratos de organização, apresentam sempre uma função instrumental, não terminando com o cumprimento das obrigações básicas das partes. Buscam ajustar o uso e gozo dos bens detidos pela sociedade. Visam "organizar" a relação de interesses e a administração desses bens jungidos sempre ao interesse social e ao pleno exercício do seu objeto. Por essa razão, a função do contrato plurilateral não termina quando executadas as obrigações das partes (como acontece, ao contrário, nos demais contratos); a execução das obrigações das partes constitui a premissa para uma atividade ulterior; a realização desta constitui a finalidade do contrato; este consiste, em substância, na organização de várias partes em relação ao desenvolvimento de uma atividade ulterior. A verificação da natureza jurídica do contrato de sociedade leva o intérprete a cogitar das nuances que distinguem o chamado contrato de adesão, onde se insere a exceção à regra de eficácia da cláusula compromissória, do contrato – plurilateral – em que se moldam às relações societárias. A adesão, por seu turno, apesar de não ser tipo contratual, também não se deveria prestar a explicar a formação do contrato social e suas alterações, ao menos no que toca, em princípio, ao artigo 4º, parágrafo 2º, da lei de arbitragem. Isso porque, como dito, as sociedades de responsabilidade limitada são movidas pela comunhão de interesses. O fim comum prende-se ao fim social. A forma de organização da Limitada dirá sobre os princípios das deliberações. Regra geral, prevalecerá o critério da maioria das quotas. É esse o modelo que informa as sociedades comerciais. É princípio aceito universalmente".*[112]

Com efeito, as restrições da lei à eficácia da cláusula compromissória quando ausente o consenso, nomeadamente nos contratos de adesão, direciona-se, em sua teleologia, basicamente, aos contratos que dizem respeito às relações consumeristas. Não é, pois, o caso dos contratos de organização tipicamente abertos. Seus dispositivos são formulados com vistas ao bem co-

112 *Ibidem*, pp. 129-131.

mum que une os sócios. Não se trata, portanto, de imposição das cláusulas e condições societárias por parte de um dos contratantes. As diversas vontades individuais se amalgamam para se tornarem una: a vontade da comunidade acionária voltada para os fins sociais. Como bem ressalta **Daniela Bessone Barbosa Moreira:**

> *"Sendo suas cláusulas [contrato de adesão] ditadas unilateralmente por uma das partes, e em vista da oposição de interesse que os caracteriza, são eles interpretados sempre em benefício da parte aderente, cujos interesses o legislador julgou necessário proteger, de forma ainda mais acentuada, com essa disposição relativa ao pacto arbitral. Tudo isso passa longe do contrato de sociedade, caracterizado pela convergência, não pela divergência de interesses, e no qual, a rigor, não se pode falar de parte hipossuficiente (...). Parece útil, assim, conhecer a experiência italiana a respeito do problema. Até onde nos foi possível verificar, já está mais do que consolidado na Corte de Cassação, (...) o entendimento de que a regra do art. 1.341 do Código Civil não se aplica aos contratos de sociedade. O fundamento central – que não é infenso a críticas por parte da doutrina italiana, mas tem prevalecido amplamente na jurisprudência – é justamente o de que no contrato de sociedade há convergência de interesses econômicos, dirigidos a um fim comum, ao contrário do que ocorre em contratos bilaterais, nos quais o propósito dos contratantes é diverso e cada um obtém a finalidade pretendida mediante a prestação do outro. Nos contratos de sociedade, considerados contratos de colaboração, a prestação de um sócio não é destinada a satisfazer os interesses dos demais, mas os esforços de todos convergem e constituem os instrumentos necessários a que seja atingido o objetivo social. A Corte de Cassação tem também entendido que a posição de paridade entre os sócios afasta a proteção conferida pela lei ao contratante fraco, e que tal paridade subsiste não apenas entre os sócios fundadores, mas também entre estes e aqueles que ao longo do tempo venham a ingressar no quadro social. Afirma-se, ainda, que o contrato de sociedade tem natureza de contrato aberto, oponível a todos os que pretendam ingressar em determinado corpo social, filiando-se a regras já estabelecidas. Nessas condições, o esquema ao qual possam aderir novos sócios não teria sido predisposto para servir a uma série infinita de instrumentos, como nos contratos de massa, nem sua particular rigidez pode revelar o intento do proponente de regular de modo uniforme determinados relacionamentos contratuais. Não configuram, por isso, contratos de adesão. A jurisprudência italiana encontrou, em nossa opinião, a melhor solução para o problema: não é razoável que o sócio, no tocante às suas relações com a sociedade e com os demais sócios, goze dos favores concedidos ao contratante hipossuficiente, em confronto com os interesses de partes muito mais poderosas e/ou no âmbito de contratos a cuja celebração não se pode furtar (a menos que disposto a viver sem energia elétrica, água canalizada ou conta bancária). Realmente não parece adequado considerar minoritários como hipossuficientes em relação à sociedade e ao sócio majoritário. É preciso lembrar que minoritários serão sempre investidores, com grau mínimo de sofisticação e informação, os quais dispõem de meios, modos e recursos para*

*inteirar-se perfeitamente do barco em que estão entrando. E o barco já está lá, tripulado por todos os outros sócios, nas condições que o novo acionista não deve (nem pode) desconhecer."*[113]

Para **María José Carazo Liébana:**

*"Desde el punto de vista objetivo, los contratos de constitución de sociedades son negocios jurídicos que tienen por objeto crear un entramado haz de relaciones interpersonales que superan, en gran medida, las que nacen de los contratos que se encuentran en el ámbito de aplicación de la LCGC [Ley sobre Condiciones Generales de la Contratación] y que suelen ser contratos de intercambio de bienes y servicios. Por su parte, los de sociedad aspiran a un fin más alto, como es llegar a constituir un ente (la sociedad) que posea una personalidad jurídica independiente de la de los socios. Desde el punto de vista de la eficacia, el ente que se constituye a partir del contrato de sociedad se convierte en un sujeto de derechos y de obligaciones capaz de relacionarse por sí mismo con otros sujetos. De lo que se deduce que mientras que la mayoría*

---

113 A Convenção de Arbitragem em Estatutos e Contratos Sociais, *in Arbitragem Interna e Internacional*, Coordenador Ricardo Ramalho Almeida, Rio de Janeiro, Renovar, 2003, pp. 374-378. Vale transcrever algumas citações de estudiosos italianos, constantes do trabalho da citada autora: "*Emilio Vito Napoli observa que,"Il problema dell'applicabilità della normativa ai raporti societari ha interessato la giurisprudenza sotto il profilo della necessità di approvazione specifica delle clausule onerose [art. 1.341, comma 2°, c.c.]. Generalmente la disciplina delle condizioni generali di contratto non è apparsa applicabile ai raporti societari. Si è affermato che manca nei rapporti societari la contraposizione iniziale di interessi dei contraenti'* (*in* "Le condizioni generali di contrato nella giurisprudenza", a cura di Massamo Bianca, Milão, Giuffrè Editore, vol. II, pág. 32'). "*La parità di posizione dei soci, comune ai vari tipi di società di capitali e tipica della società cooperativa, rende ancora innapplicabile la normativa anche sotto il profilo della figura di un contraente debole contrapposta a quella di un contraente in posizione di preminenza sul mercato. Non si prospetta quindi la necessità di tutela del contraente meno provveduto per assicurare il funzionamento effettivo del meccanismo di formazione del contratto [Cass., 11 ottobre 1960, cit.; v. anche App. Brescia, 24 febbraio 1965, in Giust. Civ., 1965, I, p. 2127, con nota di Giannatasio); Cass., 19 giugno 1972, nº 1951, relativamente al contrato di consorzio]'/'Si aferma che in materia di societá la posizione di parità fra i soci sussite non solo fra i soci fondatori al momento della costituzione della società, ma anche fra questi e quelli che vi abbiano aderito successivamente nel corso dello svolgimento del rapporto sociale, avendosi anche in tale ipotesi una comunanza di interessi, tesa al proseguimento di finalità comuni [Cass., 3 febbraio 1968, nº 353, cit.]*" (*apud* Emilio Vito Napoli, *op. cit., p. 32-33.*) "*Una ulteriore argomentazione si trae dalla circostanza che lo schema, cui possono aderire nuovi soci, non à stato predisposto per servire ad una serie indefinita di contratti, né particolare rigidità di esso può rivelare l'intento del proponente di regolare in modo uniforme determinati rapporti contrattuali, essendo questo elemento nel contratto di società riconducibile ad altri fattori. Non può pertanto tale schema configurare un contratto di adesione [Cass., 3 febrbraio 1968, nº 353, cit.; Cass., 24 ottobre 1968, nº 3487, Cass., 19 dicembre 1969, nº 4011, in Mon. Trib., 1970, p. 764]." apud Emilio Vito Napoli, op. cit., p. 33*". (*op. cit.*, pp. 375/377).

*de los contratos celebrados por medio de condiciones generales son contratos que producen efectos interpartes, los contratos societarios, cuando cumplen los requisitos establecidos por la ley para la constitución de la persona jurídica, pueden tener efectos erga omnes. Es decir, frente a terceras personas que no hayan participado en su conclusión. En definitiva, son contratos organizativos que escapan de los estrechos límites de la relatividad contractual. (...) Tal como se ha señalado más arriba, en el contrato de sociedad no hay dos partes enfrentadas, en las que una de ellas, en clara posición de primacía, abuse de la otra parte inferior. Por el contrario, se caracteriza porque no hay contraposición de intereses y porque los intereses de los socios convergen ene l interés de la sociedad. En definitiva, se persigue obtener, con la cooperación de todas las partes, una ganancia para repartir. Difícilmente la naturaleza de este contrato puede asimilarse a la de cualquier otro en el que exista conflictos de intereses entre las partes. (...) Además, no se puede hablar de imposición o de falta de tutela en la posición individual del socio cuando la ley les faculta para promover dicha modificación, que, por otro lado, deberá ser adoptada en la Junta General de Accionistas con el quórum de participación y la mayoría requeridas en el art. 103 de la LSA".*[114]

No mesmo sentido, a opinião de **G. Richard Shell**:

*"In addition, disparities in bargaining power are not favored as grounds for refusing to enforce contracts, and shareholders do not present the most sympathetic case for an exception to this rule. Unconscionability is most often found in the consumer context and operates to relieve unwary, disadvantaged consumers from onerous contract terms imposed by more powerful business parties. People who have sufficient funds and sophistication to invest in the equity securities of individual corporations do not fit this mold comfortably and may in many cases, be quite wealthy. Thus, although such investors may not have bargaining power equal to their corporations', they are probably sophisticated enough to bear the risk of being bound by otherwise legal provisions in a corporate charter. Finally, a ruling that a corporate charter arbitration clause is unenforceable as an adhesive provision would set an alarming precedent in the area of corporate governance. An arbitration provision will not be in place unless it was contained in the original charter or adopted as a charter amendment by a vote of the shareholders. The clause will thus have the same status as every other provision in the charter. Although shareholders may not see or inquire about an arbitration provision in the corporation's charter prior*

114 María José Carazo Liébana. *El Arbitraje Societario.* Madrid: Marcial Pons, 2005, pp. 105 – 107. Registre-se que a mesma autora atesta que na Itália a jurisprudência não considera aplicável a tese de contrato de adesão pelos seguintes motivos: "*primero*, porque no existe preeminencia de un socio sobre otro; *segundo*, por que el contrato de sociedad es único a direnecia de aquellos en los que se aplica la teoría general de las condiciones generales de los contratos, que son de *tracto sucesivo*. (*ibidem*).

*or subsequent to purchasing their shares, they are likely to be equally ignorant of every other provision in the charter. Unless a court is willing to strike down an arbitration clause on the brad ground that all charter provisions are 'adhesive' and subject to claims by shareholders for special exemptions, no part of the charter should be subject to challenge on this basis. The Supreme Court has made clear that 'special' rules discriminating against arbitration clauses are preempted by the FAA."*[115]

Impensável admitir-se a adoção de dois pesos e duas medidas para uma só relação. Se a natureza de adesão do estatuto social conduz o intérprete a admitir que, por essa razão, todo acionista deve consentir expressamente com a cláusula de arbitragem, a mesma inteligência deverá ser adotada para as demais cláusulas societárias. Mas isso somente demonstra a inconveniência e inoportunidade de tal pretensão, o que resta por chancelar o entendimento, ora exposto, que reduz a restrição do consenso aos contratos de adesão, tipicamente quando relacionados à vertente consumerista.

## 9. A Natureza e a Força Jurídica da Manifestação de Vontade em Assembleia Geral de Alteração Estatutária

Convocada a assembleia geral para modificação do estatuto social da companhia, no sentido de se inserir uma ampla cláusula compromissória, a natureza dessa deliberação reforçará o efeito *erga omnes* da cláusula compromissória a toda a comunidade de acionistas, tenham estes comparecido ou não, ou mesmo impugnado, por meio de voto, a referida deliberação. Cumpridas todas as formalidades legais que cercarem a convocação, a instalação, a deliberação e a votação da matéria assemblear, creio que a decisão[116] de se adotar a arbitragem para a solução dos conflitos societários será plenamente válida e eficaz.

A assembleia geral, além de ser órgão necessário de toda sociedade anônima, caracteriza-se por ser o poder supremo da empresa. É, ainda, soberana, vez que seu poder é originário; não se respalda, portanto, em nenhum

---

115 Arbitration and Corporate Governance, *North Carolina Law Review*, North Carolina Law Review Association, Westlaw, pp. 550-551.

116 Conquanto a dicção *decisão* para exprimir o resultado assemblear não seja a mais adequada sob o ponto de vista técnico (o correto seria mesmo *deliberação*), já que a assembleia é um órgão com competência dispersa ou atribuída a várias pessoas que, no conjunto, formam a vontade una do grupo, sem a possibilidade de o acionista desempenhar essa prerrogativa, *per se*, com competência individual, como ocorre em certos órgãos, a verdade é que, para os fins do presente estudo, a prática demonstra que não há diferença teleológica nas determinações oriundas de organismos que *decidem* ou que *deliberam*, uma vez que ambos os atos exprimem os mesmos efeitos vinculativos. Nesse sentido, cf. Lucas Coelho, *op. cit.* pp. 74-76.

outro órgão societário, exceto na vontade dos detentores do capital social da empresa. Composta composta pelos acionistas da companhia, ela detém o poder de decidir todos os negócios relacionados à consecução do seu fim, bem como a legitimidade para deliberar sobre matérias que se imponham ao desenvolvimento e à preservação de suas atividades.

Muito embora seja um órgão da sociedade, a assembleia não *representa* a empresa; é a sua própria voz. As deliberações nela tomadas são manifestações que expressam o interesse da sociedade, a vontade da companhia por via da vontade coletiva de seus sócios. É órgão de deliberação colegiada e que há de exprimir e espalhar os efeitos da vontade social. A sociedade é, por conseguinte, sujeito jurídico determinador, catalisador e expressão dos direitos e obrigações resultantes das deliberações assembleares.

A deliberação resulta da configuração da vontade de um sujeito – a companhia – que é uma parte, sendo, por isso, um ato unilateral.[117] Não é, todavia, pessoa, senão no sentido formal do conceito pessoa jurídica. Posto que o ente coletivo não é, evidentemente, um ser vivo em sentido biológico, mas criação mentada normativamente, essa possibilidade de atuação não é, todavia, derivada de qualquer aptidão natural que, de antemão, se ofereça à ordem jurídica; resulta, antes, de uma construção mercê da qual o direito supre ou compensa aquela falta, providenciando o substitutivo para as atuações naturalisticamente impossíveis (mas indispensáveis) à pessoa coletiva, isto é, recorrendo a ações humanas e imputando-as à coletividade como se fosse esta que agisse, e não a pessoa física sua autora natural.[118]

Ressalte-se, desde logo, que essa coletividade se manifesta, formalmente, no conclave social mediante a participação estabelecida pelo sistema jurídico societário. Quero dizer com isso que, seja qual for o número de acionistas presentes à reunião, atingido o mínimo requerido por lei, a decisão adotada na assembleia expressará a vontade de todos os acionistas e a todos vinculará, os presentes, os ausentes ou os contrários à decisão.

---

117 Ascarelli *apud* Modesto Carvalhosa, *op. cit.* p. 515. Segundo a doutrina da realidade objetiva das pessoas jurídicas, informa Vicente Ráo que "Zittelman, aceitando-a, imprimiu-lhe, contudo, um cunho especial, sustentando que a vontade, pública ou privada, é capaz de criar, de dar vida a organismo que passa a ter existência própria, distinta da de seus membros, erigindo-o em sujeito de direito, *real* e *verdadeiro*. De modo geral e abstraindo-se as variantes que os diversos autores lhe introduziram, a doutrina da realidade objetiva sustenta que as pessoas jurídicas são pessoas *reais*, dotadas de uma *real* vontade coletiva, devendo ser consideradas como seres sociais em tudo equiparáveis (embora dentro de uma ordem diversa de fenômenos) às pessoas físicas, pois como estas nascem, vivem e se extinguem não por artifícios do Estado, mas por ação das forças sociais." (*O Direito e a Vida dos Direitos*, 3ª. edição, anotada e atualizada por Ovídio Rocha Barros Sandoval, vol. 2, São Paulo, Editora Revista dos Tribunais, 1991, pp. 669- 670.

118 Lucas Coelho, *op. cit.* pp. 69-70.

A ausência de acionistas até o limite da formação do *quorum* regimental não é fato relevante. As assembleias não são destinadas a reunir todos os titulares das ações, mas, simplesmente, a deliberar sobre matérias do interesse social. Portanto, a resolução tomada em assembleia será a vontade social, independentemente do número de acionistas que participem na sua instalação regular, ou seja, com o *quorum* mínimo necessário. Assim, a assembleia geral regularmente instalada representa a universalidade de acionistas.[119] É o órgão por excelência para a tomada de decisões voltadas para os fins que norteiam a companhia e que restam por exprimir a vontade coletiva. É a vontade da sociedade em sua máxima expressão, manifestada pelo corpo de pessoas que detém a titularidade das várias parcelas que compõem a totalidade de seu capital.

A unidade volitiva se concretiza como manifestação de caráter normativo, resultante de um ato uno em sua essência, e resta por imputar à sociedade e acionistas o conteúdo da deliberação. O direito, portanto, concede ou assegura à assembleia a competência e a legitimidade para expressar a vontade do ente, imputando-lhe a norma subjacente à aprovação deliberativa. Segundo as regras e mecanismos da votação, apuração e valoração dos votos que houve o ensejo de examinar, destaca-se, no seio do órgão coletivo, a partir da diversidade de opiniões aí subsistente, certa posição, erigindo-se esta juridicamente em posição do colégio e vontade do ente, dotada de força vinculante com respeito a todos os interessados.[120] A deliberação, por um lado, deve ser considerada como uma manifestação unilateral de vontade, pois representa, justamente a vontade de um único sujeito; por outro lado, porém, ela resulta do concurso de outras tantas vontades (votos) diversas, que concorrem justamente em formar a vontade do sujeito-sociedade.[121]

Como órgão supremo e soberano da companhia, por certo suas deliberações produzem efeitos de direito e vinculativos à sociedade e a seus acionis-

---

119 Dominique Schmidt, *apud* Modesto Carvalhosa, *op. cit.*, p. 512. Segundo George W. Field, "Where no special provision is made in relation to the matter, a majority of those present may express the corporate will; and the whole body is bound by their acts, whether the number present be a majority of the whole number of members or not. The whole are not only bound by a majority of the members, but by a majority of those present at a lawful meeting. The majority of those who appear constitute a body capable of transaction business, in the absence of any limitation as to the number who may act". (*The Law of Private Corporations*, revised by H. G. Wood, San Francisco, Bancroft-Whitney Company, 1883, p. 318).

120 Lucas Coelho, *op. cit.* p. 201.

121 Ascarelli, *op. cit.*, p. 375. Nessa esteira, Modesto Carvalhosa, *op. cit.*, p. 513; e J. C. Sampaio de Lacerda, Comentários à Lei das Sociedades Anônimas, vol. 3, São Paulo, Saraiva, 1978, p. 80. Possíveis divergências conceituais, parece-me, não devem afetar o fim a que se propõe este trabalho.

tas. O juízo de valor contido na deliberação torna-se um comando normativo quando aprovada pelo órgão supremo da companhia.

A natureza jurídica das deliberações, conquanto debatida frequentemente entre os estudiosos, é encarada por uma razoável parcela da doutrina [122] como negócio jurídico.[123] Nas palavras de **Lucas Coelho:**

> *"Um negócio jurídico sui generis, pondera-se, não enquadrável, em primeiro lugar, na categoria dos negócios jurídicos unilaterais – tais as declarações de anulação, denúncia, consentimento, autorização –, porque o surgimento da deliberação implica normalmente a conjugação de várias declarações de vontade. É certo que aqueles negócios podem aperfeiçoar-se com a intervenção de um ou de vários sujeitos, mas as declarações de vontade, neste último caso, conservam o seu significado autônomo, permanecendo como pluralidade necessariamente concorrente na produção do efeito jurídico – a falta, precisa-se, de um só desses sujeitos impede a formação do negócio –, sem outra incidência de ordem superior. Na deliberação, bem diferentemente, as declarações combinam-se numa unidade qualitativamente diversa da mera soma das parcelas, imputável como vontade normativa da sociedade, cuja validade jurídica depende, em regra, da concorrência de uma maioria de votos. Enquanto negócio jurídico, a deliberação não é, em segundo lugar, um contrato, pois não se permutam, na sua consecução, declarações de vontade correspectivas."*[124]

Contudo, para outros autores, como **Erasmo Valladão Azevedo e Novaes França:**

> *"A doutrina tem se inclinado no sentido de caracterizar as deliberações de assembléias como **atos coletivos** (mais propriamente, na hipótese das companhias, **atos colegiais**, como se precisará um pouco adiante), justamente*

---

122 Cf. Lucas Coelho, op. cit.pp.210/211. Nessa linha, Garrigues e Uria (*apud* Modesto Carvalhosa, *op. cit.* p. 515); Enrico Soprano, L'Assemblea Generale degli Azionisti, Milano, Casa Editrice dottor Francesco Vallardi, 1914, p.138. Confere as críticas e diferentes opiniões registradas por Erasmo Valladão Azevedo e Novaes França quanto aos possíveis enquadramentos das deliberações sociais no âmbito da tradicional classificação dos atos jurídicos (Invalidade das Deliberações de Assembléia das S.A., São Paulo, Editora Malheiros, 1999).

123 Segundo Lucas Coelho, "Mas se a deliberação resulta, efetivamente, de uma pluralidade de declarações de vontade, constituindo uma nova unidade relativamente a estas, que se oferece como emanação de autonomia privada e tende à produção de efeitos prototípicos juridicamente vinculantes para todos os interessados, então parece que estarão presentes os elementos constitutivos do negócio jurídico (...)." (*op. cit.*, p. 204).

124 *op. cit.*, p. 210. Conclui o autor, em linha com a maioria dos estudiosos, que se trata de um negócio jurídico plurilateral dada a identidade de interesses dos participantes e da vinculação de todos os membros do colégio, inclusive os ausentes, sujeitando-se dito negócio aos princípios e ao regime dos negócios jurídicos traçados no *Código Civil*.

*para diferenciá-los dos* ***contratos****, 'em que as partes somente se vinculam nos termos de suas respectivas declarações'. É que, como se viu, as deliberações vinculam todos os membros,* ***ainda que dissidentes ou ausentes****."*[125]

Como negócio jurídico ou ato coletivo ou colegiado que é, toda deliberação assemblear destina-se à produção plena de eficácia. Toda vontade juridicamente manifestada tem por vocação a materialização livre de um direito vinculante aos sócios. Traduz-se em manifestação de vontade dirigida à concretização de nova realidade jurídica, pois tem, por finalidade última, uma natureza constitutiva. [126]

No caso da deliberação que resulta na modificação do estatuto social, com o fim de adotar a arbitragem como meio de resolução dos conflitos societários, essa normativa é de natureza constitutiva. É vontade privada com plenos efeitos jurídicos que encerra nova realidade jurídico-processual que se imputa à esfera das relações da companhia, seus acionistas e, se for o caso, administradores e fiscais. Voltada tal decisão para o interesse da companhia, será difícil o combate minoritário à eficácia dessa deliberação. Reação haverá e, por certo, trafegará, com intensidade, na seara do misoneísmo, mas o acionista não poderá alegar o desconhecimento das regras societárias. O estatuto não é imutável; ao contrário, o princípio é o da alteração a qualquer tempo.

Com efeito, casos de reorganização societária podem levar à divisão de ativos, à modificação do objeto social e à frustração dos acionistas da expectativa de consumação, em dividendos, das reservas de lucro a realizar. O próprio direito ao dividendo, eminentemente patrimonial, pode sofrer reveses e ser, até mesmo, reduzido por manifestação da vontade majoritária. O que falar de mera alteração que vise a introduzir, na esfera jurídica da companhia,

---

125 *op. cit.*, p. 41. No mesmo sentido, Nelson Eizirik, Temas de Direito Societário, Rio de Janeiro, Renovar, 2005, pp. 58-59

126 De acordo com Windscheid, "*Negozio giuridico è una dichiarazione privata de volontà, che mira a produrre un effetto giuridico. Il negocio giuridico mira a produrre un* EFFETTO *giuridico. Lo scopo ultimo del negozio giuridico è sempre la nascita, l'estinzione, la modificazione di un diritto (o di un complesso di diritti). Ma non ocorre, che il negozio giuridico miri immediatamente a creare ecc. un diritto. Il negozio giuridico* MIRA *a produrre un effetto giuridico.*" (*apud* Antônio Junqueira de Azevedo, *Negócio Jurídico: Existência, Validade e Eficácia*, 4ª. edição, São Paulo, Saraiva, 2002, p. 6). Em sua obra *Teoria Geral da Relação Jurídica* (vol. II, Coimbra, Almedina, 2003, p. 25), Manuel A. Domingues de Andrade conceitua o negócio jurídico "[como um] facto voluntário lícito cujo núcleo essencial é constituído por uma ou várias declarações de vontade privada, tendo em vista a produção de certos efeitos práticos ou empíricos, predominantemente de natureza patrimonial (económica), com ânimo de que tais efeitos sejam tutelados pelo direito – isto é, obtenham a sanção da ordem jurídica – e que a lei atribui efeitos jurídicos correspondentes, determinados, *grosso modo*, em conformidade com a intenção do declarante ou declarantes (autores ou sujeitos do negócio)."

instrumento da boa governança que busca solução mais ágil e especializada aos conflitos sócio-sócio e sócio-sociedade!? [127]

Note-se, ainda, que o livre consentimento que se extrai do instituto da arbitragem, conquanto de grande relevância, não é todo absoluto, pois sofre limitações, por exemplo, com a extensão a terceiros da cláusula compromissória. Por mais valioso que seja para a submissão do conflito à arbitragem, não encerra, penso, magnitude jurídica a suplantar as máximas das sociedades anônimas. Em outros termos, ao incorporarmos a arbitragem ao sistema societário, natural que resulte desse imbricamento um conflito entre os fundamentos e princípios que os norteiam; cabe ao intérprete verificar aqueles que, por seu efetivo vigor e relevância jurídico-social, deverão se sobrepor.

No caso, entendo, há de prevalecer o princípio majoritário, de maior significado e expressão jurídico-social, por formar, juntamente com a limitação de responsabilidade e com a livre circulabilidade das ações, tripé inarredável à existência da sociedade anônima.

## 10. A Vinculação de Diretores Estatutários, Conselheiros de Administração e Fiscal aos Efeitos da Cláusula Compromissória constante de Estatuto Social

Tema dos mais sensíveis é o que toca a vinculação dos diretores estatutários e dos membros dos conselhos de administração e dos integrantes do órgão fiscal aos efeitos da convenção de arbitragem estabelecida no estatuto de companhia.

As opiniões divergem. O consentimento volta a ter expressão para aqueles que se põem contrários à submissão à arbitragem dos administradores (termo utilizado de forma estrita e que não engloba os membros do órgão fiscal) e dos integrantes de órgãos fiscais que não firmaram a cláusula compromissória. Como assinala **Pilar Perales Viscasillas:**

> "*La cuestión presenta trazas similares a las indicadas en ralación de los socios no fundadores al convenio arbitral. Principalmente la respuesta negativa a la inclusión de los administradores en el ámbito del convenio se basaba en que faltaba el consentimiento expreso al convenio arbitral, sin que fuese considerado suficiente la aceptación del cargo.*"[128]

A fundamentação calcada no consenso se repete, também, nessa área do alcance subjetivo da cláusula compromissória estatutária, com a mesma veemência e rigorismo. Entretanto, parece-me, a questão deve ser vislumbra-

127 Pedro A. Batista Martins, *op. cit.* Reflexões...pp. 138-139.

128 *Op. cit.*, p. 216.

da sob outra ótica, qual seja, a da natureza jurídica dos órgãos de administração, nomeadamente, aqueles de cunho estatutário.

A sociedade anônima, pessoa jurídica que tem existência efetiva apenas no mundo do direito como uma realidade técnica, exterioriza-se por meio de seus órgãos, os quais são, por esse motivo, as entidades que atestam a existência dela nas esferas jurídicas.[129] Tipicamente, são a assembleia geral, o conselho de administração e a diretoria estatutária, sem embargo de que outros órgãos possam integrar esse quadro quando instituídos regularmente pela companhia.

A assembleia geral e a diretoria são obrigatórios, enquanto o conselho de administração poderá ou não existir.[130] Os administradores podem ou não ser acionistas da sociedade,[131] aspecto a ser tratado, especificamente, mais adiante. Por enquanto, o tema em debate diz com a vinculação de administradores à cláusula de arbitragem, como membros de órgãos da diretoria e do conselho de administração, desconsiderando-se, para o presente efeito, sua qualidade de acionista ou não. [132]

Na esfera da relação jurídica dos administradores com a sociedade, a doutrina, de início, inclinou-se por tratá-la como simples mandato ou locação de serviços. No entanto, com a evolução da vida social, tais concepções mostraram-se deficientes e restaram por ser substituídas, com prestígio, pela noção orgânica de representação.

A teoria organicista, mais moderna, considera a administração como órgão legal cuja autoridade deriva da lei e não de um mandato dos acionistas.[133] Por ser a responsabilidade do administrador *ex lege* e, assim, não derivada do contrato de organização, é que se realça sua condição orgânica.[134] Segundo salienta **Cunha Peixoto**, pela maneira como se define, a representação menos se ajusta aos administradores das sociedades, pois, se com ela é que uma

129 Eduardo de Sousa Carmo, Relações Jurídicas na Administração da S.A., Rio de Janeiro, Aide Editora, 1988, p. 32.

130 Nos termos do *Real Decreto Legislativo nº 1.564/1989*, "Cuando la administración se confíe conjuntamente a más de dos personas, éstas constituirán el Consejo de Administración." (art. 136). No Brasil, "As companhias abertas e as de capital autorizado terão, obrigatoriamente, Conselho de Administração." (art. 138, par. 2º., Lei nº 6.404,76).

131 Abstrai-se, para fins do presente, a detenção necessária e pró-forma de, ao menos, uma ação por membro de conselho de administração no sistema acionário brasileiro.

132 De acordo com a lei espanhola das sociedades anônimas, "para ser nombrado administrador no se requiere la cualidad de accionista, a menos que los estatutos dispongan lo contrario." (art. 123,2). No Brasil, "Poderão ser eleitas para membros dos órgãos de administração pessoas naturais residentes no País, devendo os membros do Conselho de Administração ser acionistas e os diretores, acionistas ou não." (art. 145).

133 Assis Tavares, op. cit., p. 181.

134 Orlando Gomes, *apud* Modesto Carvalhosa, op. cit., vol. 3, p. 19.

pessoa pratica um ato jurídico em nome de outra, há aí a existência de duas pessoas físicas distintas – o representante e o representado. Ora, os administradores não agem em nome da sociedade, mas apenas por intermédio daqueles é que esta manifesta a sua vontade. A administração constitui, assim, elemento essencial na existência da própria sociedade, pois, conforme **Boistel:**

> *"[L]a société n'existe pas sans une gestion organisée; elle n'est réellement constituée à l'état de personne distincte que lorsqu'elle est pouvue de tous les organes de consentir, d'acquérir s'obliger; elle n'est pas encore une personne, elle ne peut donner mandat. Il faut donc dire que les gérants sont, non les mandataires, mais les répésentants, ou mieux, les organes de la société; ils sont vis-à-vis des tiers la société même; ils en réalisent seuls la personalité (...) il sont la personnification même du corps social."*[135] *Quando a sociedade age por intermédio de seus administradores, é ela mesma quem pratica o ato jurídico – diretores frente a terceiros são a própria sociedade. Ora, se os administradores constituem parte integrante da sociedade – ou ela própria –, evidente não se poder falar em figura de representação, porque não há duas pessoas, apenas uma.*[136]

Na realidade, diz-se com razão que o mandato pressupõe a existência de dois contratantes e esta circunstância não se verifica na sociedade anônima na qual o órgão de gestão social surge unilateralmente no mesmo instante em que se cria a pessoa jurídica. Ademais, é essência do mandato que esta possa conferir-se e não que se deva fazê-lo, o que significa que não existe a possibilidade contratual, mas uma imperatividade que se opõe ao mandato.[137]

Ressalte-se, por outro lado, que é o órgão diretor da companhia que detém, por intermédio de seus integrantes, o poder de obrigar a sociedade. Salvo eventual aprovação prévia do conselho de administração, não precisa ele de poderes especiais para onerar a sociedade, prestar garantias, emitir títulos cambiais e outras tantas práticas comerciais e obrigacionais. Do mesmo modo, a procuração outorgada pelo diretor continua em vigor mesmo em caso de falecimento, eis que o instrumento não é passado em nome do diretor falecido, mas da própria sociedade. Também não fica revogada a procuração pelo fato de haver sido mudado o diretor. A outorgante é sempre a sociedade que continua a mesma; apenas manifesta sua vontade por meio de outra pessoa física.[138]

Diante do debate travado pelos doutrinadores e da fragilidade da teoria do mandato simples ou da locação de serviços, fortaleceu-se e, por fim, cris-

135 op. cit., vol. 4, op. cit., p. 3.

136 *Ibidem* p. 4.

137 Assis Tavares, op. cit., pp. 179-180.

138 Cunha Peixoto, op. cit., p. 5.

talizou-se a corrente organicista da administração.[139] Tal corrente foi exaltada por **Pirmez** ao afirmar:

> "*Quand les administrateurs interviennent pour la société, c'est la société elle-même qui agit, par ses seuls organes légaux, par le seul mode d'action directe qu'elle possède. Or, par cela seul que la loi a organisé des corps moraux, elle a déterminé leur représentation physique de manière que celle-ci ait pouvoir de faire tout ce qui est nécessaire à la fin pour laquelle ils existent. Quand l'administration de la société agit, c'est la société elle-même qui agit par la voie la plus directe: c'est sortir de la vérité juridique que de la considérer comme agissant par des tiers.*"[140]

No mesmo sentido, **Feinet**:"[la] *sociedad obra y vive en sus órganos, cuya voluntad, conocimiento o ignorancia de hechos, buena o malla fé, error, declaraciones, actos y juramentos, le son imputables a ella misma, como actos suyos y personalles.*"[141] De acordo, pois, com a corrente dominante, os membros dos órgãos de administração estão investidos de poderes e de legitimidade para a consecução do objeto social da companhia e, assim, funcionam de forma orgânica.

Essa teoria busca no direito público os subsídios doutrinários para melhor explicar a teoria do órgão no contexto da sociedade por ações.[142] Como informa **Brunetti**, "[semelhantemente] *aos aparelhos do Estado, os órgãos de administração nas sociedades anônimas têm atribuições derivadas da lei e não da assembléia geral.*"[143] Assim como no direito público, os órgãos da companhia têm atribuições legais, ao passo que seus titulares têm deveres e responsabilidades ao exercerem suas funções no quadro de atribuições daqueles. Não determina a lei, tanto no direito público como no societário, deveres aos órgãos. Os órgãos societários constituem, por força das funções que lhes empresta a lei, instrumentos capazes de produzir relações jurídicas. [144]

No âmbito do conselho de administração, a atuação dos membros desse órgão social se faz de forma colegiada. A maioria delibera e expressa a vontade do órgão e, em outro plano, manifesta a vontade da companhia. Conquanto

---

139 No dizer de Assis Tavares, "Por outro lado, o desenvolvimento da sociedade anónima moderna traz consigo uma evolução da natureza jurídica dos administradores que melhor passarão a ter um carácter mais de funcionários que de mandatários, que serão órgãos sem delegação de poderes, pois têm poderes próprios. São, pois, órgãos legais da sociedade e o que antes era um mandato transformou-se, a pouco e pouco, numa função social sob a fiscalização do Estado, guardião do interesse público." (op. cit., p. 180).

140 *Apud* Cunha Peixoto, op. cit., p. 4.

141 *Ibidem.*

142 Luis Gastão Paes deBarros Leães, *apud* Modesto Carvalhosa, op. cit., p. 19.

143 *Apud* Modesto Carvalhosa, op. cit., p. 19.

144 Luis Gastão Paes de Barros Leães, *apud* Modesto Carvalhosa, op. cit., p. 20.

não representem a sociedade em nível externo, como ocorre com os diretores, não há dúvidas de que as decisões colegiadas produzem efeitos jurídicos nas esferas interna e externa da sociedade. Seus membros estão sujeitos aos deveres, direitos e obrigações impostos pela lei e pelo estatuto social; devem, portanto, plena observância à lei e ao estatuto da companhia; detêm, nesse ponto, deveres resultantes dos órgãos que integram.

Os diretores, por sua vez, atuam individualmente, enquanto membros do órgão estatutário social e os atos por ele praticados projetam, sobretudo, na esfera exterior da companhia. No campo de competência de cada membro, suas ações se voltam para terceiros que negociam e transacionam com a sociedade: são eles os diretores, que, claramente, representam a sociedade no mundo exterior. Eles agem individualmente, mas obrigam a sociedade como um todo. A diretoria não é, portanto, órgão de deliberação colegiada; ao contrário, é órgão de representação individual que expressa a vontade da empresa e a obriga nos termos de sua competência.

Consequentemente, todos os administradores – tanto conselheiros como diretores – têm encargos, deveres e responsabilidades de caráter orgânico, na medida em que são membros de órgãos de administração da companhia. E os diretores individualmente têm, outrossim, representação orgânica da sociedade, ou seja, a competência legal de manifestar perante terceiros a vontade da pessoa jurídica, originada das atribuições dos órgãos da administração ou da assembleia geral.[145]

Vê-se, pois, que os administradores das companhias são membros de um corpo orgânico social que manifesta a vontade da sociedade nos planos interno e externo. Agem por via de seus órgãos, de forma colegiada ou individual. As determinações emanadas pelo conselho de administração têm força vinculante e representam a manifestação da companhia, pois tal conselho como um dos órgãos estatutários, age em nome e por conta da sociedade, sem embargo dos deveres e responsabilidades de seus membros.

O mesmo se diga da diretoria, cujos membros, *per se*, representam externamente a sociedade. Como órgão social, detém poderes de representação social. Muito embora esses poderes sejam utilizados com base nos critérios de competência de seus membros, estes, ao agirem, *falam* em nome da e pela sociedade e a obrigam. Não há duas pessoas, e sim uma única pessoa: a sociedade. Embora representada por alguns diretores, cada qual no seu campo de competência, todos manifestam a vontade da sociedade, isso porque são partes, ou integram a própria empresa, como membros do seu órgão social.

E, como parte integrante desses órgãos, os administradores estão obrigados a observar e a respeitar a lei e, também, o estatuto social da companhia da qual são partes integrantes. Essa concepção orgânica lhes confere uma di-

145 Modesto Carvalhosa, op. cit., p. 21.

mensão jurídica que os imbrica e os amálgama no seio da sociedade e em todo o feixe que compõe a relação interna social. Com efeito, os administradores se ligam, umbilicalmente, à sociedade de tal modo, que não lhes podem escapar os vínculos e a subordinação da disciplina societária e das regras máximas que compõem o estatuto social. A eles cabe zelar pelo correto funcionamento da companhia. Assim, ao aceitarem o encargo de administrador, estão, *ipso facto*, afirmando fiel obediência ao estatuto social e à lei, bem como integrando-se ao *interior* da empresa como membros de um órgão que é pura expressão da própria sociedade; passam a ser uma única pessoa para fins orgânicos, mas com deveres e responsabilidades que lhes são próprios.

Ao afirmarem respeito e observância aos termos e condições do estatuto social e, ademais, por serem responsáveis pelo fiel cumprimento do contido na carta magna societária, e assentarem-se como "órgãos" da sociedade, seria uma incongruência que os administradores não fossem alcançados pelos efeitos da cláusula compromissória estatutária, com o fim de solucionar questão que impacta a sociedade e de cujos órgãos são partes integrantes. Isso porque integram o corpo social da empresa e, assim, com ele se imbricam.

O administrador se subordina à sociedade e sua eleição pela assembleia geral, ou pelo conselho de administração, resulta em enquadrar-se no corpo social da companhia. Se esta, no estatuto social contempla uma cláusula de arbitragem, assim como devem os administradores impor a sua observância à companhia e seus acionistas, como resultado dos deveres que ostentam, do mesmo modo a ela se submetem como "órgão" da sociedade. A função e a atuação do administrador pressupõem a observância dos interesses maiores da companhia que representa, tal qual devem por eles zelar os seus acionistas, que, por força da obediência ao estatuto social, também se vinculam aos efeitos da cláusula compromissória estatutária.

Ao se integrar ao órgão social, o administrador perde autonomia no plano individual para se vincular aos ditames da sociedade; exerce a representação orgânica da companhia. Sua função, típica do feixe de relações societárias, impacta no acordo social; impacta, por certo, no feixe de relações e vinculações sociais, justamente na esfera jurídica em que a cláusula compromissória estatutária opera eficácia: no campo denominado pacto social.

O conceito de pacto social não está aprisionado nos instrumentos de constituição da sociedade, uma vez que ele extravasa o limite do funcionamento desta, isto é, abrange uma plêiade de interesses que se colocam em torno da existência da própria sociedade, seja interesses da própria sociedade em relação a seus associados, seja apenas interesses afetos aos associados entre si com impacto nos negócios sociais. O estatuto, ou contrato social, não se confunde com o pacto social, mas antes, neste está contido. O pacto social refere-se à essência da sociedade, ao âmago do encontro de vontades dos associados que deu vida à pessoa jurídica e mantém o propósito social, e não simplesmente às disposições impositivas contratuais que regem uma sociedade. O pacto social, necessariamente, não está reduzido a termo, mas, quando assim se apresentar, estará inserido parcialmente no estatuto ou contrato social.[146]

Vê-se, portanto, que os órgãos sociais dizem com a essência da sociedade, pois esta age, funciona e se relaciona, interna e externamente, por via de seus membros. A função dos administradores é a própria expressão do pacto social. Eles manifestam a vontade da sociedade; zelam pela consecução de seu objeto social; buscam o atingimento dos fins lucrativos almejados por todas as anônimas. Eles são as *mãos*, as *bocas*, enfim, o *corpo* da empresa; têm ampla competência para realizar o fim social. Estão, por conseguinte, como representação orgânica, sujeitos aos direitos que a função lhes assegura, mas, também, às obrigações e aos deveres legais, dentre os quais, o de cumprir a lei e as disposições estatutárias. Como afirma **Polo:**

> *"[La cualidad] de administrador proviene de una declaración de voluntad de este último que responde a otra declaración de voluntad de la sociedad constituyendo un negocio jurídico bilateral. Dentro de las obligaciones asumidas por el administrador, con su aceptación está, en primer lugar, la observancia y cumplimiento de los estatutos sociales, su sometimiento a los mismos, y, por ende, al compromiso arbitral..."*[147]

No mesmo sentido **J. Martín Pastor** sustenta que:

> *"[Los administradores] aunque non ostenten la condición de socios, no por ello son terceros desvinculados del régimen estatutario en su relación orgánica con la sociedad, pues si así fuera tampoco podrían invocar en su favor los derechos que, como puede ser la retribuición, les reconocieran..."*.[148]

146 Marcelo Vilela, op. cit., pp.187-188

147 *apud* María José Carazo Liébana, op. cit., p. 237.

148 *Ibidem.*
Na Espanha, decisão judicial estendeu a eficácia da cláusula compromissória estatutária a administradores que, se supõe, não tinham consentido com a via arbitral. Segundo a sentença, "[en el] ámbito de actuación de los socios, a través de los órganos de la sociedad, está la designación de los *admnistradores sociales, el seguimiento de la actividad social y, en su caso, la dsicrepancia con la forma como una sociedad se administra (...) Parece claro que una incidencia o derivación de la actuación social de los socios es el nombramiento de los administradores sociales, así como su eventual responsabilidad. Tampoco puede olvidarse que (...) el socio ha intentado que la junta se convoque para decidir sobre la interpocisión de una acción de responsabilidad de los administradores, sin que haya tenido éxito, lo que permite, en los términos legales, instar tal acción. En consecuencia, nos encontramos ante una "derivación" de la actuación de los socios, en el sentido liberal de la palabra, ya que, como no fue la propia sociedad quien decidió ejercitar la acción; la ejercitan los demandantes. Si a ello se une que dichas derivaciones o incidencias, "cualquiera que fuere su naturaleza y materia" quedan*

Com efeito, os deveres e responsabilidades dos administradores advêm da lei e dos estatutos. A lei, basicamente, é aquela aplicável às relações societárias. Assim, os administradores devem gerir a empresa com diligência e lealdade; têm o dever de informar e não agir em conflito de interesses. Seus deveres e obrigações oriundos do estatuto social e da lei societária lhes impõem, como mecanismo de proteção da sociedade, responsabilidades pessoais e solidárias por violação da lei societária e das regras contidas no estatuto e por descumprimento dos deveres inerentes ao cargo que ocupam. Portanto, estão visceralmente atados ao feixe das relações sociais, com todos os direitos, deveres e responsabilidades daí inerentes e no exercício de função orgânica da empresa; consequentemente, devem todo o respeito e observância ao estatuto e às normas da lei das anônimas. Agindo em prol e em nome da sociedade, obrigam-na para todos os fins de direito. Diante dessa realidade e do direito subjetivo, do qual passam a ser titulares no âmbito do feixe das relações sociais e, ainda, da incorporação orgânica que o cargo lhes reconhece, os administradores de sociedade anônima, creio, restam alcançados pelos efeitos de uma cláusula compromissória estatutária, mesmo que não a tenham consentido formalmente, ressalvadas as peculiaridades do conteúdo de dita disposição estatutária.

Quanto aos administradores acionistas, seja por imposição legal ou estatutária,[149] entendo que sua vinculação à cláusula de arbitragem resta reforçada pela própria posição acionária que detêm na companhia. Conquanto se

---

*sujetas a arbitraje, según los términos empleados, resulta evidente que en el caso que nos ocupa ha existido un pacto de sumisión al sistema arbitral, ya que la materia de que tratamos no se ve afectada por la concisa y categórica exclusión en ella contenida (impugnación de acuerdos sociales).*" (Auto da Audiência Provincial de Girona, 15 de março de 2001, Ponente: Excmo. Sr. D. Joaquim Miguel Fernández Font) *apud* Pilar Perales Viscasillas, op. cit., pp. 216 – 217). A referida autora ressalta a Resolução de 19 de fevereiro de 1998, da Dirección General de los Registros y del Notariado que assinalou, em bom tom, que "Los Administradores, aunque no ostenten la condición de socios, no por ello son terceros desvinculados del régimen estatutario en su relación orgánica con la sociedad, pues si así fuera tampoco podrían invocar en su favor los derechos que, como puede ser la retribuición, los reconocieran, la acción para exigirles responsabilidad es en gran medida renunciable (art. 69 LSRL, en relación cone l art. 134 LSA) y la irrenunciabilidad a la responsabilidad derivada del dolo (art. 1102 CC) no es lo mismo que la renuncia a un procedimiento para su exigencia." (*ibidem*, p. 216).

---

149 A lei do anonimato espanhola das anônimas estabelece em seu art. 123, (2):"Para ser nombrado administrador no se requiere la cualidad de accionista, a menos que los estatutos dispongan lo contrario." Já a lei brasileira, em seu art. 146, *caput*, dispõe: "Poderão ser eleitas para membros dos órgãos de administração pessoas naturais residentes no País, devendo os membros do Conselho de Admiistração ser acionistas e os diretores, acionistas ou não."

possa argumentar que a participação acionária lhes confere somente *status socii*, independentemente da função que ocupam no seio da empresa, não se pode olvidar que essa participação, *per se*, lhes impõe, enquanto sócios, a vinculação à cláusula de arbitragem – vinculação que, no entanto, se estende e se amplifica para abranger a qualidade de administrador. Quero dizer que, se a qualidade de sócio é requisito fundamental para que o administrador possa exercer, no Brasil, suas funções, tal fato se dá em razão do seu maior comprometimento com a sociedade e com os fins que a ela são inerentes. A participação acionária, legal ou por determinação estatutária, tem por *ratio* reforçar o vínculo pessoal do administrador com a sociedade, de modo a transmitir aos acionistas certo grau de confiabilidade no empenho do gestor na implementação e gestão dos negócios sociais. Afinal, ele é um dos acionistas e, assim, tem interesse pessoal e direto no funcionamento eficaz e lucrativo da empresa.[150]

Recorde-se, por outro viés, que a eficácia funcional passa pela *eficiência jurídica* na resolução do conflito. E o administrador não pode utilizar-se de dois pesos e duas medidas para fazer valer a cláusula de arbitragem. Ou muito bem ela é eficiente para a solução dos conflitos que envolvam as relações sociais, ou muito bem é imprestável, regra geral, como via de solução de disputas societárias. Ademais, quando o acionista assume a função de administrador, creio ser difícil a separação – para fins de vinculação ao pacto arbitral – da figura do acionista daquela do gestor face a natureza da função do administrador e, ainda, do fato de que sua gestão se faz em prol da sociedade e, por isso, em última instância, também da comunidade de acionistas da qual faz parte. Ao lado disso, os atos de administração impactam a sociedade, razão por que é desaconselhável desvincular o administrador da sua condição de acionista para se afastarem os efeitos da cláusula arbitral. Se, além de sócio, ele também integra os quadros de administração da sociedade, por certo ele está muito mais próximo e vinculado aos interesses sociais, a ponto de se admitir o imbricamento das duas posições ou condições jurídicas que ele ocupa na sociedade, para fins de sujeição à cláusula compromissória.

É difícil, senão impossível, discernir como autônomas as relações de subordinação do dirigente à sociedade que administra e do acionista ou sócio que tem o dever de zelar pelo cumprimento das normas sociais. Tal realidade atrai a incidência da cláusula compromissória prevista nos estatutos ou contrato social, uma vez que a pertinência quanto aos interesses oriundos do "pacto social" é incontestável. Portanto, eventual conflito decorrente

150 Hoje, essa imposição legal tornou-se, na prática, circunstância meramente *pro formal* o que, de todo modo, não altera a argumentação, pois, como dito, essa condição de acionista apenas reforça o entendimento deduzido quanto à vinculação dos órgãos societários.

da prática dos atos de má administração do dirigente associado deve estar submetido ao juízo arbitral, em decorrência da previsão da cláusula compromissória societária.[151] Nesse sentido, conquanto mais flagrante a sujeição à cláusula compromissória estatutária de administrador que detém participação acionária, essa circunstância não afasta o entendimento acima de a ele também se aplicarem os efeitos do dito pacto na hipótese de não ser titular de ações da companhia.

Quanto aos membros do conselho fiscal, estabelecem os arts. 160 e 165 da lei brasileira das sociedades anônimas:

> *"As normas desta Seção [Deveres e Responsabilidades de Administradores] aplicam-se aos membros de quaisquer órgãos, criados pelo estatuto, com funções técnicas ou destinadas a aconselhar os administradores [...] Os membros do Conselho Fiscal têm os mesmos deveres dos administradores de que tratam os arts. 153 a 156 e respondem pelos danos resultantes de omissão no cumprimento de seus deveres e de atos praticados com culpa ou dolo, ou com violação da lei ou do estatuto."*

Com efeito, o conselho fiscal é órgão que pode integrar a sociedade e, em sendo constituído, seus membros passam a ter as mesmas responsabilidades e deveres dos administradores da companhia.

Diante desse enquadramento legal, creio admissível aplicar aos conselheiros fiscais o mesmo entendimento quanto à vinculação dos administradores à cláusula compromissória estatutária, com a ressalva da necessidade de análise específica quanto ao teor da cláusula arbitral lançada no estatuto da empresa.

Na Espanha, a situação é um pouco diferente, pois a lei não estabelece, com clareza, se os auditores de contas integram algum órgão social ou, mesmo, se há equiparação legal de responsabilidades e deveres dos auditores com os dos administradores. Sem embargo, na opinião de **Pilar Perales Viscasillas**, os auditores se submetem, sim, à cláusula de arbitragem estatutária vez que:

> *"En primer término, los auditores aceptan también el encargo (arts. 205 LSA, 154 RRM [Reglamento del Registro Mercantil] en relación con el art. 141 RRM, y 192.2 RRM) por lo que ha de presumirse que se someten también al contenido estatutario, y, en segundo lugar, porque la acción de responsabilidad se rige por lo dispuesto para los administradores de la sociedad (art. 211 LSA), por lo que, al menos, podrá mantenerse que existiendo un convenio arbitral que expresamente se refiera a los administradores, podrá entenderse también incluindo en él a los auditores."*[152]

151 Marcelo Vilela, op. cit., p. 216.

152 Op. cit., p. 217. Sustenta a autora que a lei italiana se inclina pela solução mencionada ao estabelecer, no art. 34.4 (Decreto de 17 de janeiro de 2003), que os estatutos podem

## 11. A Cessão de Ações e a Eficácia Continuativa da Cláusula Arbitral Estatutária

Sustentam alguns que a instituição da cláusula arbitral estatutária ou a adesão do acionista ao conteúdo desse dispositivo "*não se transmite aos sucessores causa mortis ou aos adquirentes de suas ações a qualquer título, sejam pessoas físicas ou jurídicas.*"[153] Seja qual for o ponto de vista que sustenta tal afirmativa (pacto parassocial que necessita de adesão expressa; autonomia da convenção de arbitragem), creio equivocado tal entendimento, seja porque a cláusula compromissória não é de natureza parassocial, seja porque sua autonomia em nada prejudica a validade e a eficácia da convenção de arbitragem quando da transferência a terceiros das ações da companhia.

Esse debate pode ser enfrentado tanto sob a ótica do acionista que não aprovou a modificação estatutária para a introdução de convenção de arbitragem quanto (por amor exacerbado ao debate) daquele que com ela concordou expressamente. No entanto, sob qualquer ângulo da questão, a resposta será uma só: a transferência de ações de sociedade anônima em cujo estatuto social contemple cláusula compromissória vincula o cessionário para todos os fins e efeitos de direito. A corrente em sentido oposto é extremamente minoritária. A lógica e a razoabilidade não a aproveitam. Isso porque, como visto anteriormente, a convenção de arbitragem não viola direitos políticos ou patrimoniais do acionista, não viola seus direitos essenciais. Não impacta, negativamente, no chamado interesse social; ao contrário, com ele se integra em plena harmonia. O pacto arbitral, em suma, conduz a sociedade a um irrenunciável interesse jurídico pelo seu substrato minimizador de prejuízos tangíveis e intangíveis que o prolongamento de uma celeuma societária pode, de fato, causar. Tais danos e prejuízos extrapolam o contorno interno da companhia, transbordando naqueles que vivem e convivem em seu entorno.

Por certo, fixada a convenção no estatuto social, o novo acionista, ao adquirir o lote acionário integrará o quadro acionário da sociedade e, automaticamente, assumirá os direitos, deveres e obrigações estampados no estatuto social. O direito de participação, intrínseco à ação, outorga ao sócio um crédito contra a sociedade – na eventualidade de sua liquidação – , um direito de haver sua parcela nos lucros sociais e outros tantos direitos inerentes a essa participação; assegura ao seu titular, portanto, um complexo de direitos,

prever cláusula de arbitragem que tenha por objeto resolver controvérsias que surjam contra os administradores, os síndicos e os liquidantes em cujo caso a aceitação do encargo os vincula à cláusula compromissória. (p. 218).

153 Modesto Carvalhosa, *Cláusula Compromissória*...op. cit., p. 336.

deveres e obrigações no qual se inclui, sem dúvida, o dever de respeitar as disposições elencadas no estatuto da companhia.

Dentre tais deveres, por óbvio, a observância ao conteúdo e efeitos da cláusula compromissória. Afinal, a cessão de posição acionária resulta em simples sucessão na relação particular de direitos e obrigações resultantes do título que se transfere. Quero dizer que, na transferência de ações, não ocorre revisão ou renovação dos termos e condições subjacentes. Da simples cessão não resulta, por certo, a chamada *renovatio contractus*.

Com efeito, nesse tipo de cessão não se altera o complexo de direitos, deveres e obrigações incorporados ao patrimônio jurídico do titular, como acontece nas revisões contratuais. Há, apenas, modificação da pessoa titular daquele arcabouço de direitos e obrigações, sem qualquer modificação nas bases contratuais. Nem se sustente, como argumento contrário à transmissão interpartes dos efeitos de cláusula compromissória estatutária, a existência de *intuitu personae* entre cedente e cessionário.[154] Conquanto divirja da nuance do *intuitu personae* como potencial obstáculo à eficácia continuativa da convenção de arbitragem estatutária, para o propósito deste estudo, ressalte-se que, como seu nome já indica, impera nas anônimas a impessoalidade dos acionistas. Pela natureza jurídica da empresa, prevalece o sentido eminentemente capitalista: os sócios se agregam por força do capital e, regra geral, não por qualidades ou vínculos pessoais.

Ademais, o *intuitu personae* não é da natureza do pacto arbitral: aquele encerra uma condição especial da pessoa que contrata – condição personalíssima que atrai os contratantes. Tal situação não se verifica no pacto de arbitragem, o qual não se vincula a considerações especiais dos contratantes, como pode ocorrer em certa gama de negócios jurídicos. A cláusula compromissória, ao contrário, tem uma natureza plurilateral, de finalidade comum; independe, portanto, de considerações próprias de determinadas pessoas. É de caráter generalista, e não personalista. Ela subsiste independentemente das pessoas que a ela se vinculam.

Nesse sentido, pode-se afirmar, a mera cessão do título de participação da sociedade anônima que contemple claúsula compromissória estatutária, seja por não tocar condições de natureza personalíssima, seja por não importar em qualquer modificação dos direitos e obrigações lançadas no estatuto da companhia, impõe ao cessionário todo o respeito e a plena

154 "Bien que la Cour de Paris affirme le caractère nécessaire de cette transmission dans son plus récent arrêt, il faut réserver une éventuelle convention contraire ou même le caractère *intuitu personae* qui résulterait des circonstances, l'un et l'autre pouvant faire obstacle au transfer de la convention d'arbitrage." (Jean-François Poudret e Sébastien Besson, *Droit Comparé de l'Arbitrage International*. Zurich: Schulthess Médias Juridiques SA, 2002, p. 260.

observância dos comandos estatutários.[155] O estatuto social, afinal, é um contrato aberto.

E, se no bojo do estatuto social, está inserta uma cláusula compromissória, esta vincula o novo entrante que dela poderá extrair todos os seus efeitos de direito e, por óbvio, a eles também deve submeter-se. Com suporte em **Massimo Zaccheo** e **Rileva Bianca** e com fundamento na teoria geral da cessão de contratos, que se presta ao caso em questão, **Carreira Alvim** confirma essa assertiva:

> *"Problema de maior importância, na arbitragem, é a questão relativa à transferência do contrato a terceiros, devido ao caráter vinculante da cláusula compromissória.*
> *A solução poderia tender no sentido negativo, não só por ser o terceiro estranho à estipulação da cláusula, como, também, por inexistir expressa aceitação dela; mormente quando ela vem pactuada em instrumento apartado. No entanto, a doutrina tende no sentido positivo, em vista da instrumentalidade da cláusula em relação ao contrato, sobretudo do seu caráter unitário, compreensivo da cláusula e do contrato cedido ao terceiro. Sendo a cláusula compromissória um negócio jurídico distinto em relação ao contrato, ela confere ao contratante um direito próprio, embora acessório do próprio crédito (**Acessorium sequitur principale**). No que tange à exigência de expressa aceitação pelo terceiro da cláusula compromissória, deve-se considerá-la absorvida pela relação (**per relacionem**) decorrente da aceitação do contrato pelo mesmo. Neste caso, a cláusula compromissória entra em linha de conta, não como um negócio jurídico independente do contrato a que acede, senão como uma cláusula no sentido próprio ou parte de uma complexa regulamentação contratual. A cláusula compromissória se aplica aos compromitentes, e, conseqüentemente, a quem assume a posição jurídica de um deles, em razão da cessão do contrato, importando na transferência, pelo cedente ao cessionário, dos direitos e obrigações contratuais no seu complexo unitário".*[156]

---

155 "No direito francês havia, até 2001, uma limitação legal acerca da aplicabilidade da cláusula compromissória em toda e qualquer cessão de direitos sociais. Tal limitação decorria do fato de ser inadmissível a utilização de arbitragem nas cessões de direito civil. Assim, sendo a transferência de titularidade de ações ou quotas sociais um negócio jurídico de direito civil, sobretudo quando praticado por não comerciantes (ressalte-se que, tal como no direito brasileiro, o associado não necessita ser necessariamente empresário), impossível era a aplicação da cláusula compromissória". Como informa o autor, a celeuma no direito francês encerrou-se em maio de 2001, com a modificação do art. 2.061, do Código Civil francês." (Marcelo Dias Gonçalves Vilela, *Arbitragem no Direito Societário*. Belo Horizonte: Mandamentos, 2004, p. 207).

156 *Tratado Geral da Arbitragem interna*, Mandamentos, Belo Horizonte, 2000, pp. 238/239.

No mesmo sentido, veja a lição de **Thomas Clay**:

> *"Tradicionalmente, considera-se que existem dois mecanismos permitindo a circulação da cláusula compromissória: a transmissão e a extensão. A transmissão é a operação pela qual uma pessoa recebe direitos já nascidos (adquiridos) que lhe são transmitidos em estado natural. É o caso, por exemplo, dos herdeiros, do cessionário de crédito ou de contrato e de certos casos de sub-rogação de direitos. A pessoa inicial é, então, desobrigada de sua obrigação. (...) Pode-se considerar que, com a transmissão, a cláusula segue o contrato no qual ela figura".*[157]

Na mesma linha, decisão da **Corte de Apelação de Nova Iorque**:

> *"In the third matter, Special Term was correct in holding that appellant Robert Menaker is subject to the arbitration provisions of the stockholder's agreement, even though he was not a signatory thereto. The said appellant is the son of appellant Allen S. Menaker, who was one of the original shareholders of Alsted Automotive Warehouse, Inc., and was a signatory to the original shareholder's agreement which contained the arbitration clause presently in dispute. On May 29, 1979, Allen S. Menaker's shares were duly transferred to his son Robert. Robert Menaker contends that as a purchaser of his father's shares, he is not subject to the arbitration clause embodied in the shareholder's agreement (...) Accordingly, he cannot at this time deny his obligation to arbitrate pursuant to the provision of the shareholder's agreement."* [158]

Da mesma forma, decisão da **Suprema Corte da Suécia** do ano de 1997:

> *"In support of the fact that the new party should be bound, it was argued that in the reverse case the remaining party would have its position substantially altered. It must be assumed that the remaining party – as well as the other original contractor – wanted their disputes to be resolved by arbitration. The*

157 CLAY, Thomas. "A Extensão da Cláusula Compromissória as Partes não Contratantes (Fora Grupos de Contratos e Grupos de Sociedades/Empresas)". *Revista Brasileira de Arbitragem*. Ano II, nº 8, out./dez. 2005, p. 74. Registre-se a decisão proferida no Caso CCI nº 6.998/1994: "*The Tribunal holds therefore that Joint Venture Co., Switzerland is jointly bound vis-à-vis Hotel, Inc. and Hotel, Monaco, by the agreements purported to be assigned under the Supplementary Agreement, with the effect, inter alia, that it is bound by the arbitration clauses thereof, and that it is obligated towards [them] by the... Indemnification Agreement. It follows that Hotel, Inc. and Hotel, Monaco may claim directly against Joint Venture Co., Switzerland, under the various agreements in dispute in this arbitration and, in particular, under the... Indemnification Agreement*" (ARNALDEZ, Jean-J.; DERAINS, Yves; HASCHER, Dominique. *Collection of ICC arbitral awards: 1996-2000*. Paris: Kluwer Law and Taxation Publishers, 2003, pp. 22-23).

158 75 A.D. 2d 807; 427 N.Y.S.2d 495; 1980 N.Y. App. Div. LEXIS 11395.

*original contractor should not therefore be able to unilaterally free itself from the arbitration clause by a contract clause, it can always refuse to acquire the assignor's right."*[159]

Especificamente quanto à cessão de ações, já me manifestei nos seguintes termos:

*"A eficácia da cláusula compromissória também atinge aquele investidor que adquire o* ***status socii*** *por força da transferência de ações. Mesmo não havendo manifestação expressa, o pacto arbitral lhe é vinculante, pois os efeitos da cláusula compromissória atingem os sucessores a título universal e singular. É essa a rigorosa inclinação da doutrina arbitral, que se alinha, por sinal, com o instituto da circulabilidade das ações. (...) Nesse sentido, forçoso admitir que ao adquirente de participação societária impõem-se, naturalmente, o conteúdo e os efeitos da cláusula compromissória já contida no estatuto social".*[160]

Vale citar, ainda, a posição de **Marcelo Dias Gonçalves Vilela**, *verbis:*

*"A convenção arbitral (cláusula compromissória) integra-se ao próprio estatuto ou contrato social e independentiza-se da vontade dos sócios fundadores ou instituidores para se tornar uma 'vontade' (norma) social, que vincula as relações entre todos os associados. Na verdade, a cláusula compromissória societária não é uma regra paraestatutária (parassocial), mas se coloca como uma regra orgânica da sociedade. Assim, o novo associado submete-se a toda estrutura social estatutária, composta de normas que podem outorgar direitos especiais aos fundadores, restrições à livre transmissibilidade de cotas ou ações, limitações ao pagamento ou à ordem de recebimento de dividendos, entre outros. Também assim estará se submetendo, pela cláusula compromissória, a especial modalidade de exercício do direito de ação, diante de eventuais controvérsias societárias, através do procedimento arbitral que substitui a jurisdição estatal. (...) Não será necessário, portanto, obter-se do novo associado consentimento expresso e específico quanto à cláusula compromissória, uma vez que este se coloca como mero sucessor da posição jurídica do associado que lhe transmite a propriedade da ação ou quota social. A Direção Geral dos Registros e Notariado, na Espanha, através da Resolução n. 19 de fevereiro de 1998, neste sentido, firmou o seguinte entendimento: '... se se configura como estatutário (o convênio arbitral) e se registra, vincula os sócios presentes e fu-*

159 *Apud* FOUCHARD, Ph.; GAILLARD, E; GOLDMAN, B., *Fouchard, Gaillard, Goldman on International Commercial Arbitration. Haia: KLuwer Law International, 1999,* pp. 428-429.

160 Pedro A. Batista Martins, "A Arbitragem nas Sociedades de Responsabilidade Limitada", *in Reflexões sobre Arbitragem: in memoriam* do Desembargador Cláudio Vianna de Lima, coordenadores Pedro A. Batista Martins e José Maria Rossani Garcez, São Paulo, LTr, 2002, p. 135.

> *turos. O convênio arbitral inscrito configura a posição do sócio, o complexo de direitos e obrigações que configurarão esta posição, em cujo caso toda novação subjetiva da posição do sócio provoca uma sub-rogação da anterior, limitada às controvérsias derivadas da relação societária...'. É imperativo lógico que a transferência de ações acarreta a adesão do novo associado às regras da sociedade. A vontade deste associado implica em consentimento a todas as cláusulas e condições do estatuto, inclusive à cláusula compromissória, que, repita-se, não acarreta qualquer violação de direito essencial".*[161]

Ademais, registrem-se, também, os respectivos posicionamentos de **Daniel Cohen, Pilar Perales Viscasillas** e **María José Carazo Liébana,** *verbis:*

> *"En matière de sociétés, il faudrait en déduire en toute hypothèse l'admission de la clause compromissoire par reference implicite: les parties (associés ou associés et sociétés) se connaissent, et les statuts de la sociétés sont supposés connus. [...] Si les associés présents sont liés par la clause compromissoire, il en va de même des futurs associés".* [162]
>
> *"Conviene resaltar que la doctrina ya enunciada de la DGRN [Dirección General de los Registros y del Notariado] y del TS [Tribunal Supremo] viene a aplicar en materia societaria la teoría general de la cesión del contrato: al transmitirse una acción o participación se produce una cesión total de la relación jurídica originaria. Cesión que, sin embargo, en opinión de la doctrina, queda sometida a un requisito necesario de publicidad, de forma tal que la cesión íntegra sólo se produce si el convenio arbitral está inscrito en el Registro Mercantil. Se introduce nuevamente en el debate la cuestión de la publicidad".*[163]
>
> *"De esta forma, en un contrato de sociedad, la cesión de la cualidad de socio comporta, para el cesionario, la adquisición de la situación jurídica que tenía el socio cedente. De manera que si los socios fundadores estipularon un convenio arbitral que se articuló en los estatutos, los nuevos socios suceden a los primeros también en esta relación arbitral. La voluntad del nuevo socio, cuando adquiere la acción o participación social, implica un consentimiento de adhesión a todas las cláusulas de los estatutos".*[164]

Outra característica da cessão de ações de companhia – contenha ou não convenção de arbitragem em seus estatutos – é a de que, diferentemente do que ocorre em outras espécies de cessão, no caso das anônimas o cessioná-

---

161 Marcelo Dias Gonçalves Vilela, *Arbitragem no Direito Societário.* Belo Horizonte: Mandamentos, 2004, pp. 192-194.

162 Daniel Cohen, *apud* Marcelo Dias Gonçalves Vilela, *Arbitragem no Direito Societário.* Belo Horizonte: Mandamentos, 2004, p. 195.

163 Pilar Perales Viscasillas, *Arbitrabilidad y Convenio Arbitral – Ley 60/2003 de Arbitraje y Derecho Societario.* Navarra: Editorial Aranzadi, 2005, p. 212.

164 María José Carazo Liébana. *El Arbitraje Societario.* Madrid: Marcial Pons, 2005, p. 222.

rio não poderá excetuar qualquer dispositivo estatutário como condição para o aperfeiçoamento da transferência: ou o cessionário adquire, no estado, a participação societária, ou não conclui o negócio.

A natureza aberta dos contratos de organização não permite esse tipo de restrição, já que voltado para um número indeterminado de pessoas que aderem, *in totum*, às previsões estatutárias. Impensável que a cada cessão de ações os cessionários possam, de algum modo, fazer reservas quanto à sujeição a cláusulas insertas no estatuto social. O mesmo princípio se aplica, portanto, à cláusula compromissória estatutária. Ao adquirir as ações, é pressuposto básico e elementar que o cessionário tem pleno conhecimento dos direitos, deveres e obrigações que encerram os títulos a ele cedidos. Caso discorde de algum deles ou não se sinta confortável, resta ao interessado investir em outra companhia, pois, de modo algum, lhe será permitido alterar, unilateralmente, as regras de um contrato do tipo organização.

E, nesse ponto da assertiva, não vale como sustentação jurídica o argumento de que a cláusula compromissória, por ser um pacto autônomo ao contrato em que se insere, necessita, para sua validade, de consentimento expresso do adquirente. Ora, conquanto não se negue a natureza de pacto adjeto da cláusula de arbitragem (princípio da autonomia), de outro lado, não se pode concordar com essa tese, visto que a convenção se vale e se beneficia da instrumentalidade do contrato em que está inserida. Muito embora autônoma, a cláusula arbitral não se destaca do contrato quando de sua cessão ou transferência. Vejamos a doutrina:

> *"It has been suggested that the principle of the autonomy of the arbitration agreement leaves no room for such a presumption [enforcement of the arbitration agreement in case of assignment], on the grounds that the arbitration agreement is legally autonomous and its assignment therefore requires separate acceptance in order to be valid. The French courts have consistently rejected that view. For example, the Paris Court of Appeals held in 1988 that: 'An arbitration clause appearing in an international contract has a validity and effectiveness of its own, such that its application must be extended to a party succeeding – even partially – to the rights of one of the initial parties'. In other words, the assignee of a contract who enjoys the benefit of the rights assigned cannot avoid the application of the arbitration clause contained in that contract. No specific acceptance is required from the assignee".*[165]
>
> *"Tout d'abord, cette convention lie-t-elle de plein droit le cessionaire, alors meme qu'il n'y aurait pas consenti? On pourrait être tenté d'objecter à un tel transfert automatique le principe d'autonomie, en vertu duquel le sort du con-*

165 FOUCHARD, Ph.; GAILLARD, E.; GOLDMAN, B.. *Fouchard, Gaillard, Goldman on International Commercial Arbitration*. Emmanuel Gaillard; John Savage. A. Haia: Kluwer Law International, 1999, p. 427.

> *trat et de la clause compromissoire ne sont pas lies, mais distincts. Toutefois, comme l'a observé Pierre Mayer, l'autonomie, qui concerne la validité respective de ces deux conventions, ne fait pas obstacle à l'accessorité fonctionnelle de la seconde, ce qui justifie que celle-ci soit transférée avec le contrat qui en constitue l'objet. Aussi, la jurisprudence française admet-elle depuis longtemps que, sauf convention contraire, le transfert des droits et obligations résultant d'un contrat emporte celui de la clause arbitrale, qui fait partie des termes et conditions contractuels, de telle sorte que le cessionaire est lié par la clause compromissoire".*[166]

Não bastasse, um dado ainda deve ser apresentado em reforço à doutrina acima citada. No caso da cessão de ações, o que se transmite não é o contrato como expressão do estatuto social, mas o título em si ou via novo registro (ações escriturais), que outorga ao adquirente a qualidade de sócio da sociedade emitente das ações. O contrato de organização (repita-se: não se trata de acordo parassocial), por sua natureza, não circula ou se transmite formalmente. O que se transfere é o título ou o certificado que encerra o complexo de direitos e obrigações atinentes à qualidade de sócio de determinada companhia. Essa nuance jurídica enfraquece, ainda mais, a tese que entende imperativa a anuência expressa do cessionário, de modo a que a cláusula compromissória possa produzir a eficácia de direito.

Também no campo teleológico, o tema sob análise há de ser encarado. Note-se que, enquanto se combatem a validade e a eficácia continuativa da cláusula de arbitragem estatutária, os opositores esquecem que a existência desse pacto pode ser um atrativo a fortalecer o interesse do adquirente na participação acionária.

Diante de verdadeira indução, pelas autoridades públicas, para que se utilize, com mais frequência, a via da arbitragem como instrumento de boa governança corporativa, não é de surpreender se o adquirente de pacote acionário considerar, como ponto positivo e relevante do negócio, a existência de cláusula compromissória estatutária. Essa previsão pode, sim, caracterizar-se como um *plus* na análise econômica da transação, tanto pelo vendedor quanto pelo adquirente das ações da companhia. Sob essa perspectiva, qualquer formalidade, no que diz respeito à vinculação do adquirente à cláusula compromissória, torna-se uma contradição e um ônus desnecessário.

Agora, passemos a outro tema relevante: eventual conflito resultante do negócio que estabelece a cessão entre o acionista-cedente e o adquirente da participação acionária somente será passível de submissão à arbitragem caso conste convenção expressa no instrumento de cessão.

---

166 Jean-François Poudret e Sébastien Besson. *Droit Comparé de l'Arbitrage International.* Zurich: Schulthess Médias Juridiques SA, 2002, p. 259.

Na espécie, a origem da controvérsia, em princípio, resultará de um acordo específico que define os termos e condições da cessão. A violação ou o descumprimento por uma das partes tocará, portanto, o acordo de cessão e envolverá, consequentemente, relação jurídica *externa corporis*.[167] Não importa, destarte, que a cessão seja acordada entre minoritários ou diga respeito à alienação substancial de participação societária. O que determina a via de resolução de conflitos é o instrumento que reflete o negócio e encerra a relação jurídica controversa. Não se pode olvidar que, no caso, o adquirente ainda está por adquirir o *status socii*. É esse, inclusive, o entendimento doutrinário, *verbis*:

> *"Assim, também em relação a litígios nascidos entre sócio ou acionista cedente e terceiro cessionário que não participava do quadro societário não se aplica a cláusula compromissória. É exatamente a celebração do negócio jurídico objeto da controvérsia que permitirá o ingresso deste na sociedade. Este terceiro, portanto, não é parte do quadro social, não se vinculando à cláusula compromissória. Esta a posição de Jean Robert: 'Car la souscription est un contrat qui se rapporte directement au pacte social puisq'il constate l'adhésion de l'associé à ce pacte, de sorte que la clause compromissoire parait devoir dominer le litige. Cependant, s'il agit d'un souscripteur qui n'est pas encore actionnaire et que le litige mette en cause l'existence de cette souscription, la clause compromissoire inscrite au pacte social ne lie pas le souscripteur, contesté. La clause compromissoire serait par contre valable si la contastation avait une autre cause ou si le souscripteur était déjà actionnaire (cas de la souscription à une augmentation de capital.' E também Daniel Cohen: 'D'abord, la clause compromissoire inscrite dans les statuts de la société, dont les parts ou actions sont cédées, ne peut lier le cessionnaire dans ses rapports avec le cédant. Ensuite, et de la meme manière, la société, tiers au contrat, n'est pas en principe liée par la convention d'arbitrage relative à la cession de droits sociaux'".*[168]

---

167 **"Ementa – Apelação – Compra e Venda de Cotas de Sociedade Limitada** – Cláusula de arbitragem – Discussão acerca da obrigação dos requeridos de pagar pelas cotas que adquiram (*sic*) do autor, sócio retirante, e não em relação à administração da sociedade ou eventuais haveres – Inexistência de controvérsia acerca do contrato social e de suas disposições, sendo incab[ivel a instituição do juízo arbitral – Valor da cessão que também não se discute e nem se nega sua ocorrência – Responsabilidade dos sócios pelo pagamento e não da sociedade, que haja vista serem os únicos beneficiários com a transação, diante do aumento patrimonial que tiveram – Procedência corretamente decretada – Rercurso improvido." (Ap. Cível nº 994.04.083878-1; Comarca de São Paulo; 1ª. Instância Processo nº 193597/2002; Aptes. Edmílson José Marchesotti e Outros; Apdo. Francisco Braz Neto; Voto nº 12.725; 8ª Câmara de Direito Privado do Tribunal de Justiça de São Paulo; Relator Des. Salles Rossi.

168 Marcelo Dias Gonçalves Vilela, *Arbitragem no Direito Societário*. Belo Horizonte: Mandamentos, 2004, pp. 211-212.

Sem embargo, caso a discussão ocorra após a aquisição pelo cessionário da qualidade de sócio e a cessão encerre negócio jurídico que possa impactar na sociedade , há que se examinar, pelas circunstâncias do caso concreto, a possibilidade de extensão dos efeitos da cláusula compromissória estatutária ao sócio cedente.

Por fim, uma última questão possível de surgir: uma disputa que envolva o sócio que cedeu a totalidade de sua participação acionária e que, portanto, no momento do surgimento do conflito, não mais ostenta a qualidade de acionista. Parece que o ponto a se investigar é o momento – pretérito ou futuro – em que se inseriu a questão conflituosa. Se esta se originou no momento anterior à saída do sócio, ou seja, enquanto este detinha a participação acionária, creio que a questão poderá, sim, ser resolvida por arbitragem nos termos da cláusula compromissória estatutária. Assim, pouco importa não mais deter participação acionária se o conflito se originou em momento no qual ele era titular de direitos, obrigações e deveres de sócio da companhia. Estava ele, portanto, sujeito, à época do evento, aos termos e condições estabelecidos no estatuto.[169]

## 12. Vinculação dos Novos Acionistas à Convenção Arbitral Estatutária nas Operações de Incorporação, Fusão e Cisão

Os institutos da incorporação, fusão e cisão são vistos pelo direito empresarial como instrumentos ou técnicas de reorganização societária. Por meio destas, combinam-se, sob novas regras, os interesses dos diversos grupos que podem existir em uma ou mais sociedade, ora agregando-se para formar nova pessoa jurídica, ora dividindo-se em mais de uma pessoa jurídica.[170]

A incorporação resulta na absorção de uma ou mais de uma sociedade por outra que as sucede em todos os direitos e obrigações. A operação de incorporação, na prática, se efetiva mediante aumento de capital da incorporadora, em virtude da transferência, a esta, do patrimônio líquido das empresas incorporadas cujos acionistas destas recebem, em contrapartida, ações emitidas pela sociedade incorporadora. Dessa forma, as sociedades incorporadas

---

169 De acordo com Carazo Liébana, "Se ha dicho que otro requisito radica en que en el momento de surgir el sujeto tuviera todavía la calificación de socio. Condición esta que se convertiría en requisito ineludible para la eficacia de la cláusula arbitral. No obstante, puede ocurrir que en ese momento éste estuviera ya separado de la sociedad, aunque la *causa litis* derivase de la relación que hubiera tenido con aquélla. En nuestra opinión, lo relevante es que el objeto del litigio se produzca cuando el ex socio todavía formaba parte de la misma". (María José Carazo Liébana. *El Arbitraje Societario*. Madrid: Marcial Pons, 2005, p. 225).

170 Egberto Lacerda Teixeira e José Alexandre Tavares Guerreiro. *Das Sociedades Anônimas no Direito Brasileiro*. São Paulo: Bushatsky, 1979, p. 651.

se extinguem, de pleno direito, em virtude da integral transferência dos seus patrimônios e da consequente movimentação dos respectivos blocos de acionistas para a sociedade incorporadora.

Precede tal operação (e a condiciona) a aprovação do instrumento que delineia as condições da incorporação pelos sócios nas assembleias gerais das respectivas empresas envolvidas na reorganização societária. Cada assembleia geral é livre e independente para analisar e aprovar, ou não, a operação de incorporação, que deverá ser apresentada aos acionistas com as devidas justificativas que sustentam o negócio jurídico. Repita-se: cada empresa é livre e independente para, em assembleia geral, aprovar, ou não, a incorporação.

Aprovada a incorporação por todas as sociedades interessadas, os acionistas das empresas incorporadas passarão a deter participação acionária da sociedade incorporadora e, assim, estarão jungidos aos termos e condições constantes de dito estatuto social. Com efeito, havendo cláusula compromissória no estatuto da sociedade incorporadora, estarão os novos acionistas, automática e independentemente de consentimento ou objeção, vinculados e sujeitos ao conteúdo e à eficácia dessa disposição.

As ações que lhes serão entregues, em contrapartida ao aumento de capital da incorporadora, serão emitidas sob a égide do estatuto em vigor do qual, presume-se, os acionistas das incorporadas tenham pleno conhecimento.A aprovação da operação de incorporação pelas assembleias das incorporadas, por suposto lógico e razoável, conduz o intérprete ao entendimento de que deliberaram submeterem-se às regras e condições fixadas no estatuto da sociedade para a qual seus respectivos patrimônios serão vertidos. Se assim for, e o estatuto da incorporadora contemplar uma cláusula de arbitragem, estarão os novos acionistas, cuja deliberação da assembleia da sociedade da qual eram sócios aprovou a incorporação, sujeitos aos ditames do estatuto da incorporadora não só no tocante à cláusula de arbitragem como também a todas as demais disposições constantes do pacto social. Não será, pois, necessário qualquer consentimento específico, vez que a aprovação da incorporação pela assembleia geral da incorporada pressupõe atendimento ao interese maior da sociedade na incorporação e a plena concordância e vinculação às regras estatutárias que ditam os rumos da sociedade incorporadora.

Na fusão, a operação difere um pouco da incorporação, mas a maioria continuará predominando na fixação, em prol do interesse social, das regras do novo estatuto social. É que, nesse tipo de reorganização, as sociedades fusionadas criam outra empresa, com regras novas e acordadas pelas empresas que se fundirão e, por conseguinte, se extinguirão. Em suma, na fusão, ao reverso da incorporação, as empresas que ensejam o negócio societário "desaparecem", mas dão vida a outra sociedade com previsões estatutárias novas – não, necessariamente, similares ou idênticas àquelas em extinção.

Assim como ocorre na incorporação, a operação deve ser objeto de deliberação e aprovação pelas companhias envolvidas, individualmente, momento no qual deve ser apresentado o projeto do novo estatuto social. Com a aprovação das normas que regerão a relação societária – empresa-sócios e sócios-sócios – e prevista a cláusula compromissória estatutária, sua validade e eficácia não mais poderão ser objeto de contestação. Isso porque a aprovação da operação e do novo estatuto social da empresa a ser constituída é ato soberano da assembleia de acionistas e vincula todos os sócios. A deliberação torna-se válida e eficaz pela observância do voto majoritário que determina a concretização da reorganização societária, que se aperfeiçoa com a prática dos atos necessários à conclusão da fusão. Não sendo tal reorganização contrária aos interesses das empresas fusionadas, o negócio jurídico opera efeitos e o novo estatuto da empresa criada por aprovação das assembleias das sociedades que se extinguiram passa a obrigar todos os seus acionistas em todos os seus termos e condiçoes e para todos os fins de direito.

Ressalte-se, obviamente, que a afirmativa posta nos casos de incorporação e fusão – e da operação de cisão, sobre a qual tratamos a seguir – supõe o cumprimento das formalidades legais, inclusive, eventual *quorum* qualificado de deliberação. Ressalve-se, também, por suposto, a não vinculação de acionistas que detenham, e se utilizem, o direito de retirada porventura assegurado nesses casos de reorganização societária.

A cisão, por sua vez, pode ser parcial ou total. Na cisão parcial, há versão de parcela do patrimônio da empresa cindida para outra já existente ou constituída para tal fim, "sobrevivendo", portanto, a empresa cindida com redução de parcela do seu capital. Na cisão total ou integral, há a transferência da universalidade patrimonial da pessoa cindida com a consequente extinção desta.

Sendo a cisão parcial ou total com a versão do correspondente patrimônio **para a sociedade a ser constituída**, a assembleia geral da empresa cindida deverá deliberar sobre a operação e a constituição da nova sociedade. Essa sistemática formal da cisão com a constituição de outra sociedade é similar aos procedimentos aplicáveis à fusão, ao menos para os fins deste estudo. Sendo a cisão total ou parcial com a versão do patrimônio **para sociedade já existente**, os procedimentos serão similares aos da incorporação, isto é, deliberação por parte dos sócios das duas empresas em assembleias distintas e independentes.

Aplica-se à cisão, portanto, as mesmas conclusões extraídas das operações de incorporação e fusão antes referidas: os acionistas que passam a integrar a nova sociedade ou aquela já existente se vinculam e se obrigam à arbitragem, caso, no estatuto desta, conste a inserção de cláusula compromissória.

Outra modalidade de reorganização societária bastante difundida diz com a incorporação, pela controladora, de ações da empresa controlada. No caso, a controladora, em troca de ações de sua emissão, adquire ações da controlada de titularidade dos acionistas minoritários. Assim, a controlada mantém sua personalidade jurídica, passando à condição de subsidiária integral. Trata-se do chamado *self dealing*: embora as sociedades sejam distintas e tenham sócios diversos, o controle resta por ser comum, pois confundem-se "*materialmente as partes contratantes, ainda que formalmente estas sejam duas: incorporadora e incorporada.*"[171] Daí a preocupação legislativa em impor regras rígidas quanto ao preço de mercado para a efetivação da troca das ações da controlada pelas da controladora. O controlador tem legitimidade para manejar a incorporação, mas se mantém alheio à fixação do valor de troca que deve ser elaborado por terceiro independente.

Persistindo a incorporada como subsidiária integral, a questão da eficácia da cláusula compromissória perde relevância já que o titular das ações é detentor único e exclusivo de sua integralidade.

Quanto aos novos acionistas da controladora, antigos sócios da controlada, passarão a se sujeitar aos ditames do estatuto social da controladora e, havendo cláusula compromissória, a esta se obrigarão.

## 13. Observação quanto à Arbitrabilidade Subjetiva de Disputas Oriundas das Deliberações que Aprovam a Incorporação, a Fusão ou a Cisão

Situação pode ocorrer em que um sócio minoritário, descontente com a aprovação do processo de incorporação, fusão ou cisão, queira valer-se de uma cláusula compromissória contida nos estatutos da empresa incorporadora, da nova empresa resultante da fusão ou da cisão ou da empresa já existente para a qual foi transferida parcela do patrimônio cindido com a finalidade de levar a discussão para a jurisdição arbitral. Explico: partindo-se do pressuposto de que todas essas operações dependem, para sua concretização, de aprovação assemblear pelas empresas envolvidas, pode acontecer que um dos acionistas discorde da operação, saia vencido na deliberação assemblear e, efetivada a operação, queira anular todos os seus efeitos. Para tanto, necessitará requerer a anulação da assembleia geral da empresa da qual participava para, após, e por consequência, obter a anulação da deliberação assemblear da outra sociedade interessada da qual passou a ser acionista por força da efetivação da operação (incorporadora, sociedade já existente ou constituída para os fins da fusão ou cisão).

A questão será tratada, primeiramente, para as reorganizações que dependam da manifestação de duas sociedades, tais como a incorporação, a fusão e a cisão parcial. Posteriormente, será analisada a questão da operação que dependa de uma única assembleia geral, como ocorre nos casos de cisão integral.

---

171 Modesto Carvalhosa, op.cit., vol.4, tomo II, p. 236.

Dou um exemplo: AC era sócia minoritária das empresas Beta e Alfa, cada qual com grupo próprio de acionistas. Beta e Alfa, após deliberações assembleares, aprovaram a operação de incorporação de seus respectivos patrimônios à empresa Jota. Esta, por seus acionistas, também aprovaram a incorporação que, por fim, restou efetivada. Incorporadas as sociedades Alfa e Beta, AC passou a integrar a comunidade de acionistas de Jota e, com base na cláusula compromissória estatutária de Jota, entrou com pedido de instituição de arbitragem a fim de anular as deliberações aprovadas nas assembleias de Alfa e de Beta, cujos estatutos não contemplavam convenção de arbitragem. Em decorrência das anulações de tais deliberações, pleiteou, também, a anulação da incorporação aprovada pelos acionistas de Jota.

Partindo-se do pressuposto de que o acionista descontente (isto é, AC) era sócio das empresas incorporadas, da cindida ou da fusionada e nessas empresas os estatutos não previam a solução de controvérsias por arbitragem, a questão que se apresenta é a de saber se AC pode, para atacar a concretização da operação de incorporação como um todo, valer-se da cláusula compromissória contida nos estatutos da empresa incorporadora – Jota – ou daquela que recebeu parte do patrimônio da empresa cindida ou daquela outra constituída para acolher os bens das empresas fusionadas (adiante, para fins de exemplo, as referências serão feitas à incorporadora).

No caso hipotético, o conflito existente remonta aos instrumentos que contemplaram a operação de reorganização societária (Protocolos) de Alfa, Beta e Jota por força de vício nas declarações lançadas nos Protocolos (v.g., omissão de informações relevantes para tomada de decisão pelos acionistas minoritários) – vício que levou AC a propor processo de arbitragem, com o fim específico e principal de obter sentença cujo efeito essencial seria (i) tornar inválidos os votos proferidos pelos acionistas das empresas incorporadas Alfa e Beta nas respectivas assembleias gerais em que fora deliberada a incorporação e, consequentemente, (ii) fossem julgadas inválidas as deliberações tomadas nas assembleias gerais extraordinárias de Alfa, Beta e Jota. Em síntese, desejava AC que fossem julgados inválidos os votos proferidos pelos acionistas de Alfa na assembleia geral da Alfa – cenquanto acionistas de Alfa – e pelos acionistas de Beta na assembleia geral de Beta – enquanto acionistas de Beta. Em decorrência dessas invalidades, pretendia AC, também, a invalidade dos votos proferidos, na assembleia geral de Jota por seus acionistas à época da deliberação, grupo acionário do qual não participara AC.

Posta a questão teórica, mas de interesse prático, tenho que, primeiramente, o tema há de ser enfocado sob a ótica da extensão a terceiros dos efeitos da cláusula estatutária de arbitragem. Essa pretensão trafega, como sabido, em área das mais restritas do direito arbitral. Até os mais entusiastas desse instituto de resolução de conflitos manejam com rigor e conservadorismo as hipóteses de extensão a terceiros da eficácia compromissória. E é, justamente, o que se abstrai da questão teórica em exame.

Para se enfrentar a pretensão de AC, é importante averiguar a origem da disputa e avaliar se esta se inseria no feixe de relações alcançado pela cláusula de arbitragem constante, unicamente, do estatuto de Jota.

Nesse particular, um aspecto pontual não atenderia aos interesses de AC: a cláusula compromissória de que tencionava se valer AC destinara-se a resolver disputas originadas na execução das atividades normais e próprias de Jota, ou seja, solucionar controvérsias originadas no dia a dia da empresa Jota, nas decisões tomadas no curso da execução de seu objeto e nas deliberações adotadas, em reuniões de conselho e em assembleias pelos seus conselheiros e acionistas. Direcionava-se, portanto, aos conflitos oriundos de sua atividade e das deliberações e decisões de seus acionistas, diretores e conselheiros enquanto vinculados à cláusula compromissória.

A cláusula estatutária de arbitragem produzia eficácia no plano das relações intrassociais de Jota, e somente nesse plano. De tais relações, portanto, não poderia extrapolar sob pena de violação dos direitos de terceiros (no caso, Alfa e Beta). O que importa, portanto, é a origem do conflito e a relação jurídica que este impactaria. Para que a cláusula estatutária de arbitragem constante do estatuto de Jota pudesse produzir eficácia, a origem da disputa deveria estar estritamente ligada à esfera jurídica em cujo escopo Jota, seus administradores e seus acionistas se inter-relacionavam, relação de caráter puramente interno da sociedade.

Os limites da cláusula compromissória inserta no estatuto de Jota se atinham aos parâmetros das relações *interna corporis* e das disputas que dessas relações pudessem surgir. Seus efeitos se projetaram para dentro do seu tecido social; seu alcance encontrou limite no raio de sua eficácia irradiada na esfera interna. Repita-se: somente na esfera interna. A cláusula compromissória estatutária não se externalizou; não se projetou para fora do círculo dos atos e fatos intrassociais; não atingiu, portanto, os atos deliberativos de Alfa e Beta que AC procurava atacar. Muito ao contrário, a convenção de arbitragem nascera no interior das relações intrassociais de Jota e lá se mantiveram internadas, pois sua finalidade era, justamente, produzir efeitos no interior dessa célula social, em virtude de situações conflituosas geradas, exclusivamente, no seu seio, e não no círculo de outra célula social, ou seja, de Alfa ou Beta.

Desse modo, pode-se afirmar, a cláusula estatutária de arbitragem produz eficácia interna e, consequentemente, não extravasa seus limites a relações exteriores, sob pena de nulidade. De modo algum, pode-se projetar atos jurídicos aperfeiçoados para o âmbito de outras sociedades ou para terceiros. No exemplo em estudo, aquelas pessoas eram alheias e desvinculadas, para os fins e efeitos de adoção da cláusula compromissória estampada no estatuto social da companhia Jota. Pouco importa, portanto, se o ato diz com futura incorporação que se pretende concretizar, pois as deliberações e aprovações são aperfeiçoadas, separadamente, e sob regras estatutárias específicas, pelos administradores e acionistas de cada companhia interessada, no caso, Alfa, Beta e Jota. É na seara das relações internas de cada uma das interessadas que o debate se apresenta e a deliberação é aprovada ou não. É no âmbito de cada uma delas, de suas relações intrassociais, que as objeções e impugnações se efetivam.

Se é, exatamente, no campo interior de cada empresa que a disputa surge, deverá esta ser resolvida de conformidade com as regras constantes dos respectivos estatutos, e não com base em dispositivo emprestado do estatuto social que rege a relação interna de outra companhia, isto é, de Jota. Quero reafirmar, por conseguinte, que a cláusula compromissória estatutária se presta a solucionar questões intrassociais, nunca questões inter-sociais.

A aplicação da cláusula de arbitragem constante do estatuto de Jota restringia-se às relações controversas que se originassem da execução das próprias atividades e do relacionamento interno de seus órgãos e daquelas que, no âmbito exclusivo do seu escopo social e das relações intrassociais, pudessem violar disposições estatutárias ou legais por atos ou omissões da própria sociedade, de seus administradores ou acionistas. Mas foi nas assembleias de Alfa e Beta que AC formalizou sua desaprovação quanto à incorporação. Foi na qualidade de acionista dessas companhias e agindo no seio da relação intrassocial de cada uma delas que AC resistiu à concretização do negócio.

Diante desse fato, um dado relevante: não havia de ser importante a circunstância de a disputa ter ocorrido após a concretização da reorganização societária, quando AC já estava integrado ao grupo de sócios de Jota. O fato relevante e determinador da jurisdição arbitral, no caso, diz com a origem da disputa e as relações que ela envolvia. O que perseguia AC era o retorno ao *status quo ante*, ou seja, pretendia o desfazimento da reorganização societária. Nessa toada, a invalidade dos atos aprovados no interior das empresas Alfa e Beta seria condição *sine qua non* para a ulterior invalidade das deliberações aprovadas pelos acionistas de Jota que, diga-se, não mantinham qualquer vinculação com ditas sociedades e respectivos acionistas.

Com efeito, quanto à Jota, o ato de incorporação entabulado e a sua aprovação *interna corporis* se concretizaram sem o concurso de AC e sem a sua participação na assembleia geral, já que não era sócio de Jota. Foram três atos distintos que se aperfeiçoaram na esfera jurídica de cada uma das sociedades interessadas. Poderia, até mesmo, ter sido o ato de incorporação aprovado em uma das empresas e em outra não, tal a desvinculação e a independência das pessoas jurídicas envolvidas no negócio societário.

No caso, quando de sua aprovação, somente o estatuto social de Jota contemplava cláusula compromissória. Dessa forma, unicamente os sócios de Jota, à época, é que, diante de alguma violação da lei ou do estatuto, ou da existência de prejuízos oriundos daquela decisão *interna corporis*, poderiam acionar a cláusula estatutária para instituir uma arbitragem, de forma a solucionar o conflito originado no seio daquela relação intrassocial.

Portanto, parece-me não ter sido possível que a cláusula estatutária compromissória de Jota estendesse seus efeitos à Alfa e à Beta, e à própria

Jota (esta, no que diz com a pretensão de AC), pois a controvérsia se resumia a fatos, atos ou omissões ocorridas no seio social de Alfa e de Beta, envolvendo os então acionistas dessas companhias, sem que o negócio jurídico nelas engendrado, por seus respectivos acionistas estivesse encampado por qualquer cláusula de arbitragem.

Somente a partir do momento em que se tornou sócio e (note: cumulativamente) em razão de controvérsias originadas, única e exclusivamente, nas relações intrassociais de Jota, envolvendo a sociedade, seus administradores ou acionistas, é que AC, por já ostentar a qualidade de acionista – assim, sujeito aos direitos e às obrigações constantes do estatuto social de Jota – poderia utilizar-se da arbitragem para a resolução das eventuais controvérsias que tocassem os atos praticados no contorno interno, e exclusivo, de Jota. Logo, a cláusula arbitral estatutária, de eficácia interna, não poderia ser invocada para resolver conflitos de origem externa e envolver terceiros alheios e não vinculados aos efeitos da cláusula compromissória.

Com efeito, creio que, nas hipóteses que se encaixem no exercício teórico aqui apresentado, não me parece restar dúvida quanto à impossibilidade legal de se estender às empresas incorporadas, fusionadas ou cindidas parcialmente, e a seus respectivos acionistas, o alcance e os efeitos da convenção de arbitragem inserta nos estatutos das sociedades incorporadoras, daquelas constituídas para receber o patrimônio das empresas fusionadas e daquelas que recebem a parcela do patrimônio da empresa cindida.

Por fim, resta a situação jurídica em que se dá a versão, para empresa constituída para tal fim, da totalidade do patrimônio da empresa cindida e, consequentemente, extinta.

Nesse caso específico, a nuance que desponta diz com a unidade do ato praticado. Quero com isso ressaltar que não há outra sociedade e outros acionistas distintos da sociedade a ser integralmente cindida que deverão deliberar sobre a operação societária, de forma independente e individual. Há uma única assembleia geral que aprova a cisão, a constituição da nova sociedade e o seu projeto de estatuto. Não ocorre, portanto, a prática de atos segregados e aperfeiçoados no âmbito de diferentes empresas com grupos distintos de sócios. A assembleia que delibera sobre cisão integral funciona com dupla função: aprova a cisão e a consequente extinção da empresa cindida e, ao mesmo tempo, serve como assembleia de constituição da nova sociedade. Trata-se de uma unidade de atos jurídicos que produzirão várias eficácias de direito. Todas as deliberações são tomadas pelo mesmo grupo de acionistas no bojo de uma única sociedade. Trata-se, assim, de deliberações *interna corporis* que envolvem a relação da sociedade com seus acionistas e a destes entre si.

Havendo cláusula de arbitragem no estatuto da empresa constituída, parece-me, em princípio, que tal unidade jurídica poderá permitir ao acionista descontente utilizar-se da via arbitral para desfazer o negócio societário, sem embargo de que o primeiro ato atacado seria aquele originado no seio de empresa que não dispunha, à época, de cláusula de arbitragem.

Conquanto as peculiaridades do caso concreto não poderão ser desconsideradas, creio, em acréscimo do entendimento acima, que poderia ser confrontada a alegação de ausência de jurisdição arbitral que viesse a ser arguida pela demandada em face da eficiência jurídica da arbitragem, aplaudida e, por isso, inserta no estatuto da nova sociedade. Por outro lado, em razão da referida eficiência jurídica, deverá ser muito bem trabalhada pela doutrina a mesma situação que ora se apresenta, se inexistir a cláusula compromissória no estatuto da empresa constituída, mas, tão somente, no estatuto da sociedade cindida integralmente.

## 14. Transformação de Tipo Societário e Vinculação Subjetiva à Arbitragem

Na transformação, a sociedade passa de um tipo societário para outro, sem solução de continuidade. Assim, ao se transformar em nova espécie de empresa, ela não se dissolve e não se liquida. Ela passa a exercer o mesmo objeto, se for o caso, sem os inconvenientes de transpor os procedimentos de dissolução e liquidação. Trata-se, pois, de processo simples e sem maiores inconveniências. No dizer de **Miranda Valverde:**

> *"A conservação da personalidade jurídica na passagem de um tipo para outro de sociedade não significa, pois, a permanência da mesma pessoa jurídica. Resulta do processo mesmo da transformação, que consiste, justamente, na passagem, sem estado intermediário, de um tipo de pessoa jurídica para outra. A pessoa jurídica anterior subsiste até o momento em que se transforma ou se metamorfoseia em outra pessoa jurídica. Na transformação de uma sociedade em outra, há sempre a constituição de uma nova pessoa jurídica sem que, todavia, totalmente desapareçam as partes que integravam a antiga pessoa jurídica."*[172]

Assim, na transformação do tipo societário, há uma unidade do ato praticado, unidade de caráter muito mais restrito do que na referida cisão integral, vez que não ocorre a transferência do patrimônio para outra sociedade. Ocorre tão somente a transformação, formal, de um tipo em outro. Dessa forma, creio, havendo modificação no estatuto ou contrato social com a inserção de cláusula arbitral, as mesmas observações feitas anteriormente (cisão integral com constituição de nova empresa), quanto ao alcance da cláusula compromissória pretendida pelo acionista descontente para desfazer o negócio societário, se aplicarão aos casos de transformação de empresa em outro tipo societário.

---

172 *Apud* Egberto Lacerda Teixeira e J. A. Tavares Guerreiro, vol. 2, pp. 641-642.

# CAPÍTULO 5

# ARBITRAGEM E EMPRESAS SOB CONTROLE ESTATAL

Dadas as peculiaridades que envolvem as sociedades controladas pelo Estado, seja controle majoritário, seja controle integral, é importante tecermos algumas considerações sobre a utilização da arbitragem por essas companhias (doravante, empresas estatais).

Tais sociedades são constituídas para atuar nas atividades econômicas, normalmente em competição com as empresas privadas. Por força do processo de privatização implantado em vários países nas décadas de 1980 e 1990, a partir de então, ao contrário do que vinha ocorrendo, as empresas estatais que mantêm atividades na esfera empresarial são exceções que confirmam a regra em virtude da incapacidade econômico-financeira das empresas particulares ou pela característica própria do empreendimento voltado para interesses sensíveis e que refletem certa preocupação do Estado.

Essa atuação paralela e competitiva com as empresas de capital privado, em vários segmentos da economia, importa em assunção, pelas empresas estatais, dos ditames regulamentares que se impõem aos particulares. Por certo, não parece aceitável que a concorrência das empresas estatais seja exercitada com base em regras e princípios inerentes à administração pública. Uma vez inseridas em atividades de fins econômicos e lucrativas, devem elas se sujeitar à disciplina aplicável às companhias de capital privado. A regra do jogo deve ser igual para todos os partícipes do tabuleiro comercial. A todos há de ser aplicável o ordenamento jurídico privado enquanto agentes econômicos e competidores no mercado empresarial. Nesse particular, a justiça repudia os privilégios e os beneplácitos. As normas tributárias, fiscais, trabalhistas, civis e mercantis devem impor-se, igualmente, a todos os que queiram se envolver em transações econômicas.

Essa certeza isonômica se aplica, sem dúvida, quando da escolha da arbitragem pelas empresas estatais. Os mesmos deveres e obrigações a que se subordinam as companhias privadas quando optam pela via da resolução arbitral de conflitos se aplicam às empresas estatais que acordam na utilização da arbitragem. Conquanto tal afirmativa pareça ingênua ou despretensiosa, o fato é que justamente as empresas sob controle do Estado têm sido objeto de situações extremamente inadequadas na seara das resoluções por arbitragem, tanto em âmbito interno como internacional.

Com a integração dos países, o crescente comércio internacional e o incremento dos negócios que envolvem empresas estatais – aliados à solidificação da arbitragem nos países com certa tradição na utilização desse meio de resolução de controvérsias e, ainda, ao implemento da arbitragem nos países até então com pouco ou nenhuma prática no uso desse instituto –, tem sido comum a inserção de cláusula de arbitragem em diversas modalidades de contratos e acordos, nomeadamente naqueles de natureza comercial.

Tal situação factual restou por conduzir a essa mesma prática as empresas estatais que atuam no segmento mercantil. Conquanto sejam elas, por suposto, as primeiras responsáveis por plantar e afirmar o bom exemplo, a realidade tem demonstrado, ao longo da história (agora, talvez, com menos intensidade), que essas sociedades, muito embora sujeitas ao controle do Estado – Estado que legisla, dita o direito e, enfim, governa seus representados, por isso deveria ser o mais rígido, justo e razoável nas suas atitudes político-jurídicas – , não raro buscam furtar-se da aplicação da cláusula de arbitragem. Quando se defrontam com o conflito posto buscam esconder-se por trás do aparato judicial, alegando, para tanto, certos privilégios ou restrições que não vigoram nas sociedades privadas. Seja o argumento da imunidade de jurisdição, da ausência de autorização legislativa ou do interesse público inerente às suas atividades, a verdade é que o intuito e a finalidade implícitos nas aludidas argumentações conduzem o crítico à conclusão de que, no mais das vezes, trata-se de mera tática para prejudicar direito alheio.[1]

Ora, a chamada imunidade jurisdicional já não tem sido de todo aplicada no mundo contemporâneo. Sua lógica data de quando os senhores feudais adotavam o princípio **par in parem non habet judicium** como forma de acesso a instâncias superiores de justiça, já que a lógica da hierarquia não os autorizava a se submeterem a quem lhes fosse inferior ou mesmo igual. Logo, se os senhores feudais adotavam essa proposição para galgar um degrau em sua jurisdição, por certo os Estados, com muito mais razão, poderiam valer-se desse pressuposto para orientar a tese territorialista da sua soberania, de seus súditos e bens. Foi exatamente o que ocorreu. Nasceu a teoria do *imperium*, que resultou por inviabilizar a sujeição do Estado a uma jurisdição estrangeira. Daí a mudança do brocardo jurídico para **par in parem non habet imperium.**

Com a sacralização de tal princípio, estendeu-se também aos entes estatais a imunidade absoluta de jurisdição que, após longos anos de aplicação,

1 Registre-se que algumas legislações, como a espanhola, ressaltam a impossibilidade de arguição de prerrogativas de direito doméstico quando o Estado ou empresas por ele controladas forem partes em arbitragem internacional. (art. 2, (2), Lei 60/2003).

restou, nos dias atuais, quando muito, restrita e limitada a uma imunidade meramente relativa.

Essa imunidade relativa diz, apenas e tão somente, com os atos de império praticados pelo Estado e seus entes. Não se aplica aos atos de mera gestão. A imunidade é relativa; portanto, relativa, única e tão somente, aos atos de império, e não aos atos de gestão.

Se a relação entabulada pelas empresas estatais refletir ato de natureza privada, estarão elas atuando no cenário comercial desprovidas das prerrogativas do direito público, equiparando-se, pois, aos particulares contratantes. Assim, ao praticar atos *jus gestionis*, podem comprometer-se em se sujeitarem à solução arbitral.[2]

Destarte, as empresas estatais que atuam no comércio e interferem na economia, competindo com as sociedades de capital privado, não se podem valer do argumento da imunidade absoluta, sob pena de violar o princípio da isonomia das relações jurídicas.

Do mesmo modo, certas empresas estatais teimam em alegar a necessidade de expressa autorização legislativa para afastar a jurisdição judicial em prol da jurisdição arbitral. Sustentam que essa autorização se faz necessária, porque o acesso ao judiciário é o dever primeiro dessas empresas e que, ao afastar a sua jurisdição primária e principal, as empresas estatais estariam, *ipso facto*, renunciando a um direito inerente ao Estado – direito de interesse maior do Estado: tal como ocorre com os bens públicos, a abdicação ou transação que resultar da cláusula de arbitragem deverá ser previamente autorizada.

Ora, tal argumentação não me parece adequada, porquanto a empresa estatal, ao concluir negócios jurídicos de cunho empresarial e se relacionar na seara da economia, está sujeita às mesmas regras aplicáveis aos particulares. Os atos que pratica não se equiparam, regra geral, aos tipificados como atos de império. A autorização legislativa advém do repúdio aos privilégios e ao *venire contra factum proprium*; viola o princípio da boa-fé que permeia todas as relações sociais. As regras de conduta moral e ética não podem ser desconsideradas nas relações comerciais.

Os argumentos da imunidade de jurisdição e da prévia autorização legislativa dizem com a capacidade de contratar. Dizem com a arbitrabilidade subjetiva que não poderá ser alegada pela empresa estatal quando do surgimento de conflito que envolva contrato com cláusula compromissória ou, mesmo, na eventualidade da modificação do seu estatuto social para se inserir cláusula de arbitragem e, tampouco, na eventualidade de vir a ser detentora de

2 Pedro A. Batista Martins, O Poder Judiciário e a Arbitragem. Quatro Anos da Lei nº 9.307/96, Revista Forense, vol. 359, janeiro-fevereiro 2002, ano 1998, p. 173.

investimento em ações de companhias que contemplem seus estatutos com a regra da solução dos conflitos *interna corporis* por arbitragem.[3]

Na hipótese de previsão arbitral por alteração dos estatutos sociais, por óbvio, essa alegação de inarbitrabilidade subjetiva não terá cabimento, sob pena de violação dos mais comezinhos princípios de direito, visto que o controle é detido pelo próprio Estado, que restaria por aprovar a modificação estatutária. No outro caso, ao adquirir participação acionária em sociedade que ostentar em seu estatuto cláusula de resolução de conflitos por arbitragem, estará a empresa estatal submetida à regra comum aplicável a todos os demais adquirentes que, por suposto, tinham pleno conhecimento das normas de regência da sociedade e a elas, consequentemente, estariam vinculando-se e obrigando-se em todos os seus termos. Tais casos dizem com a capacidade de as empresas estatais se comprometerem com a resolução de conflitos por arbitragem. Trata-se, portanto, da temática da arbitrabilidade subjetiva, vez que atinente aos limites da autonomia da vontade do agente.

Já o argumento do chamado interesse público a que as empresas estatais recorrem diz com as questões que serão analisadas e julgadas pelos árbitros; reflete o cerne do conflito ou o objeto da disputa existente; diz, portanto, com a arbitrabilidade objetiva. Esse argumento não tem a ver com a capacidade de pactuar cláusula de arbitragem, mas, sim, com a possibilidade ou não de submissão do conflito existente à solução por painel de árbitros; trata do debate sobre a livre disponibilidade ou não da matéria objeto da controvérsia.[4]

Nesse particular, pode-se afirmar que a regra legal é a da livre disposição dos bens e direitos. O patrimônio das pessoas, nomeadamente as jurídicas, é composto, sobremaneira, de ativos cujo órgão de administração detém o poder de livre disposição. A indisponibilidade, pela própria natureza, apresenta-se com mais frequência na esfera das pessoas naturais do que nas empresas e companhias que visam, nas relações diárias, particularmente, ao ganho, à produtividade, enfim, à acumulação de riqueza. A indisponibilidade traduz, portanto, o interesse do Estado em preservar certas particularidades de sua coletividade, como o direito à personalidade, à honra e ao pátrio poder.

Assim, nas transações comerciais, a regra, por certo, é a da livre disposição dos bens e direitos por força da própria natureza das relações que encerram uma atividade econômica. Não obstante, pode-se encontrar nas relações mercantis situações em que o conflito posto seja arguido pela em-

3 O mesmo se diga, do caso do Nível 2 da Bolsa de Valores de São Paulo, que exige das empresas que o integram a inserção estatutária de cláusula de arbitragem.

4 Segundo o art. 2º, (1), da lei espanhola, "Son susceptibles de arbitraje las controversias sobre materias de libre disposición conforme a derecho." De acordo com a lei brasileira, "As pessoas capazes de contratar poderão valer-se da arbitragem para dirimir litígios relativos a direitos patrimoniais disponíveis." (art. 1º).

presa estatal como indisponível, uma vez que sua essência impacta ou afeta algum interesse público. Com isso o que se pretende é afastar os efeitos da cláusula de arbitragem e, consequentemente, levar a questão a julgamento pelo Poder Judiciário.

Pode-se afirmar que, no mais das vezes, o argumento da inarbitrabilidade objetiva tem por pano de fundo a clara intenção de se aproveitar dos diversos recursos e remédios processuais (horizontais e verticais) permitidos nos tribunais judiciais e, com isso, retardar, sob o manto da legalidade, a solução da controvérsia.

Como aspecto preliminar à análise dessa questão, vale salientar que os estudos contemporâneos sobre o direito administrativo mostram que esse ramo jurídico vem passando por forte transformação resultante, em parte, do processo de *mundialização da economia*. A propósito, parece haver consenso entre os autores contemporâneos que tratam do fenômeno da *globalização* que, com esta, se impôs a *lógica da eficiência*. Trata-se de uma cadeia causal em que as sociedades, cada vez mais informadas, se tornam cada vez mais exigentes e, por isso, cada vez mais demandantes de soluções eficientes para seus problemas.[5]

Vive-se hoje a democratização social que se traduz em participação mais ativa e concreta dos cidadãos nas tomadas de decisões administrativas, políticas e, mesmo, jurisdicionais, até então nas mãos únicas do Estado. Com efeito, nas sociedades mais politizadas, torna-se irrelevante quem seja o *executor* de políticas públicas – se o próprio Estado, se os entes de sua criação, se os entes privados, ou mesmo se nacional ou estrangeiro: o importante para os usuários é que o conceito da política pública (que é estatal) tenha viabilidade e a sua execução (estatal ou não) seja eficiente. [6]

O movimento das privatizações e da desregulamentação da economia gerou abertura bem mais ampla na participação do particular em atividades antes reprimidas. Cresceu de importância o papel do particular, do cidadão e a esfera de sua atuação; com ele se tem valorizado o direito privado. Essa atua-

---

5 Diogo de Figueiredo Moreira Neto, Governo e Governança em Tempos de Mundialização: Reflexões à Luz dos Novos Paradigmas do Direito, Revista de Direito Administrativo, vol. 243, set/out/nov/dez 2006, São Paulo, Editora Atlas, p.45.

6 *ibidem*. Prossegue Diogo de Figueiredo Moreira Neto: "Ocorre que é muito mais provável a ocorrência de erro ou mesmo de fracasso de uma política pública, quando tanto a sua concepção como a sua execução e a sua fiscalização sejam todas de responsabilidade *exclusivamente* estatais. Distintamente, o compartilhamento da concepção, a parceria na execução e a diversificação na fiscalização concorrem para reduzir o risco de erros e de fracassos ou, na pior das hipóteses, de impunidade para os responsáveis. Assim é que o conceito antigo de *ação pública* – tradicionalmente burocrático, monolítico, centralizado e conduzido pela 'fé' na imperatividade à *outrance* – tende a ceder com o despontar de uma nova concepção de ação pública – criativa, flexível, descentralizada e negociada, orientada pela *consensualidade*." (op. cit., p. 45).

ção voluntariosa dos particulares em atividades de interesse coletivo e o recuo do Estado intervencionista tornaram imperioso que se repensem os históricos conceitos do direito público, de forma a trazê-los à nova realidade social.

Essa trajetória engendrada pelo Estado, na busca do adimplemento de suas obrigações básicas, gerou a chamada *privatização do público* ou a *comercialização do direito administrativo*. Assim, a distinção entre a esfera pública e a privada vem perdendo sensivelmente a nitidez, o que traz consequências de relevo em muitos institutos jurídicos delineados no século XIX, quando a ideia de separação predominava.[7] E mais: a relação que se molda entre público e privado tem levado a uma evolução sistemática e flexibilizadora do direito público, inclusive quanto aos seus *interesses*.[8]

À vista dessa análise preliminar em que se afirma a mitigação de certos elementos rígidos do direito administrativo, pode-se evitar certos exageros (os quais normalmente se apresentam no âmbito de contratos firmados nas relações comerciais com terceiros) que empresas estatais acabam por cometer no afã de evitar a produção de efeitos da cláusula de arbitragem. Mas, quiçá, poderá vir a ser abordada em suas relações *interna corporis*, em eventuais demandas que envolvam o Estado, na condição de controlador, e os acionistas minoritários ou entre estes e a empresa.

Se o interesse público vier a ser alegado como meio de se afastar a eficácia da cláusula de arbitragem, deve-se ter em mente que esse conceito indeterminado do direito administrativo há de ser analisado, em seu alcance e projeção, *cum grano salis* à vista das mutações por que vem passando esse ramo do direito e da sua consequente flexibilização. O interesse público não mais pode subsistir (nem na prática política, nem na formulação doutrinária) de forma absoluta e autoritária, justamente para evitar que ele se transforme em "mera aparência, com que muitas vezes se busca um excesso ou um desvio de poder". Ao menos na atualidade, interesses legítimos, mediatos ou imediatos, de um particular não podem significar automaticamente interesse contrário aos desígnios políticos.[9] A propósito, o interesse público deve res-

---

7 Odete Medauar, O Direito Administrativo em Evolução, 2ª ed., São Paulo, Revista dos Tribunais, 2003, p. 5. Cita a mesma autora Chiti, que aponta a "mestiçagem entre público e privado, que escapa à tradicional dicotomia direito administrativo/direito privado (...) Difundiu-se na década de 90 do século a expressão *fuga do direito administrativo*, para expressar o crescente uso de fórmulas do direito privado na atividade administrativa". (pp. 174-175).

8 Pedro A. Batista Martins, Arbitrabilidade Objetiva. Interesse Público, Indisponibilidade de Direitos e Normas de Ordem Pública, p. 258, *in* Grandes Temas da Atualidade – Mediação, Arbitragem e Conciliação, vol. 7, coordenador Eduardo de Oliveira Leite, Forense, 2008.

9 Floriano Peixoto de Azevedo Marques Neto, Regulação Estatal e Interesses Públicos, São Paulo, Malheiros Editores, 2002, pp. 148-149.

peito aos direitos e interesses legalmente protegidos das pessoas, como bem salienta a *Constituição* portuguesa (art. 266, 1, CRP). Tem-se hoje que reconhecer um largo e crescente campo em que o atendimento aos interesses dos particulares nada mais é do que a consagração do interesse público. "De tal forma que o mundo dos interesses de que são portadores os sujeitos públicos se mostra idêntico ao mundo dos interesses de que são portadores os sujeitos privados".[10]

A questão do interesse público que envolve deliberações *interna corporis* de empresas sob controle majoritário estatal deixa de ser teórica no momento em que certas legislações conferem legitimidade ao controlador, para orientar as atividades da companhia, de modo a atender o interesse público expresso na lei que norteou sua constituição.[11] Normalmente as aludidas deliberações impactam negativamente o patrimônio e os interesses dos demais acionistas privados e poderão ser objeto de disputas quanto (i) à verdadeira intenção do Estado na tomada da decisão (muitas vezes, o interesse público acoberta um interesse meramente político do governo); (ii) à conexão da decisão assemblear com a atividade fim da empresa ou com o interesse público primário (i.e., interesse da coletividade ou necessidade pública em oposição ao interesse público secundário, que seria o do aparelho estatal[12]) ou (iii) à efetividade da decisão diante dos propósitos que justificaram a criação da empresa estatal. Em outros termos, todas as deliberações adotadas pelo controlador e que não digam respeito ao interesse da companhia, deverão ser aprovadas no sentido do interesse público que norteou a criação da sociedade anônima, sob pena de abuso de poder ou desvio de finalidade, por direcionar a atuação da sociedade controlada pelo Estado para atendimento outro que não o interesse público ou o interesse social.

---

10 *Ibidem*, p. 152.

11 É o caso, por exemplo, da lei brasileira de sociedades anônimas, cujo art. 238 dispõe que "A pessoa jurídica que controla a companhia de economia mista tem os deveres e responsabilidades do acionista controlador, mas poderá orientar as atividades da companhia de modo a atender ao interesse público que justificou sua criação."

12 O interesse público secundário liga-se à atividade-meio do Estado, aos direitos com expressão monetária e direcionados a munir a administração pública dos instrumentos necessários ao atingimento dos fins propostos e inerentes ao Estado (meios instrumentais). No dizer de Hely Lopes Meirelles, "O primeiro [*interesse público primário*] é a meta, o objetivo a ser atingido pela Administração no atendimento das necessidades sociais. O segundo [*interesse público secundário*] é instrumental, ou seja, é a utilização de meios capazes de permitir a consecução do primeiro. Ao alugar uma casa para instalar um centro de saúde, o interesse público primário está na implantação daquela unidade, consistindo a locação um interesse público secundário, ou derivado do primeiro, já que não existiria sem aquele." (Direito Administrativo Brasileiro, 29ª edição, atualizada por Eurico de Andrade Azevedo, Délcio Balestero Aleixo e José Emmanuel Burle Filho, São Paulo, Malheiros Editores, 2004, p. 248).

O interesse público não consiste no "interesse do aparato estatal". O Estado, como sujeito de direito, pode ter certas "conveniências", de modo semelhante ao que ocorre com qualquer sujeito privado. Os exemplos clássicos são a ausência de pagamento pelo Estado de suas dívidas, o que representa benefício material para os cofres públicos.[13]

O interesse público protegido é o chamado *primário ou originário*, que encerra as necessidades fundamentais da coletividade e cuja consecução foge ao alcance da esfera privada. Já o interesse público *secundário ou derivado* atende aos anseios e necessidades do aparelho estatal e tem natureza instrumental, pois visa a operacionalizar os interesses primários. É imperioso ter em vista que nenhum "interesse público" se configura como "conveniência egoística da administração pública". O chamado "interesse secundário" (ALESSI) ou "interesse da Administração Pública" não é público. Ousa-se afirmar que nem ao menos são "interesses", na acepção jurídica do termo; são meras conveniências circunstanciais, alheias ao direito.[14]

À sociedade anônima controlada pelo Estado assegura-se, portanto, a execução de atividade-meio com a finalidade de atingir o fim que deu causa a sua própria existência. A atividade-meio é exercida exatamente pela sociedade e com suporte nos instrumentos empresariais necessários à geração de recursos vitais para o atingimento do interesse público originário. Em outras palavras, a atuação empresarial e lucrativa das sociedades sob controle estatal é o meio que o Estado utiliza para operacionalizar o fim almejado, qual seja, a prestação ou tutela do interesse público primário.

Contudo, a distinção entre os interesses relevantes e os de caráter instrumental é uma nuança na dinâmica da sociedade controlada pelo Estado. E é exatamente essa sensível diferença que pode levar o Estado controlador a certos desvirtuamentos da finalidade social empresarial. Assim, o interesse egoísta do controlador pode estar acobertado em certas decisões aprovadas em assembleia da companhia: a contratação de funcionários ou prestadores de serviço em excesso; a incorporação de outra sociedade por motivos políticos; a criação de número exacerbado de conselheiros ligados ao governo com remuneração além dos parâmetros de mercado; investimento em área ou setor sabidamente sem condições de retorno e outros tantos casos são exemplos de decisão passível de questionamento e, portanto, de submissão à arbitragem.

Em suma, conquanto possa o controlador orientar a sociedade para atender aos interesses públicos que lhes são subjacentes, essa autorização se consubstancia como um poder-dever que não escapa ao alcance das normas

---

13 Marçal Justen Filho, Curso de Direito Administrativo, Editora Saraiva, São Paulo, 2005, p. 38.

14 *ibidem* pp. 38 -39.

que impõem ao controlador responsabilidades, obrigações e deveres, sob pena de subversão dos ditames maiores de preservação das relações intrassociais. Como afirma **Modesto Carvalhosa:**

> *"Essa conduta antijurídica [exercício abusivo de poder]...aplica-se perfeitamente ao controlador de sociedade de economia mista, seja a União, os Estados ou os Municípios. A possibilidade de tal conduta abusiva de poder por parte do controlador público é efetiva, sendo caracterizável como* ***desvio de finalidade****. Tal ocorrendo, caberá ao acionista minoritário promover as medidas cabíveis ..."*[15]

Afinal, o interesse público primário caminha ao lado do interesse social, logo este não pode ser suplantado pelo *interesse narcísico* do aparato estatal. Em outras palavras, conquanto haja certo grau de discricionariedade na decisão do Estado-controlador, este não pode abusar de seu poder e, por exemplo, descaracterizar o efetivo interesse público, para, mascarando-o, satisfazer interesses próprios em dissonância com os interesses sociais e primários. Se tal acontecer, poderá vir a ser responsabilizado pela prática de abuso de poder.[16]

Nessa hipótese, não parece descabida a ideia de que, existente cláusula de arbitragem nos estatutos sociais inserta por aprovação do Estado-controlador, as questões jurídicas relacionadas à análise e ao julgamento da existência de prática abusiva de poder sejam solucionadas por painel de árbitros. O que se vai enfrentar em tais controvérsias é a natureza do objeto da deliberação e suas implicações no campo da responsabilidade do controlador. O que estará em jogo é a verificação da licitude da deliberação e, portanto, sua conformação ao interesse público. Não se debaterá sobre direito efetiva-

15 op. cit., Vol. 4, Tomo I, pp. 385/386.

16 De acordo com Modesto Carvalhosa (op. cit, vol. 4, tomo I, pp. 238- 239), "Em conseqüência, caracteriza-se *abuso de poder do controlador* – pessoa de direito público – encaminhar a sociedade de economia mista para o atendimento de interesses dos aparelhos do estado e de seus agentes. Aí reside o limite do uso ou abuso do Poder Público. A sociedade de economia mista voltada para si mesma, por representar interesses corporativos dos aparelhos do Estado que a contratou, configura desvio de finalidade. (...) E o *desvio de finalidade* caracteriza-se quando o controlador, embora observando a estrutura da sociedade de economia mista, desvirtua as finalidades de atendimento do interesse coletivo para o qual foi criada. E, com efeito, o desvio de poder caracteriza-se pelo desvirtuamento da finalidade social (interesse coletivo) da sociedade de economia mista, embora preservando os elementos formais de sua estrutura, porém, visando lograr fins outros, tais como o atendimento de interesse público secundário (político ou corporativo) ou de maximização de lucros, em termos mercadológicos (...) Inclui-se na caracterização desse *abuso de poder* o desenvolvimento de atividades de natureza corporativa no interior da sociedade de economia mista, que drenam desmesuradamente excedentes econômicos (lucros), por ela produzidos, em favor de sua corporação de funcionários."

mente indisponível, mas, sim, se o objeto da decisão do controlador se insere no campo do efetivo interesse público ou não e, consequentemente, sobre a existência de prática abusiva de poder de controle. Exceto em situações concretas muito peculiares, os árbitros não estarão decidindo sobre direito indisponível propriamente dito, como ocorreria em decisões sobre a prática de ilícito penal por administrador, interesse primário ou, mais genericamente, sobre a tutela do pátrio poder ou o estado da pessoa. Na hipótese, o que se quer do árbitro é a desconstituição de efeitos de uma deliberação da assembleia geral, a vedação de sua realização ou a declaração de prática antijurídica pelo controlador e seus consectários de direito. Logo, os árbitros, no exercício de suas funções jurisdicionais, por mais que tangenciem ou transitem pela análise da natureza da matéria assemblear, sob a ótica do interesse público, não estarão dirimindo uma controvérsia de direito indisponível, pois o objeto da disputa, em si, é outro.

CAPÍTULO 6

# ARBITRABILIDADE OBJETIVA. ENFOQUE RELATIVO A CERTAS QUESTÕES SOCIETÁRIAS E SUA SUBMISSÃO À ARBITRAGEM

## 1. Nota Introdutória

Não há avanço que se faça sem contestações, ora mais agressivas, ora mais amenas, e sem rompimentos, mas sempre com muito vigor, de barreiras conservadoras fortalecidas pelo tempo, pelo comodismo e pelo natural medo ou receio que toda mudança gera nos indivíduos. O novo causa muito incômodo. Essa situação, por exemplo, foi, e ainda é experimentada pelo instituto da arbitragem.[1]

Com a evolução da prática arbitral e o crescente prestígio que tem amealhado em vários países até então a ela refratários, a questão da arbitrabilidade dos conflitos societários tornou-se fonte de intenso debate na doutrina e na jurisprudência. As reticências levantadas pelos estudiosos e os obstáculos apontados pela corrente negativista contrária à adoção da arbitragem como via de resolução dos conflitos societários têm gerado apreensão ou surpresa naqueles que lidam mais frequentemente com esse mecanismo de solução de conflitos.[2] Como bradou **Bernardo Cremades:**

---

1 Pedro A. Batista Martins. "Arbitragem e Intervenção Voluntária de Terceiros: uma proposta". *In Civil e Processo Civil (Estudos em Homenagem ao Prof. Arruda Alvim)*. (Coordenação Araken de Assis, Nelson Nery Jr., Thereza Alvim e outros). São Paulo: Revista dos Tribunais, 2007.

2 O autor Modesto Carvalhosa apresenta uma série de argumentos jurídicos que praticamente inviabilizam a resolução de conflitos no âmbito societário. CARVALHOSA, Modesto. "Cláusula Compromissória Estatutária e Juízo Arbitral (§ 3º do Art. 109)". In LOBO, Jorge (coord.). *Reforma da Lei das Sociedades Anônimas.* Rio de Janeiro: Forense, 2002, pp. 321-344. Daniel Cohen, de forma geral, registra que a introdução da arbitragem na ordem jurídica societária assemelha-se a uma intervenção de risco comparável a um transplante de órgão. Cf. COHEN, Daniel. Op.cit., p. 24. Não obstante posições adversas, é flagrante a tendência de se utilizar a arbitragem como meio de resolução dos conflitos societários. Esse fenômeno se dá não somente em função da confidencialidade, celeridade, especialidade e disponibilidade dos árbitros, mas, sobretudo, pela necessidade de se evitar a perpetuação de conflito que resultará em grave desgaste e prejuízo para a empresa, acionistas e a comunidade que com ela se relaciona.

> *"Durante años resultaba chocante que la doctrina del derecho mercantil manifestara sus recelos a la permeabilidad arbitral en materia de sociedades. [...] No se entendía bien la exclusión del arbitraje en los temas societarios, y muy en concreto en lo que hiciera relación a la constitución, validez, nulidad o disolución de sociedades o personas jurídicas o los conflictos derivados de los acuerdos o decisiones de sus órganos, incluyendo al respecto las correspondientes consecuencias derivadas de la validez o nulidad de las inscripciones practicadas en un Registro español."*[3]

Restrições, reações e reticências sempre fizeram parte da evolução e aprimoramento do direito, mas, ao que parece, são mais renitentes e perniciosas no tocante à arbitragem. O instituto, ainda hoje, encobre-se em um véu de mistério alimentado por reações desproporcionais de certos operadores do direito. A arbitragem é *algo* que mexe com o inconsciente da coletividade. O misoneísmo, natural a todo cidadão, realça-se, sobremaneira, quando o tema é arbitragem. Nesse cenário, não é de se estranhar certa oposição ao instituto e diversas teses que se apresentam explícita, implícita ou mesmo inconscientemente, visando a impedir o seu avanço. A contrariedade ao instituto se mostra tão forte em algumas posições jurídicas, que seus autores se esquecem de aplicar (quiçá, propositadamente) princípios e regras relevantes de direito. Como bem lembra um perplexo **Bernardo Cremades** quanto à insensibilidade ao instituto da arbitragem:

> *"Parecía olvidado el art. 3.1 del Código Civil cuando indica que 'Las normas se interpretarán según el sentido propio de sus palabras, en relación con el contexto, los antecedentes históricos y legislativos y la realidad social del tiempo en que han de ser aplicadas, atendiendo fundamentalmente el espíritu y finalidad de aquéllas."*[4]

Destarte, é com a consciência desapegada de preconceitos e com a mente aberta a uma análise sistemática e contemporânea do direito que se deve investigar e deduzir sobre a aplicabilidade da arbitragem aos conflitos societários. Assim, com base nessas premissas é que proponho seja examinada e enfrentada a arbitrabilidade das controvérsias objeto dos tópicos que seguem.

## 2. Indisponibilidade e Ordem Pública. Normas Imperativas

Não é estranha ao sistema jurídico a imposição legal da inarbitrabilidade de certas matérias tidas como de aferição e julgamento exclusivos pelo Poder Judiciário. Normalmente são questões reservadas ao crivo do Estado

---

3 El Arbitraje Societario, Revista de la Corte Española de Arbitraje, 2000, p. 16).

4 *ibidem.*

em virtude de sua repercussão na coletividade, pois o interesse social se sobrepõe aos interesses individuais. O trato dessas matérias resta, portanto, no escopo decisório único dos órgãos eminentemente estatais de administração da justiça.

A título de exemplo, citem-se os direitos atinentes à personalidade, ao Estado, ao pátrio poder e à tutela – direitos alheios à expressão pecuniária ou que não encerram valor de troca. Não se trata, em outros termos, de direitos patrimoniais, tampouco de direitos disponíveis. Conquanto sejam os particulares titulares de tais direitos, não detêm eles legitimidade para deles dispor livremente, por força do interesse do Estado em ordenar um sistema coerente, moral e ético para essa modalidade excepcional de direitos. Em uma visão macro, a sociedade reclama a atuação do Estado de modo a preservar a essência desse bem jurídico já que toca, profundamente, o interesse maior da coletividade e a própria relação dos indivíduos em sociedade.

Em razão do impacto social dos referidos direitos, razoável que sejam reservados à tutela exclusiva do Poder Judiciário, como órgão integrante do aparelho estatal, e, assim, seja preservado o interesse da coletividade, o interesse da sociedade como um todo, o interesse da nação como um monólito. São eles indisponíveis, sem dúvida, restritos ao império do Estado. Todo o direito que se encontre fora da livre disposição do indivíduo se subsume ao poder de império do Estado, daí a solução de eventual disputa necessitará da intervenção obrigatória do Poder Judiciário com sua *longa manus*.

Até aí, não reside tanta novidade, pois essa reserva de matérias inarbitráveis é comum em grande parte das legislações. A coerção, a execução e a indisponibilidade são, normalmente, elementos suprimidos do exercício jurisdicional dos árbitros. Contudo, o que não raro ocorre é a confusão conceitual quando o objeto da arbitragem *toca* disposições tidas pela doutrina ou jurisprudência como de ordem pública.[5] Nessas situações, com certa insistência, sustenta-se a inarbitrabilidade da controvérsia por causa da imperatividade de tais normas que encerrariam a indisponibilidade do conflito.

5 Vale referir-se à crítica mencionada por Fabiane Verçosa: "o termo 'leis de ordem pública' é controverso e não conta com a adesão da totalidade da doutrina pátria. De fato, diversos autores reconhecem na expressão 'leis de ordem pública' uma verdadeira incongruência ou inadequação, uma certa fusão inapropriada entre os conceitos de ordem pública e de leis imperativas. Afinal, a ordem pública consiste em um *princípio*, enquanto que as normas imperativas são *regras* que devem ser necessariamente observadas pelas partes. Entre os autores que se opõem ao emprego da referida expressão, cumpre citar o Prof. Jacob Dolinger, que defende ardorosamente a dissociação do 'princípio de ordem pública de *quaisquer leis específicas*, pois a *lei em si não é de ordem pública; sua observância é que pode ser reforçada pelo princípio*." (Revista Brasileira de Arbitragem, Vol. 9, jan/fev/mar 2006, Thompson/IOB, p. 224). Embora concordemos com essa nuance terminológica, para efeitos do presente trabalho a desconsideraremos.

Nesse particular, já se manifestou o Tribunal Supremo Espanhol na decisão de sua Sala Primeira de 18.04.1998: "(...) la impugnación de acuerdos sociales está regida por normas de 'ius cogens´pero el convenio arbitral no alcanza a las mismas, sino al cauce procesal de resolverlas; el carácter imperativo de las normas que regulan la impugnación de acuerdos sociales no empece el carácter negocial y, por tanto, dispositivo de los mismos; (...) No son motivos para excluir el arbitraje en este tema, ni el artículo 22 de la Ley Orgánica del Poder Judicial que se refiere a jurisdicción nacional frente a la extranjera, ni el artículo 118 de la Ley de Sociedades Anónimas que se refiere a la competencia territorial, ni se puede alegar, bajo ningún concepto, el orden público, como excluyente del arbitraje".[6]

Esse entendimento judicial é importante ser ressaltado, pois, como se sabe, muitas disposições incorporadas nas leis que dispõem sobre as sociedades anônimas são de cunho cogente e ou de ordem pública. Assim, dúvidas poderão surgir quanto à arbitrabilidade de conflitos societários que envolvam normativas de tal natureza. Nesse particular, diga-se, desde já, que normas imperativas e ordem pública são conceitos tidos como distintos pela doutrina e jurisprudência.[7] Pode se definir as primeiras como regras que encerram um mandamento obrigatório, portanto não sujeitas à disposição pela autonomia da vontade das partes; já a segunda, na realidade, expressa um princípio sociopolítico. Tal distinção demonstra que a ordem pública implica pressupostos mais relevantes e caros ao Estado e sua nação. Daí a razão de se poder dizer que as normas cogentes ou imperativas não necessariamente expressam conteúdo eminentemente de ordem pública se analisada sob o ângulo transnacional.[8]

---

6 Perales Viscasillas, *op. cit.* p. 147.

7 "La distinción entre el orden público y la norma imperativa ha sido reconocida en otros ordenamientos al hilo de la doctrina y la jurisprudencia, como el francés, belga y suizo, donde efectivamente se entiende que sólo el primero puede fundamentar la inarbitrabilidad de la materia litigiosa: Pierre Mayer, La sentence contraire a l´ordre public au fond", *apud* Perales Viscasillas, *op. cit.*, p. 145.

8 O Prof. Arnoldo Wald expressa esse pensamento que, muito embora voltado para as decisões arbitrais internacionais, penso ser, também, palatável no âmbito nacional: "Enquanto a norma imperativa é toda norma que não é supletiva ou dispositiva, ou seja, aquela que não pode ser afastada pela vontade das partes, a de ordem pública está vinculada aos valores fundamentais da sociedade. Assim, numerosas normas imperativas não são de ordem pública." (Revista de Arbitragem e Mediação, coord. Arnoldo Wald, ano 2 – nº 7, outubro-dezembro de 2005, editora Revista dos Tribunais, Comentário a Acórdão Judicial, p. 206). Essa opinião impõe nuances à concepção clássica de ordem pública que "viene a ser lo que está fuera de la autonomia privada, el sector de lo inderogable o irrenunciable" en DORAL, J.A., La Noción de Orden Público en Derecho Civil Español." (Pamplona, 1967, pp. 28 e 29).

No entanto, não enfrento no presente estudo a real dimensão do conceito de ordem pública – discussão interminável e extremamente polêmica[9] que, até hoje, não encontrou convergência doutrinária e jurisprudencial.[10]

Essa divergência é ditada por ser a ordem pública um conceito indeterminado e mutante que se amolda à acentuada dinâmica da realidade social, política, econômica e moral de um país a qual se transforma em outras realidades e novas verdades pela própria agilidade da vida, que resta, ao fim e ao cabo, por impor alterações aos valores sociais então vigentes. Em suma, o interesse da coletividade altera-se de tempo em tempo, ao longo do transcurso da vida social. Daí a necessidade de se voltar para o mundo factual, analisar suas evoluções e, mesmo, antever as transformações que nele se operam no momento de se definir e aplicar o princípio da ordem pública ao caso concreto. E, repito, defini-la como estrita expressão dos valores e pressupostos fundamentais à ordem jurídica. E, nesse sentido, no âmbito da doutrina espanhola, Perales Viscasillas afirma: "Orden público que en esta fase ha de ser interpretado de forma restringida en tanto que no puede ser sinónimo sin más de la norma imperativa, sino del orden público como equiparable a las nociones más importantes de justicia de un Estado." [11]

O mesmo se impõe no que toca às sociedades anônimas, uma vez que o dinamismo que impulsiona os negócios, a criatividade de seus agentes e os novos caminhos desbravados pelos empresários nem sempre (ou quase nunca) são acompanhados pelo direito em tempo razoável. A título exemplificativo, temos as recentes disposições estatutárias que estabelecem as chamadas *poison pills*[12], cuja legalidade de certas estipulações dessa natureza são passí-

---

9 Cf. BARONA VILAR, Silvia. *Comentarios a la Ley de Arbitraje (Ley 60/2003, de 23 de diciembre)*. Madrid: Civitas, 2004, p. 1425; GONZÁLEZ SORIA, Julio (coord.). *Comentarios a la Nueva Ley de Arbitraje 60/2003, de 23 de diciembre*. Navarra: Aranzadi, 2004, pp. 435-436; BAPTISTA, Luiz Olavo. "Homologabilidae de Sentença Arbitral Estrangeira". In BASSO, Maristela; CARVALHO, Patrícia Luciane de (org.). *Lições de Direito Internacional – Estudos e Pareceres de Luiz Olavo Baptista*. Curitiba: Juruá, 2008, pp. 46-47.

10 Apenas entendo que a contemporânea valorização do indivíduo e o retorno do Estado às suas atividades básicas levam o intérprete a reduzir o escopo de atuação das chamadas regras de ordem pública, limitando-as aos interesses efetivos, reais e maiores da coletividade, ou seja, entendo que deva ser atenuada a aplicação das chamadas normas imperativas aos casos e questões que envolvam, efetivamente, princípios morais, éticos e de conduta relevantes à sociedade.

11 op.cit., p. 170. A referida autora cita, também, Martín Pastor, *verbis*: "[en primer] lugar, que, ni mucho menos, toda infracción de una norma imperativa será contraria al orden público, y, en segundo lugar, que el laudo que viole una norma societaria 'ius cogens' quedará fuera del control jurisdiccional, si no contraviene el mencionado orden público." (*ibidem*).

12 Conquanto já difundidas nos Estados Unidos e Inglaterra, essas previsões que visam a desestimular a compra em bolsa de participação relevante por não controladores, preservando, assim, a estabilidade do existente controlador ou grupo e da própria admi-

veis de exame e decisão por arbitragem. **Fernando Mantilla-Serrano**, com precisão, afirma:

> *"No sobra precisar que el hecho de que una controversia haga relación a normas imperativas no derogables por los particulares o requiera la aplicación de las mismas, no lo hace per se inarbitrable. En esos casos, la cuestión sigue siendo objeto posible de arbitraje, pero corresponde a los árbitros decidir – bajo el control del juez que decidirá de una posible acción de anulación del laudo – sobre la vocación de la norma invocada a aplicarse al caso concreto y, de ser aplicable, sobre su carácter imperativo y, eventualmente, sobre la sanción que competa por la violación de la misma."*[13]

Desse entendimento deriva, em primeiro lugar, que a controvérsia que se situe no âmbito de projeção de normas imperativas, nomeadamente as que encerram efetiva ordem pública, é totalmente passível de resolução por arbitragem, sem prejuízo de competir ao árbitro observar a aplicação dessa normativa legal. O árbitro, para resolver o conflito, deve avaliar o alcance de tais regras e, se aplicáveis, deve obedecer-lhes.[14]

---

nistração, começam a se disseminar no Brasil. Em seu rastro, salientam-se as dúvidas quanto à efetiva legalidade de algumas dessas disposições que determinam o dever de realização de oferta pública de aquisição de ações direcionada a todos os acionistas por preço determinável, acrescida de elevado prêmio; emissão de bônus de subscrição que garantam aos seus titulares a subscrição de ações por valor inferior ao de mercado, no momento do anúncio de uma oferta hostil. A legalidade dessas previsões é debatida na doutrina, haja vista que tais cláusulas tendem a perpetuar a administração ineficiente, podem gerar direito potestativo e infringir o direito à livre circulação de ações que predomina nas companhias abertas. (cf. Modesto Carvalhosa, As *Poison Pills* na Prática Brasileira – Alguns Aspectos de sua Legalidade, *in* Direito Societário Desafios Atuais, coord. Rodrigo R. Monteiro Castro e Leandro Santos de Aragão, São Paulo, Quartier Latin, 2009; Franscisco Antunes Maciel Müssnich e Fábio Henrique Peres, "Será que as *Poison Pills* são Instrumentos de Boa Governança?", *in* BM&A Review nº 25, jan-jun 2008, p. 5).

---

13 Ley de Arbitraje – Una perspectiva internacional, Iustel, Madri, 2005, p. 47.

14 Segundo assinalou o prof. Arnoldo Wald em artigo no qual registra o debate ocorrido em Conferência sobre o direito societário e a arbitragem, "O primeiro argumento suscitado contra a arbitrabilidade dos conflitos societários foi o decorrente da existência de normas imperativas que tratam da matéria. Muito rapidamente, concluiu-se, todavia, que os árbitros iriam aplicar as normas imperativas do mesmo modo que os magistrados e, tratando-se de direitos disponíveis, não haveria motivo para excluir a arbitragem." (A Arbitrabilidade dos Conflitos Societários: Considerações Preliminares (I), Revista de Arbitragem e Mediação, coord. prof. Arnoldo Wald, ano 4-12, janeiro-março de 2007, editora RT, p. 25).

Vê-se, do exposto, que nuanças separam e distinguem a indisponibilidade das normas de ordem pública. Cada qual tem suas peculiaridades e finalidades específicas.[15] A indisponibilidade é da essência do direito da pessoa, enquanto a ordem pública nele pode ou não *impactar*. A indisponibilidade, portanto, é elemento que interfere diretamente no objeto do direito, já a ordem pública, conquanto nele interfira, somente o faz de forma indireta.

O direito indisponível encontra-se no patrimônio da pessoa e, por causa da sua sensível dimensão jurídica (v.g., direito à vida, à nacionalidade, à integridade física), merece atenção especial do Estado.[16] A ordem pública é uma projeção do direito em direção ao bem jurídico. O direito indisponível é elemento encrustado no bem da vida. A ordem pública projeta-se *de fora em direção à esfera jurídica do direito da pessoa*. Já a indisponibilidade é inerente, intrínseca ao bem objeto do direito.

O direito indisponível não comporta esfera de manejo pelo seu titular. Dele se retira o exercício da plena autonomia da vontade. Muito embora de natureza privada, o Estado afasta o direito desse plano jurídico, tornando-o indisponível ao seu titular pelo imperativo de ordem jurídico-social. Sem embargo de se destinar ao particular e lhe compor o patrimônio jurídico, a sua disposição é subtraída em proveito de uma marcante finalidade social. Afinal, a presença e a existência do Estado têm por *ratio juris* a preservação da ordem e da proteção do interesse comum da coletividade. Já o direito submetido à ordem pública, não, trafega em esfera jurídica ampla vez que sua restrição quanto à liberdade de disposição encontra obstáculo, apenas, nos ditames relevantes do direito. Portanto, sua aferição e aplicação encerram certa mitigação no plano jurídico; o eu titular mantém o exercício da liberdade, não obstante a sujeição a certas restrições legais. As previsões de ordem pública contemplam ordem positiva ou negativa (*facere*) contida em preceito normativo.

A indisponibilidade atinge, para reprimir, exatamente, a livre circulação – disposição – do próprio direito, amarra-o em uma esfera extremamente limitada; já a norma de ordem pública, ao contrário, não atua intensamente na circulação do bem jurídico, apenas molda-o a certas limitações no sentido de preservá-lo e resguardá-lo. Como já salientei anteriormente:

---

15 Não tenciono neste trabalho entrar na seara da potencial distinção das regras imperativas e de ordem pública, distinção que poderia permitir ao árbitro sopesar sua aplicação ao caso concreto. Ao contrário, o que se pretende é demonstrar a fragilidade do argumento que nega a jurisdição arbitral às hipóteses em que a matéria controversa envolve regras, seja de cunho cogente ou de ordem pública.

16 Pedro A. Batista Martins. "Arbitrabilidade Objetiva. Interesse Público, Indisponibilidade de Direitos e Normas de Ordem Pública". *In Grandes Temas da Atualidade – Mediação, Arbitragem e Conciliação*, V. 7. (Coordenação Eduardo de Oliveira Leite). Rio de Janeiro: Forense, 2008.

*"A indisponibilidade diz com o núcleo, o próprio objeto do direito. A ordem pública não; ela é um arcabouço ou um invólucro jurídico de preservação da identidade do objeto do direito. Enquanto o primeiro não é passível de disposição espontânea, o direito sujeito a regras de ordem pública pode ser transferido, gravado e alienado livremente, nos limites impostos por tais regras. Nesse sentido, pode-se afirmar, todo direito indisponível é de ordem pública, mas nem toda a ordem pública se insere nas restrições atinentes ao direito indisponível. A disposição ou a regulação do direito indisponível não se insere na esfera da autonomia do seu titular. Ao contrário, o titular de um direito submetido a regras de ordem pública pode dele livremente dispor, independentemente da existência ou não de tais dispositivos de preservação do seu direito. O que lhe é defeso, justamente, é violar a norma de ordem pública que a lei impõe para preservar as relações em sociedade."*[17]

Portanto, a indisponibilidade retira do titular do direito o poder de autorregulá-lo e o poder dele dispor livremente. Tal não ocorre com a ordem pública, que atua como mecanismo limitador do direito e, dessa forma, impõe sua observância na prática de certos atos ou para a eficácia de determinados fatos jurídicos.

Assim, pode-se afirmar, as normas de ordem pública (relevantes ou fundamentais) não devem ser violadas sob pena dos consectários legais, enquanto a indisponibilidade, por se *enraizar no próprio objeto do direito*, a afeta a ponto de torná-la praticamente *intocável* sem a chancela estatal.

Logo, a questão que envolver direito coberto pelo manto da indisponibilidade é inarbitrável, pois inalcançável pelo próprio titular sem a chancela do Estado. O direito indisponível está resguardado pela *potestas* e, consequentemente, pela *manus* do órgão judicial do Estado. Por outro lado, a controvérsia que se encontre no âmbito de projeção de normas de ordem pública é inteiramente passível de sujeição à resolução por arbitragem; cabe ao árbitro, então, observar a aplicação dessa normativa legal.[18]

---

17 "A Arbitrabilidade Subjetiva e a Imperatividade dos Direitos Societários como Pretenso Fator Impeditivo para a Adoção da Arbitragem nas Sociedades Anônimas". *In A Evolução do Direito no Século XXI – Estudos em Homenagem ao Professor Arnoldo Wald*. (Coordenação Diogo Leite de Campos, Gilmar Ferreira Mendes e Ives Gandra da Silva Martins). Coimbra: Almedina, 2007.

18 Segundo Nelson Eizirik, "(...) ainda que a ordem pública constitua limite ao objeto da arbitragem, não é possível afirmar que a mera incidência de uma norma mandatória sobre a disputa afastaria a competência dos árbitros para decidir o litígio. A lei deve ser razoavelmente interpretada de modo a permitir uma visão mais liberal sobre a arbitrabilidade. O que se observa hoje é a existência de um princípio universal que presume a arbitrabilidade do conflito, ainda que haja norma de ordem pública relativa à disputa (...) Por conta disso, a regra geral é a posição *favor arbitratis*: se as partes decidiram submeter o litígio à arbitragem, essa vontade deve ser respeitada. Uma outra conseqüência que

No plano da arbitragem, a questão da ordem pública se dirige aos efeitos do ato jurisdicional praticado pelo árbitro, isto é, o controle da decisão arbitral. É na fase pós-arbitral que poderá ser abordada a eventual violação de regras da espécie, haja vista que as próprias hipóteses de anulação da sentença proferida pelos árbitros se restringem aos pressupostos fundamentais de ordem pública. Em outras palavras, as hipóteses de anulação da decisão arbitral, nesse particular, deverão ser analisadas sob o prisma da prevalência ou não dos direitos individuais sobre os relevantes efeitos sociais ou da coletividade.[19]

Em suma, o conflito cujo objeto esteja situado no plano de um sistema jurídico que contemple regras de ordem pública pode, sem dúvida, ser apreciado e decidido por árbitros, vez que essa circunstância, *per se*, não é suficiente para torná-los "incompetentes".[20] Tais regras, no âmbito concreto

---

essa visão mais liberal e a posição favorável à arbitragem estabelecem é a possibilidade de o árbitro, assim como o juiz, considerar a norma de ordem pública quando decidir o mérito da controvérsia. Ou seja, a ordem pública também se impõe ao árbitro, uma vez que ele não pode se eximir de aplicá-lo." (Arbitrabilidade Objetiva nas Sociedades Anônimas e Instituições Financeiras, *in* Direito Societário: Desafios Atuais, coord. Rodrigo R. Monteiro de Castro e Leandro Santos de Aragão, Quartier Latin, São Paulo, 2009, p. 35).

---

19 Vê-se do contido no art. 39, II, da lei brasileira de arbitragem e nas disposições nas Convenções do Panamá e de Nova Iorque, dentre outras, restrição à homologação de sentenças arbitrais estrangeiras quando violem a ordem pública do Estado cuja chancela é requerida. Mutatis mutandis, essa mesma restrição deve ser aplicada às sentenças nacionais, pois, em apertada síntese, não faz sentido o Brasil, de um lado, reprimir o curso da eficácia de uma sentença arbitral estrangeira que viole a ordem pública e, com a outra mão, permitir que uma decisão arbitral nacional que infrinja dito preceito produza, no mesmo território, todos os seus efeitos de direito. A ordem jurídica exige um mínimo de coerência. No extremo, incrementar-se-iam as arbitragens em solo nacional que envolvessem estrangeiros à luz do disposto no art. 34 da lei brasileira de arbitragem, como forma de burla à vedação de internalização de decisões estrangeiras que atentassem contra a ordem pública. (ver, tb., art. 2º da lei brasileira de arbitragem).

20 Segundo afirma Olivier Caprasse, "L'idée suivant laquelle l'arbitrage serait automatiquement exclu en présence d'une norme d'ordre public – idée qui trouvait son fondement principal dans l'article 1004 – est aujourd'hui unanimement rejetée (...) La jurisprudence contemporaine ne se contente donc pas de la présence d'une norme d'ordre public pour exclure l'arbitrage (...) La nécessité d'appliquer une norme d'ordre public n'empêche donc pas nécessairement le recours à l'arbitrage. (Les Sociétés et L'Arbitrage, Bruxelles, Bruylant, 2002, pp. 49, 64 e 109). No mesmo sentido, opina Daniel Cohen, ao registrar que "[l'idée] qu'un litige n'est pas arbitrable du seul fait qu'il touche à l'ordre public n'est plus de mise aujourd'hui. L'arbitrabilité s'est considérablement élargie, et l'étude des manifestations de cet élargissement permet d'avancer des propositions qui se révèleront utiles lors de l'étude de l'application de l'ordre public sociétaire à l'arbitrage (...) La tendance générale du droit français à admettre une plus grande arbitrabilité des litiges amène à deux réfexions en forme de propositions. La première vise à se

do conflito, devem ter seu alcance avaliado e, sendo o caso, obedecidas pelo julgador.[21]

Vê-se, assim, que os institutos da ordem pública e da indisponibilidade, muito embora se permeiem, não se confundem. Nesse sentido, haja ou não disposições de ordem pública a envolver a disputa societária, não será tal circunstância impedimento para se instituir validamente o tribunal arbitral que, ao final, possa proferir decisão que ponha fim ao conflito.[22]

## 3. A Arbitrabilidade dos Conflitos de Natureza Negocial

A presença marcante das sociedades anônimas nas relações econômicas nacionais e internacionais, a fim de cumprirem sua finalidade lucrativa, gerará, por certo, situações em que os conflitos ou controvérsias em que se verão envolvidas, *interna* ou *externa corporis*, encerrará elementos de natureza jurídico-negocial ou, mesmo, de cunho eminentemente negocial.

Essas controvérsias são debatidas pela doutrina sob o enfoque da sua sujeição à arbitragem. Questiona-se a arbitrabilidade objetiva de tais disputas. Alguns estudiosos, mais radicais, limitam a intervenção dos árbitros, unicamente, nas modalidades de disputas que encerrem a aplicação do direito ao caso concreto. Eles entendem que aos árbitros não é dada a competência (i.e., inexistência de jurisdição) para dirimir questões negociais que, certamente, deveriam ficar a cargo de um terceiro, arbitrador, que cumprisse a função de completamento ou integração do negócio jurídico. Aos árbitros caberia a função de resolver um litígio ou pretensões antagônicas de direito. Em outras palavras, tanto ao árbitro quanto ao juiz caberia aplicar o direito (*iudicium*)

---

concentrer sur un contrôle *a posteriori* des sentences plutôt qu'*a prior ides* conventions d'arbitrage; la seconde, à éntendre l'arbitrabilité a ucas où la violation de l'ordre public est invoquée devant l'arbitre, à qui il faut reconnaître le pouvoir de constater et de sanctioner cette violation. " (Arbitrage et Société, Paris, L.G.D.J, 1993, pp. 112 e 117).

---

21 Segundo assinalou o prof. Arnoldo Wald em artigo no qual registra o debate ocorrido em conferência sobre o direito societário e a arbitragem, "O primeiro argumento suscitado contra a arbitrabilidade dos conflitos societários foi o decorrente da existência de normas imperativas que tratam da matéria. Muito rapidamente concluiu-se, todavia, que os árbitros iriam aplicar as normas imperativas do mesmo modo que os magistrados e, tratando-se de direitos disponíveis, não haveria motivo para excluir a arbitragem." (A Arbitrabilidade dos Conflitos Societários: Considerações Preliminares (I), Revista de Arbitragem e Mediação, coord. prof. Arnoldo Wald, ano 4-12, janeiro/março de 2007, editora RT, p. 25).

22 Vale citar decisão da Sala Primeira do Tribunal Supremo espanhol, de 18 de abril de 1998. "(...) el carácter imperativo de las normas que regulan la impugnación de acuerdos sociales, no empece el carácter negocial y, por tanto, dispositivo de los mismos; (...)." (cf. Bernardo Cremades, op. cit., p. 16).

e, por conseguinte, não lhes competiria julgar a gestão social. O limite da atuação do árbitro encontraria como obstáculo a "gestão de litígios sobre a gestão social". Esse entendimento pontuado por doutrinadores assume grau de relevância (ao meu ver extremada) quando se trata de conflitos oriundos das relações *interna corporis* da sociedade anônima cujo atendimento ao seu fim precípuo (i.e., cumprimento do objeto social e perseguição de lucros) exige intensa atividade econômica e comercial da qual resultarão conflitos, controvérsias e pretensões eminentemente negociais.

Tais questões poderão surgir, por exemplo, das relações entre os sócios majoritários e os minoritários, nomeadamente advindas de acordos parassociais ou na forma de deliberação da assembleia geral da companhia em que houve acionistas dissidentes. Ainda mais: poderão surgir de um empate na deliberação do conselho de administração ou, mesmo, da diretoria (nos casos de deliberação colegiada) em que se queira aprovar, por exemplo, a expansão ou a retração da atividade social em determinados mercados; a ampliação de uma fábrica ou a sua criação em alguma região do país ou do exterior; a alteração da política de exportação, de certas rubricas do orçamento da companhia; o aumento do nível de produção ou a suspensão das importações.

Essas matérias, vinculadas sobremaneira à política empresarial, não implicam, por suposto, aplicação efetiva do direito na solução da pendência, pois seu substrato encerra efeito meramente empresarial. Contudo, não obstante essa essência negocial dos temas antes exemplificados e peculiares às sociedades anônimas, tais matérias podem vir a ser objeto de deliberação majoritária com oposição ou impugnação de acionistas qualificados ou, mesmo, restar pendente ou suspensa a deliberação por força de empate na votação. Em ambos os casos, havendo impugnação por parte de acionistas ou empate na votação, as questões objeto da confrontada deliberação, muito embora de cunho negocial ou comercial, não prejudicam – no meu entender – sua arbitrabilidade caso ausente dispositivo contratual que imponha a solução, exclusivamente, por terceiros arbitradores ou outro meio de resolução.[23]

Não há dúvida de que vários mecanismos eficazes e paralelos ou complementares à arbitragem poderiam servir para ajudar as partes interessadas a solucionar tais pendências de forma mais particularizada, personalizada ou especializada.[24] Disso não se pode discordar. Entretanto, ausente essa possibi-

23 Saliente-se que a submissão a outros meios de solução extrajudicial de conflitos dependerá, em muito, da boa-fé no cumprimento do laudo ou opinião do terceiro ou do sucesso da mediação; ou do atingimento de acordo. Embora possível a imputação de multa não compensatória à parte vencida pelo descumprimento das regras de solução do impasse, essa disposição, ao fim e ao cabo, poderá até mesmo não ser respeitada.

24 Vislumbra-se um *cool period* como forma de se amenizarem as tensões e permitir reanálise mais pragmática da questão. O tempo, como melhor remédio, serviria como instru-

lidade, seja pela inexistência de regra legal imperativa ou disposição convencional, seja por ausência de acordo entre as partes, a matéria restará, como derradeira opção, ser analisada e decidida no plano da arbitragem, se o estatuto social contemplar cláusula compromissória.

Não vislumbro outra solução, sob pena de inviável cristalização do impasse ou, pior, como entendem alguns estudiosos, da dissolução da companhia, já que a persistência do empate a levaria à incapacidade de preencher o seu fim.[25] Tal solução me parece contrária aos propósitos legislativos, cada vez mais marcantes, de preservação da empresa. O princípio da função social da companhia, com deveres para a comunidade, funcionários, fornecedores e o Estado, não permite aceitar que um empate na deliberação de algum órgão colegiado da companhia possa resultar em tão ruinosa consequência.

Pouco importa a transferência a terceiro para apreciação e definição de temas de competência da assembleia e dos demais órgãos da sociedade. A rigidez da decantada competência exclusiva dos órgãos da companhia há de ceder ao bom senso e à razoabilidade, de forma que se possa pôr fim ao impasse social.[26] Conquanto a resolução judicial ou a arbitral não se mostrarem como a melhor opção, ao menos é uma solução que livrará a sociedade dos desastrosos resultados que um impasse ou controvérsia impõe às atividades sociais.

Com certeza, o árbitro será um terceiro, alheio à sociedade e não integrante do órgão cujos integrantes controvertem, ou uma pessoa com larga

mento para que a questão controvertida fosse refletida em seus detalhes e amadurecida em real perspectiva. A submissão da questão a um painel composto por executivos com forte conhecimento e atuação na prática negocial, por seu turno, é outro caminho para a tentativa de solução.

25 No Brasil, Modesto Carvalhosa, com base no art. 206 da *Lei do Anonimato* (op. cit., vol. 2, p. 629). Segundo leciona Fran Martins, "[o Código Civil italiano] prevê, como causa de dissolução da sociedade, 'a impossibilidade de funcionamento ou a continuada inatividade da assembléia' (art. 2.448, al. 3). A lei inglesa de 1948 declara que uma companhia pode ser dissolvida pela Corte quando esta julgue que a dissolução é *just and equitable* (222, f); a jurisprudência tem admitido que essa hipótese se aplica quando há divergência entre acionistas de modo a não poder a assembléia reunir-se regularmente por discordância entre os sócios." (Comentários à *Lei das Sociedades Anônimas*, vol. 2, tomo I, 2ª edição, Rio de Janeiro, Forense, 1984, pp. 205 – 206). Ver, também, Mauro Penteado, Dissolução e Liquidação de Sociedades, Brasília, Livraria e Editora Brasília Jurídica, 1995.

26 De acordo com Mme. Benoit-Moury e M. Matray, "Encore faut-il, poursuivent-ils en effet, que la société dans laquelle l'arbitre interviendrait soit caractérisée par son aspect institutionnel. Lorsque le législateur lui-même laisse une large autonomie aux fondateurs pour aménager leurs rapports internes et l'organization de leur société, rien n'interdit aux parties de prévoir un large recours aux decisions des tiers (...) Si l'arbitre accepte sa mission, il se substitute, pour un acte determine, au gestionnaire de la société..." (*apud* Olivier Caprasse, op. cit., p. 172).

experiência em negócios e com visão aprimorada da conjuntura em que se insere a divergência. Ou, se assim não for, poderá o árbitro se valer de assistentes ou peritos, sendo o caso, que o orientarão na tomada da decisão a despeito de todas as dificuldades que a decisão, por certo penosa, há de enfrentar [27] – decisão que deverá ter por base o interesse da companhia. O fim social há de nortear todas as soluções e sentenças da espécie.

Se, por um lado, a resolução por decisão arbitral pode não ser a melhor escolha para o caso concreto, por outro, pior será manter a disputa em aberto por longo período ou admiti-la como insolúvel. Diante das alternativas, penso que a pendência há de ter alguma resposta: na ausência de outra fórmula mais criativa e sensível aos interesses das partes envolvidas e da companhia, a arbitragem ainda será a melhor escolha e a última saída.[28] E não se diga que ao árbitro é defeso decidir impasses ou que as questões negociais não se inserem no conceito de disputa, conflito ou controvérsia. Entendo que a função do árbitro, de natureza jurisdicional, é bastante ampla e, por isso, capaz de atender à gama enorme de questões conflituosas.[29] Como assinala **Bruno**

27 "Difícil será, talvez, ao poder judiciário apurar em que consiste o *interesse* da sociedade. Se a manifestação da vontade desta se faz através do voto da maioria nas assembléias, se os acionistas devem votar nessas assembléias tendo em vista o *interesse social*, estando ambos os grupos exercendo o direito de voto sem ferir o dispositivo legal, ao Juiz cabe a ingrata tarefa de distinguir qual dos grupos em dissenção representa melhor os interesses sociais. Trata-se de uma questão de fato, cuja apreciação será um encargo bastante oneroso para o Juiz desde que ambos os grupos se apresentem exercendo regularmente o direito de voto." (Fran Martins, op. cit., p. 206)

28 Nos termos do art. 1.010, parágrafo 2º, *Código Civil* brasileiro, "Prevalece a decisão sufragada por maior número de sócios no caso de empate, e, se este persistir, decidirá o juiz." A lei de sociedades anônimas brasileira estabelece que, "No caso de empate, se o estatuto não estabelecer procedimento de arbitragem e não contiver norma diversa, a assembléia será convocada, com intervalo mínimo de 2 (dois) meses, para votar a deliberação; se permanecer o empate e os acionistas não concordarem em cometer a decisão a um terceiro, caberá ao Poder Judiciário decidir, no interesse da companhia." (art. 129, par. 2º).

29 Como atesta Olivier Caprasse, "Des actionnaires se disputent sur l'oppotunité d'augmenter le capital, de distribuer des bénéfices, de lancer un nouveau plan d'investissement... Incontestablement, on ne se situe pas ici dans le cadre classique de l'intervention du juge dans la mesure où des questions d'opportunité, de choix économiques sont en cause. Y-a-t-il place pour une intervention jurisdictionnelle dans ce conteste? Aujourd'hui, la réponse à cette question est clairement affirmative tant en doctrine qu'en jurisprudence (...) Notons au passage que le législateur lui-même donne parfois au juge la mission d'intervenir dans ce type de contentieux (...) Il nous paraît très éclairant de reprendre ici quelques considerations du Professeur Jarrosson. 'Le droit des sociétés, écrit-il, offre avec la **notion d'intérêt social**, un exemple parfait du pouvoir d'appréciation du juge. La notion d'intérêt social est particulièrement fuyante, elle n'est pas unique...L'intérêt social est, comme l'écrit très justement M. Sousi, le 'vecteur de l'intervention des tribunaux dans la gestion des sociétés'. (op. cit., p. 175).

**Oppetit**, "*L'appréciation du juge, lorsqu'elle s'exerce sur les contrats ou dans le cadre du droit des affaires donne au juge un **rôle d'expert**.*" [30]

Por seu turno, a atividade jurisdicional vem ampliando seu escopo com o crescente exercício de funções de natureza menos jurídica, do ponto de vista estrito de *ditar o direito posto*, e mais equânime. Como exemplo, temos o reequilíbrio econômico-financeiro do contrato; a redução de penalidades excessivas; as questões relacionadas ao direito de família; a definição de conceitos indeterminados ou de dispositivos *em aberto* (operabilidade do direito) e a determinação e invalidação das cláusulas abusivas. Essa tendência leva o intérprete a amplificar o conceito restritivo de litígio para assentá-lo em alcance mais abrangente e flexível. O exercício da jurisdição deve ser ponderado sob o prisma da pacificação social – pacificação no sentido *lato* de solução dos impasses, pendências, dúvidas, divergências, demandas, conflitos e controvérsias. A jurisdição é mero instrumento para atendimento e solução das *angústias conflituosas*: deve, como instrumento de pacificação social, não só atender e resolver um conflito de direito *stricto sensu*, mas também atuar na tutela de uma pretensão; como instrumento de atingimento da paz social, deve prestar-se a satisfazer aos questionamentos ou qualquer diferença que postulem as pessoas ou grupos contrapostos. Deve, portanto, satisfazer a pretensões controvertidas de qualquer natureza.

Inclui-se, então, na atividade arbitral a competência para interpretar e suprir lacunas contratuais, cada vez mais presentes nos contratos de longa duração, tidos como contratos incompletos por força da escolha das próprias partes, pela impossibilidade de previsão de todas as circunstâncias, fatos e eventos que possam ocorrer e, consequentemente, pelo custo que tal atividade de futurologia acarretaria à transação.

O plano jurisdicional, visto pela sua função social e política (não somente pelo viés jurídico), autoriza que se amplifique a atividade dos árbitros, tanto quanto a dos juízes. Vale citar, nesse particular, a opinião abalizada de **Bruno Opetit**:

> "*El criterio del litigio, a menudo utilizado para diferenciar el arbitraje contractual del arbitraje jurisdiccional y para negar al primero la caificación de verdadero arbitraje, no serviría tampoco como una guía segura en la materia, ya que la noción de controversia arbitral ha sufrido evolución que le haría adquirir un contenido original:La realidad suele ser compleja y entre la disputa abierta y la misión de carácter puramente contractual, pueden hallarse toda clase de desacuerdos de mayor o menor intensidad, que justificarían la intervención de un árbitro sin que tengamos derecho de negarle a este último su veradera*

30 *Apud* Charles Jarronsson, La Notion d'ArbitrageLibrairie Generale de Droit et de Jurisprudence, Paris, 1987, p. 88.

> *calidad. Finalmente, en lo que concierne a la naturaleza del poder que implicaría la función arbitral para merecer dicha calificación, resulta interesante observar que existe en el propio juez estatal una alteración de lo que sería la función jurisdiccional pura. En efecto, desde hace algunos años el legislador ha multiplicado las hipótesis en las cuales le confía al juez el papel de un verdadero experto económico, ya sea que se trate de la determinación de la tasa normal de una prestación, o de la apreciación de los intereses implicados en la gestión o en la división de un patrimonio. Ahora bien, en todos estos casos el juez se esfuerza, de la misma forma, por hacer una evaluación o proponer un* ***modus vivendi*** *mediante un acto creador, como por resolver entre las pretensiones antagónicas (...) de forma cada vez más frecuente, el juez se halla investido de la misión, ya no de decir el derecho o de pronunciar una condena de derecho estricto que resuelva entre dos pretensiones antagónicas, sino de determinar entre las partes un* ***modus vivendi*** *mediante apreciaciones de oportunidad o de equidad. Es en este orden de ideas que el juez, en muchos casos deberá entrar a apreciar los intereses en juego, para matizar la aplicación de la norma jurídica y, así, solucionar la situación en cuestión: atribuición preferencial, cambio de régimen matrimonial, conflictos familiares relativos al ejercicio de prerogativas, etc."*[31]

Equiparada a função do árbitro à atividade de juiz estatal e analisada a jurisdição sob o ângulo mais amplo de sua finalística, não vejo por que qualificar de inarbitráveis diferenças de ordem empresarial que contrapõem grupos de acionistas e que impactam negativamente na execução da atividade social. Repita-se: a função jurisdicional contemporânea que tanto o juiz quanto o árbitro exercem encerra escopo amplificado e alcance bem mais elástico. Como bem salienta **Charles Jarrosson:**

> *"Hors du temps, c'est surtout* ***l'objet du jugement*** *qui caractérise le mieux l'extension des pouvoirs du juge. Le litige apprecié au sens strict n'est plus le seul objet du jugement. Le juge intervient non seulement pour résoudre un litige, il intervient aussi accessoirement ou meme indépendamment de la resolution d'un litige et se montre tour à tour expert en économie, contrôleur en gestion, censeur des époux, défenseur de l'enfant, creature de dispositions contractuelles. Certes le juge appliqué la règle de droit, mais cela lui demande d'apprecier tel intérêt, de dire ce qui est opportun, de relever ce qui est utile, de sanctionner ce qui est abusif, de donner un sens et un contenu aux notions de circonstances exceptionnelles, de cas graves..."*[32]

---

31 Teoría del Arbitraje, trad. Eduardo Silva Romero, Fabricio Mantilla Espinoza y José Joaquín Caicedo Demoulin, Legis, Bogotá, 2006, pp. 175-177.

32 Op. cit., p. 99. O referido autor menciona que no início a função do juiz era a de manter a paz social, daí ser cunhado de "juge-pacificateur". Após, o direito passou a se manifestar, também e com mais vigor, por meio do legislador, o que caracterizou a função

A atuação do árbitro, portanto, diz com o controle social nos casos em que examina, por exemplo, atos praticados em conflito de interesse ou com abuso de direito ou do poder de controle. Sua atuação jurisdicional dirá com a gestão quando for instado a decidir sobre matéria negocial ou caráter comercial, quando esgotada, se possível, a possibilidade de resolução no âmbito dos órgãos sociais.[33]

## 4. A Disponibilidade dos Direitos Políticos

Matéria que merece análise é aquela cuja controvérsia pode envolver o exercício do direito de voto, hipótese passível de vício capaz de gerar impasse na sociedade. Podemos exemplificar com o direito conferido ao acionista de eleger membro do conselho de administração ou do conselho fiscal. Nesse particular, é usual a estipulação de pacto compromissório em acordo de acionistas no qual se regula, justamente, o exercício de direito de voto (qualificado ou *ratione materiae*) e de veto, podendo, contudo, estar contido nos estatutos sociais da companhia ou em outro documento parassocial.

A lei de arbitragem espanhola e a brasileira resumem a arbitrabilidade dos conflitos a direitos de livre disposição.[34] No entanto, a lei brasileira agrega um caldo a mais ao fixar que a controvérsia há de ser de cunho patrimonial.[35] Muito embora haja essa diferença entre as leis espanhola (e em outras legislações) e brasileira, penso que, na prática, ela tende a desaparecer. A disponibi-

---

jurisdicional, na sociedade liberal, como a de um árbitro esportivo que se atém, tão somente, a verificar se as regras do jogo estão sendo ou não cumpridas. Trata-se da fase do "juge-arbitre." Já na sociedade pós-industrial, na opinião de M. Ost, estima-se que "le juge est appelé à se départir de son rôle passif d'arbitre pour adopter celui – actif – de l'entraîneur. Le 'juge-entraîneur' participe à la réalisation de politiques déterminées par le législateur, il fait plus que de donner raison à une partie et tort à l'autre. Le droit positif s'oriente en effet dans ce sens." (op. cit., pp 98- 99).

33 Exemplo de uma disputa no seio do conselho de administração que, nas circunstâncias, se mostre passível de submissão à assembleia geral. Segundo entende Olivier Caprasse, "Ainsi, par exemple, lorsqu'une opposition paralyse le conseil d'administration mais ne se retrouve pas au sein de l'assemblée générale, celle-si peut utilement régler le problème. La partie qui recourrait à l'arbitre dans une telle situation devrait voir son recours rejeté pour défaut d'intérêt (...) 'le recours à la jurisdictiones référés doit se reveler être la solution ultime, lorsque tout a été mis en oeuvre pour éviter ou aplanir la difficulté... L'assemblée générale reste en quelque sorte 'le tribunal naturel' de la société." (op. cit., pp. 177-178).

34 Art. 2 (1). Son susceptibles de arbitraje las controversias sobre materias de libre disposición conforme a derecho.

35 Art. 1º. As pessoas capazes de contratar poderão valer-se da arbitragem para dirimir litígios relativos a direitos patrimoniais disponíveis.

lidade diz com direitos passíveis de serem livremente negociados ou dispostos por seu titular. A patrimonialidade diz com direitos passíveis de conversão monetária ou que tenham por fim efeitos de cunho material.

A extrapatrimonialidade aplica-se, notadamente, às pessoas físicas, porquanto diz respeito ao direito à naturalidade, à vida, à integridade física e corporal e ao estado das pessoas – bens insuscetíveis de avaliação em dinheiro, mas, também, de natureza indisponível. A indisponibilidade diz com os bens fora do comércio, os quais, pela sua especificidade, não podem ser apropriados como um todo (*v.g.*, mar, luz) ou, de alguma forma, não são passíveis de alienação (*v.g.*, bens de família; bens de uso comum do povo – ruas e praças –, ou de uso especial – edifícios e terrenos destinados à administração pública). Como se nota, os direitos extrapatrimoniais transitam pela indisponibilidade por se caracterizarem como parte intangível do patrimônio da pessoa. Daí porque as exceções terminam por se amalgamarem.[36] A despeito do imbricamento prático de ambos os conceitos, o fato é que, no âmbito das sociedades anônimas, os direitos políticos devem ser enfrentados sob as duas restrições, tanto a da livre disposição desses direitos quanto a da patrimonialidade, por força da regra contida na lei brasileira de arbitragem.

Até que ponto os direitos políticos são de livre disposição e de cunho ou efeito patrimonial?

Primeiramente, cumpre ressaltar que o direito de voto é, no meu entender, um direito político do acionista. Essa afirmação se faz necessária haja vista certa divergência por parte de alguns autores.[37] Não se trata, no entanto, de direito político no sentido estrito do exercício do dever ou obrigação da cidadania. Em outros termos, o direito de voto assegurado ao acionista não se confunde, conquanto se toquem, com o dever cívico contemplado às nações pelos governos pautados no Estado de direito.

---

36 Pedro A. Batista Martins, "Apontamentos sobre a Lei de Arbitragem", Forense, Rio de Janeiro, 2008, p. 4. De acordo com Daniela Bessone Barbosa Moreira, "Não pode haver dúvida de que o legislador quis preservar a cognição do juízo estatal no tocante aos litígios relativos ao direito de família, ao estado das pessoas, ao direito de sucessões, ao direito penal, dentre outros indisponíveis. A rigor, a Lei de Arbitragem parece ter usado a expressão *direitos patrimoniais* com fins quase didáticos, para que o intérprete perceba com maior clareza o que deve entender por *direitos disponíveis*." (op. cit., p. 383).

37 Segundo Cunha Peixoto, "Por outro lado, o direito de votar na assembléia geral da sociedade anônima, apesar de não ser um direito político, não é também patrimonial, de caráter econômico, e, conseqüentemente, é inegociável." (op. cit., vol 2, p. 353). Para Alfredo Lamy Filho, coautor da atual lei societária brasileira, trata-se de um direito político (op. cit., p. 323), sendo que o art. 18 da *Lei nº 6.404/96* conceitua o direito de detentores de ações de uma ou mais classe indicarem membros para os órgãos de administração como vantagem política.

A natureza política das duas vertentes do direito de voto – interesse privado e interesse-dever do cidadão – se extrai da *ratio* de proporcionar ao indivíduo o poder de eleger representante de sua confiança para ocupar cargo de direção e de fiscalização. O voto é, portanto, o instrumento legal que confere ao indivíduo o direito de participar ou influir em certas atividades, seja no âmbito do Estado, seja no de um microssistema como a sociedade anônima. Daí poder ser dito que o voto é um direito político tanto na esfera cidadã quanto na das sociedades empresariais. Nesse sentido, analisado no microssistema da sociedade anônima, o voto pode ser encarado como um direito (não uma obrigação) político, pois com ele se assegura, ou pode ser assegurado, ao titular de certas ações o poder de eleger membros dos órgãos de administração (governo ou gestão) e do conselho fiscal (fiscalização).

Em síntese, essas vantagens políticas dizem com a eleição, em separado, de membros do conselho de administração da sociedade, do conselho fiscal e com a participação necessária do minoritário ou preferencialista na deliberação de certas matérias estatutárias, mediante a fixação de *quorum* qualificado ou a adoção da prática do direito de veto concedido ao acionista.[38] Tais vantagens políticas podem ser conferidas por via de disposição estatutária ou pela estipulação em acordo de acionistas.

Não obstante a similitude da *ratio* política dos direitos de voto dos cidadãos e dos acionistas (gestão e fiscalização), como antes registrada, seus fins diferem vez que o primeiro é norteado pelo viés eminentemente cívico, ditado pelos interesses patrióticos, sociais e ideológicos de uma nação, enquanto o segundo tem por substrato marco econômico-financeiro, ditado pela execução de sua finalidade pecuniária. Em outras palavras, os direitos políticos do acionista encerram vantagens cujo efeito final toca um bem de cunho patrimonial do acionista.

A vocação das sociedades anônimas é nitidamente a de proporcionar riqueza aos seus acionistas, respeitados, sem dúvida, os limites impostos por lei. Consequentemente, a reunião de acionistas tem, da gênese ao fim, marcante feição *intuitus pecuniae*. Assim, não há dúvida de que o direito de voto nas referidas sociedades, nomeadamente o de eleger membros da administração e de órgãos fiscalizatórios, conquanto de natureza política, visa a assegurar ao acionista efeito substancialmente patrimonial já que ele busca influir no seio da sociedade anônima de modo a torná-la mais eficiente e produtiva e, com isso, permitir que atinja seu derradeiro objetivo, qual seja, produção de riqueza. Em outros termos, as vantagens políticas encerram um fim patrimonial, porque a indicação de conselheiros, o direito de veto ou o *quorum* qualificado têm por base legal o atendimento do fim social que se traduz, nas sociedades anônimas, na geração e acumulação de riqueza que proporcione benefícios

38 Lei brasileira, art. 18, e lei espanhola, art. 49.

financeiros aos seus acionistas. Não está o acionista, portanto, no exercício de um dever ou direito de cidadania, mas, sim, na busca da otimização de seu capital.[39] Daí se poder afirmar que o direito de voto ou as questões a ele atinentes são arbitráveis, porquanto seus efeitos se projetam e visam a concretizar direito patrimonial do acionista.[40]

É também o voto um direito disponível. Já se foi o tempo em que o direito de voto se consubstanciava em atributo inerente e incindível da ação – época em que o voto sequer podia ser cedido. Ainda no século XX, algumas legislações (v.g., francesa, brasileira) vinculavam o voto à ação, não admitindo o direito de voto sem a propriedade do título.[41] Em tal período da história societária, o direito de voto somente poderia ser exercido pelo titular da ação. Tratava-se de um direito pessoal ou personalíssimo e, por isso, era considerado como fora do comércio e, consequentemente, indisponível.

Mas tal realidade legal se alterou para moderar tanto os excessos da linha conservadora, que tratava o direito de voto como algo intocável e aderente à pessoa do sócio, quanto os da corrente que defendia a plena liberdade de contratação do voto (v.g., Alemanha, Estados Unidos e Grã-Bretanha [42]). Com efeito, passou-se a permitir que os acionistas regulassem o exercício desse direito pela via, e.g., da convenção de voto, limitada essa autonomia, contudo, a certas restrições que visassem a coibir a prática do tráfico do referido direito.[43] Isso porque, não se admite que o acionista, mediante vantagem direta ou indireta, negocie, de forma ilimitada, seu voto, de modo que interesses de terceiros, administradores ou outros acionistas venham prevalecer. Exemplo disso é a obrigação acordada de exercer o voto segundo orienta-

39 De acordo com Sérgio Bermudes e Fabiano Robalinho, "It seems there is no dispute that issues related to corporate political rights can be submitted to arbitration. First, because the correct interpretation of article 1 of the Brazilian Arbitration Law leads to the conclusion that parties can submit to arbitration any right they have the power to freely negotiate and renounce, as it is the case of corporate political rights. Second, because corporate political rights have a clear patrimonial value." (*in* The Arbitration Review of the Americas, edited by Global Arbitration Review, 13 November 2007, p. 17). Conforme Daniela Bessone Barbosa Moreira, " (...) os direitos ditos *políticos* dos acionistas possuem claro fundo patrimonial. Quem quer eleger um membro do Conselho Fiscal não está preocupado com o exercício de sua cidadania, mas com ter voz ativa no que toca às contas e à administração da companhia." (op. cit., pp. 383 – 384).

40 No Brasil, essa tese é reforçada pela disposição legal que assegura aos detentores de ações preferenciais direito de voto se a companhia, pelo prazo previsto no estatuto, não superior a três anos, deixe de pagar os dividendos fixos ou mínimos (art. 111, parágrafo 1º).

41 cf. Cunha Peixoto, op. cit., vol. 2, p. 353.

42 cf. Alfredo Lamy Filho, op. cit., pp. 284-285.

43 Nesse particular, o direito penal brasileiro tipifica como crime o tráfico de voto (art. 177, parágrafo 2º).

ção dos administradores ou com vistas à aprovação incontinente das contas sociais.

Tal flexibilidade também operou efeitos no âmbito de certos institutos jurídicos nos quais o direito de voto passou a ser objeto de manifestação de vontade das partes envolvidas.[44] Com essa evolução, o direito de voto perdeu seu caráter indisponível para ganhar uma concepção contratualista. O exercício do direito de voto passou a ser um bem jurídico passível de cessão sem que ocorra a transferência da própria ação. Ao acionista, com isso, permite-se dispor de um dos atributos inerentes ao título acionário. Assim, as questões atinentes ao direito de voto, pode-se afirmar, são arbitráveis.

Sem embargo, deve-se considerar para os fins de tal afirmação, que, muito embora a grande maioria das controvérsias oriundas do seu exercício ou de seu inadimplemento poderão ser resolvidas pela declaração ou condenação contida na sentença arbitral – uma vez que a obrigação do acionista já constará estipulada em convenção – , hão de ser ponderasda situações em que a obrigação consista, pura e simplesmente, em eleger um membro de órgão de administração sem que se tenha prevista a consequência ou a saída jurídica para tal inadimplemento e que a renitência do acionista em cumprir essa obrigação gere impasse na sociedade.

Nesse caso, o direito de eleição não poderá, em princípio, ser efetivado por meio de uma sentença se ausente disposição regulamentar prévia (v.g., acordo entre partes). Caberá ao árbitro impor penalidade diária (*astreintes*), de modo a forçar o acionista ao cumprimento da obrigação[45] que, não tendo sucesso, deverá ser convertida em perdas e danos. Inexistindo negociação e cessão de tal direito por força de instrumento jurídico válido, creio que a nomeação de administrador não deverá, em princípio, ser objeto de decisão por terceiros julgadores.

Isso porque a eleição de administrador é ato de caráter pessoal que se funda na confiança e, assim, deve ser exercida pelo detentor do direito. Trata-se de direito personalíssimo do sócio, juridicamente infungível[46], e vinculado à confiança pessoal daquele que faz a indicação. É expressão da conduta humana e encerra aspecto ético e de confiança umbilicalmente ligado

44 No Brasil, o titular do exercício do direito de voto no usufruto, penhor e alienação fiduciária constituída sobre as ações fica a depender de certas condições acordadas pelas partes.

45 Meio jurídico que visa a pressionar o devedor a declarar a vontade inadimplida. As *astreintes* destinam-se a compelir o devedor, psicológica e materialmente, a cumprir com a decisão de manifestar a vontade.

46 Somente o devedor tem condições ou o direito de manifestar ou declarar a vontade. Em suma, a obrigação não pode ser cumprida por outro.

à pessoa do acionista[47] – inerente, inclusive, a essa condição de acionista, indisponível, portanto.

## 5. A Arbitrabilidade dos Conflitos Relativos à Constituição da Sociedade

A ação de anulação da constituição da companhia tem por pressuposto a existência de vícios nos seus atos constitutivos – vícios de natureza formal ou de fundo.[48] Os vícios ou defeitos na formação do ato de constituição podem ou não ser sanados pelos fundadores em momento posterior, seja espontaneamente, seja por cumprimento de exigência formulada pelo Registro de Comércio.

O pedido de anulação de uma sociedade cujos atos foram devidamente arquivados no Registro de Comércio pressupõe um vício na origem e uma falha desse órgão na análise dos documentos levados ao arquivamento. Conquanto não se vá debater a natureza do arquivamento, se declaratória ou constitutiva, o fato é que a lei brasileira elenca os atos e formalidades a serem observados para a válida constituição da sociedade, no capítulo que trata do tema da constituição da companhia (art. 80 e segs.), enquanto a lei espanhola de sociedades anônimas – à qual aqui nos reportamos para aprofundar o debate – estabelece, em seu art. 34, de forma taxativa, as causas de nulidade de uma companhia. Assim, para fins deste trabalho, parto do pressuposto de que a sociedade foi devidamente registrada no órgão competente [49] que, por seu turno, deixou de verificar e exigir dos fundadores e ou administradores o cumprimento de certa condição que restou por viciar os atos constitutivos.

---

47 Ressalte-se que as observações jurídicas feitas quanto à pessoalidade do direito de voto do acionista não se aplicam, *mutatis mutandis*, ao direito de indicar árbitro cuja manifestação de vontade pode ser substituída pelo juiz ou pela câmara de arbitragem. Isso porque, em ambos os casos, haverá previsão legal ou regulamentar de que as partes previamente aceitarão e acordarão à vista da existência de cláusula compromissória. Não bastasse, muito embora o árbitro seja pessoa da confiança das partes, a sua nomeação por terceiros destina-se ao exercício de jurisdição, de modo a pôr fim uma controvérsia (i.e., pacificação social), cujo procedimento se baseia na ampla defesa e contraditório e, ainda, cuja decisão final pode ser anulada em caso de vícios e, mesmo, de falta de independência ou imparcialidade do árbitro.

48 Por exemplo, a incapacidade dos fundadores; ausência de manifestação efetiva de vontade na deliberação da constituição; defeito na convocação ou nas formalidades exigidas para a constituição da companhia.

49 Ressalto, apenas, que a lei brasileira do anonimato impõe responsabilidade solidária aos fundadores "pelo prejuízo decorrente de culpa ou dolo em atos ou operações anteriores à constituição" (art. 92, par. único) e determina que "os fundadores e as instituições financeiras que participarem da constituição por subscrição pública responderão, no âmbito das respectivas atribuições, pelos prejuízos resultantes da inobservância de preceitos legais." (art. 92, *caput*).

Nessa linha de raciocínio, primeiramente, duas proposições se colocam como obstáculo à submissão do pedido de nulidade em sede de arbitragem: a questão de a anulação ser matéria de ordem pública (v.g., objeto ilícito) e o impacto da decisão em terceiros interessados. Outro obstáculo, de cunho processual, diz com a questão de se definir se a lei societária determina, de forma imperativa, a competência exclusiva do Poder Judiciário para decidir sobre a anulação do ato de constituição da companhia.[50]

Quanto a primeira proposição – ordem pública –, creio não ser empecilho à submissão do pedido de anulação aos árbitros no caso de existência de cláusula compromissória estatutária. Sobre a diferença entre matéria de ordem pública e direito indisponível, já tive a oportunidade de me manifestar em tópico específico contido neste trabalho. Ademais, não é mistério no direito arbitral a plena vigência dos princípios da autonomia da cláusula de arbitragem e do princípio da competência-competência, que asseguram uma "blindagem jurídica" ao pacto arbitral, já que este não se macula por vícios existentes no contrato ou na convenção, sejam eles relacionados à validade, à existência ou à nulidade do ato, e, por outro lado, atribui ao árbitro plena jurisdição para definir a arbitrabilidade da questão objeto de discussão. Em outros termos, a cláusula de arbitragem é considerada como um pacto adjeto que se vale, tão somente, da instrumentalidade do contrato em que está inserta, e o árbitro é o primeiro juiz com competência (*rectius*: jurisdição) para decidir sobre sua própria competência.[51]

Assim, é do árbitro a competência originária (i.e., jurisdição) e a ele caberá enquadrar a demanda no escopo da convenção de arbitragem ou decidir pela extinção do processo sem julgamento de mérito, se entender que o seu objeto é de direito indisponível.

No caso de nulidade do ato de constituição da sociedade, parece-me que sua análise e decisão se enquadram no escopo da arbitrabilidade objetiva, com ressalva quanto à declaração de incapacidade dos sócios fundadores, por se tratar de matéria sujeita ao crivo do Estado; cabe, assim, ser analisada pelo Poder Judiciário, suspendendo-se o processo de arbitragem[52] até final decisão judicial. Contudo, caso não se trate, especificamente, de um incidente de

---

50 Na Espanha, alguns autores entendem que a Diretiva 68/151/CCE impõe essa exclusividade do Poder Judiciário e tal se alinharia com o art. 35, (I) da lei de sociedade anônima, que menciona: "La **sentencia** que declare la nulidad de la sociedad..." (grifei). (cf. María José Carazo Liébana, op. cit., pp. 176 – 177). No Brasil, essa dúvida pode surgir por força do art. 206, (II), da lei acionária que estabelece: "Dissolve-se a companhia, (...) II. Por decisão judicial: a) quando anulada sua constituição, em ação proposta por qualquer acionista;".

51 Art. 8º, lei de arbitragem brasileira, e art. 16, (1), lei espanhola de arbitragem.

52 Art. 25, *Lei* 9.307/96.

natureza declaratória, e sim de mera análise da veracidade da alegação de incapacidade para a prática do ato, o processo de arbitragem deve ter curso normal.

Quanto ao interesse de terceiros, como fundamento para se afastar a utilização da arbitragem, penso que esse argumento não deve prosperar. Como salientado por **María José Carazo Liébana**, "*[la nulidad] no repercute en la validez de las obligaciones o de los créditos de la sociedad frente a terceros, ni a la de los contraídos por éstos frente a la sociedad (en concreto, no afecta a los derechos de terceros)*."[53] De fato, a anulação de uma sociedade anônima não repõe suas relações ao estado em que antes se encontrava; não implica o retorno das relações jurídicas ao *status quo ante*, como ocorre nas demais transações contratuais.

O brocardo **quod nullum est, nullum producit effectum** é indiferente às sociedades, sob pena de prejuízos aos terceiros que com ela contrataram em boa-fé. Tal princípio não tem aplicação às sociedades. É que, mesmo nula *ab initio*, não se poderia fazer desaparecer os efeitos que seus atos produziram no mundo econômico. Como assinala **Miranda Valverde**, "*não seria possível, realmente, ainda que nula* ***ab origine****, dizer-se que uma sociedade, como sujeito de direito, não existiu ou é como se nunca tivesse existido.*" [54]

O adágio **quod nullum est, nullum producit effectum** se ajusta à realidade no tocante aos contratos comuns, mas sua aplicação à sociedade sacrifica não só os sócios como também terceiros. Realmente, se, de um lado, não é razoável vir o aumento do patrimônio da sociedade pertencer àqueles que contribuíram para a formação do capital, de outro, inadmissível a inexistência de todas as obrigações contraídas com a sociedade.[55]

Na realidade, essa distinção dos efeitos da nulidade que se põe entre os contratos ordinários e os de sociedade afirma-se com a submissão da sociedade a um processo de liquidação. Em outros termos, as partes interessadas não retornam ao *status quo ante*; mas se desligam de suas relações, desvinculando-se da sociedade de acordo com as normas que comandam o processo de liquidação. Razoável que os acionistas que se comprometeram a integralizar o capital cumpram com essa obrigação, sob pena de violação a direito de terceiros credores. A nulidade não pode, portanto, ser oposta pelos acionistas aos credores que contrataram com a sociedade. Afinal, o capital social é cifra de retenção em benefício do credor.

Nula ou dissolvida, o efeito relativamente aos acionistas é o mesmo: esses não se exoneram de completar as ações se houver necessidade de fundos para o pagamento das obrigações sociais. A sociedade funcionou, constituiu

---

53 op. cit., p. 173.

54 Carlos Fulgêncio da Cunha Peixoto, op. cit., vol 5, p. 66.

55 *Ibidem*. O autor cita outros doutrinadores que apoiam seus argumentos.

um passivo e quem para isso concorreu não pode recusar a entrega do que prometeu nem limitar as suas obrigações.[56] Em outras palavras, a declaração de nulidade produz efeito *ex nunc*, não afetando, dessa forma, a validade das obrigações contraídas ou dos créditos obtidos pela sociedade anteriores à decisão de nulidade. Portanto, a decisão arbitral que declarar a anulação da constituição da empresa resultará, complementarmente, em um processo de dissolução e liquidação social no qual os direitos dos terceiros serão apreciados.[57] É o que dispõe a lei do anonimato brasileira, como abaixo se demonstrará.

A nulidade não afeta a validade das obrigações ou dos créditos da sociedade frente a terceiros, tampouco dos que tenham sido por estes contraídos junto à companhia – créditos e débitos que se verificarão no momento da liquidação da sociedade.[58] Contudo, convém indagar se o conflito quanto a nulidade ou não dos atos constitutivos da companhia somente pode ser apreciado e julgado pelo Poder Judiciário, por ser matéria de sua competência exclusiva, como aparentemente estabelecida em algumas legislações.

Tratemos, primeiramente, e para afastar, de regra mais contundente existente em outras jurisdições a qual, no extremo, como mais adiante registrado, pode vir a ser alegada no âmbito da legislação brasileira. É o caso, por exemplo, de disposição contida na *Diretiva 68/151/CCE*, de 1968[59], segundo a qual a nulidade deverá ser declarada por decisão judicial. Uma vez que essa Diretiva tem por marco a harmonização das legislações da União Europeia, seus dispositivos fixam padrão comum e de aplicação nas várias jurisdições sob seu alcance. Vejamos o conteúdo dessa regra legal: "A *invalidade* [do contrato de sociedade] *deve ser reconhecida por decisão judicial;*" (art. 11, 1).

Confrontado o intérprete com o texto da Diretiva que remete às questões de nulidade da companhia à justiça comum, não é de se estranhar a existência de corrente jurídica que alça essa disposição ao patamar da imperatividade.[60] Contudo, no âmbito dos países que formam esse bloco econômico-jurídico, há autores que flexibilizam essa pretensa restrição sob o enfoque da natureza jurisdicional da arbitragem. A função jurisdicional dos árbitros superaria tal obstáculo ou, melhor, se harmonizaria com a intenção do legislador. **Olivier Caprasse**, ao comentar o art. 172 da legislação procedimental

56 J. X. Carvalho de Mendonça, *apud* Carlos Fulgêncio da Cunha Peixoto, op. cit., p. 67.

57 Pelas mesmas ou por outras razões, veja Olivier Caprasse (op. cit., pp. 156-158), Daniel Cohen (op. cit., pp. 146-148) e María José Carazo Liébana (op. cit., 175).

58 Cf. art. 35, (2), lei espanhola do anonimato.

59 Arts. 10 a 13, nomeadamente 11.1.

60 São vários os autores espanhóis e italianos citados por María José Carazo Liébana. Essa autora, muito embora rebata todos os argumentos que se põem contra a arbitrabilidade da demanda que tenha por objeto a nulidade da sociedade, sucumbe, ao fim, à tese da competência exclusiva do Poder Judiciário (op. cit., p.p., 160-177).

belga aplicável, que contempla a mesma disposição da referida Diretiva (*'la nullité d'une société* [dotée de la personnalité juridique] *doit être prononcée par une décision judiciaire'*), afirma:

> *"Nul n'a pourtant jamais considéré le texte de l'article 172 comme un obstacle à l'arbitrage en matière de nullité de société. En effet, il est unanimement admis que 'la décision judiciaire' visée par cette disposition peut aussi consisteer en une sentence, celle-ci ayant un caractère jurisdictionnel. D'ailleurs, s'il est vrai que les parties ne peuvent constater elles-mêmes la nullité de leur société dotée de la personalité juridique, elles peuvent tout de même exercer leur volonté en décidant, en raison d'une nullité qu'elles décèleraient, de dissoudre la société. Cet element de nature contractuelle renforce l'idée de la possible arbitrabilité."* [61]

É a esse pensamento que me alinho. Parece-me que a singela dicção legal – A *invalidade deve ser reconhecida por decisão judicial* – não encerra um significado de exclusão imperativa da arbitragem ou, *a contrario sensu*, não impõe, categoricamente, a exclusividade da justiça estatal como única competente para decidir sobre a nulidade dos contratos de sociedade. O teor linguístico não aparenta ser suficientemente explícito nesse sentido. [62]

É preciso integrar o texto (do ano de 1968) ao cenário e aos valores da atualidade. Deve, portanto, ser interpretado aos olhos da realidade contemporânea. Interpretar é, assim, dar concreção (= concretizar) ao direito. Nesse sentido, a interpretação (=interpretação/aplicação) opera a inserção do direito na realidade; opera a mediação entre o caráter geral do texto normativo e sua aplicação particular; em outros termos, opera a sua inserção na vida. É do presente, na vida real, que se tomam as forças que conferem vida ao direito. Logo, o significado válido dos textos é variável no tempo e no espaço, histórica e culturalmente.[63] Segundo **Emilio Betti**, ao tratar da adequação do direito à realidade, sem renunciar ao direito positivo, "A *interpretação tem sempre (e não pode deixar de ter) o* ***ufficio di vivificare***, *me-*

61 Op. cit., pp. 155-156.

62 Segundo Wittgenstein, "a definição ostensiva pode ser entendida de uma maneira ou de outra." (*apud* Roberto J. Vernengo, La Interpretacion Literal de la Ley, 2ª edição, Abeledo-Perrot, Buenos Aires, 1994, p.24). De acordo com Paul Ricoeur, "compreender não é apenas repetir o evento do discurso num evento semelhante, é gerar um novo acontecimento, que começa com o texto em que o evento inicial se objectivou." (Teoria da Interpretação, tradução Artur Mourão, Edições 70, Lisboa, 1976, p. 87).

63 Eros Grau, Ensaio e Discurso sobre a Interpretação/Aplicação do Direito, Malheiros Editores, São Paulo, 2002, pp. 28 e 112.

*diante um incessante repensamento, as normas a serem aplicadas, seguindo passo a passo o moto perpétuo da vida social.*"[64]

Não há dúvida de que, ao longo das últimas décadas, a arbitragem ganhou impulso mundial e fortaleceu seus princípios e normas. A realidade de 30 ou 40 anos atrás, e mesmo a de 10 ou 8 anos atrás, é bastante diversa da que encontramos atualmente nos diversos campos sociais. O mesmo se aplica ao instituto da arbitragem, aperfeiçoado, revigorado, mais bem entendido e aceito; em suma, mais bem tratado por todos e sob todos os aspectos. Por isso, fortemente impulsionada sua crescente utilização como método eficiente de resolução de disputas dos mais diversos matizes. O prestígio da arbitragem desponta juntamente com a valorização das parcerias público-privadas e com a aceitação pelo Estado de suas próprias limitações na concretização dos anseios da sociedade que reclama, como usuária, forte melhoria na prestação dos serviços públicos. O fortalecimento ou, mesmo, *rejuvenescimento jurídico* da arbitragem encontra nexo na aceitação doutrinária, legislativa e jurisprudencial da sua natureza publicista.

O árbitro exerce jurisdição, em parceria com o Estado, de modo a entregar a tutela jurídica pretendida pelos demandantes; [65] ele coopera com o Estado na administração da justiça. Ao exercer *munus publicum*, completa a atividade estatal, porque assegura o acesso à justiça – direito elevado à categoria do devido processo legal substantivo o qual busca a efetividade das tutelas e garantias fundamentais do cidadão.

Na arbitragem, portanto, encontramos um *equivalente jurisdicional* em que o poder do árbitro se equipara ao dos juízes estatais. Dos cinco elementos que informam a jurisdição, o árbitro não detém, tão somente, os poderes de coerção e de execução, mas é titular da *vocatio*, da *notio* e daquele que traduz a essência da jurisdição, qual seja, o *iudicium*. O árbitro aplica o direito ao caso concreto e, assim, resolve a lide existente. Dessa forma, a decisão arbitral equivale àquela proferida pelos órgãos judiciais: pode ser declaratória ou constitutiva e, ainda, importar em uma condenação. Tal e qual a judicial, ela torna-se *res iudicata*. Não resta dúvida de que constitui verdadeira sentença com efeitos jurídicos similares aos de uma decisão judicial. Outrossim, no processo arbitral, deve-se preservar o *due process of law*, a independência e a imparcialidade dos árbitros sob pena de nulidade da decisão arbitral.

---

64 *Apud* Eros Grau, op. cit., p. 112.

65 Tanto a lei brasileira (v.g., arts. 18 e 31) quanto a lei espanhola (v.g., arts. 5, 16,17 e 25) de arbitragem acompanharam a corrente publicista atinente à natureza jurídica da função dos árbitros.

Transportado o texto harmonizador da *Diretiva 68/151/CCE* para os tempos atuais, penso que se pode interpretar que a *decisão judicial* referida no texto (art. 11, 1) está *relacionada* ou *abrange* também a decisão arbitral. [66]

Já, no que tange à norma contida na lei do anonimato brasileira, creio que uma análise mais detida do art. 206, II, (a), conduzirá o intérprete à conclusão da inexistência de óbice legal a que a declaração de nulidade seja decidida por árbitro. Vejamos o que estabelece o referido artigo: "*Dissolve-se a companhia, por decisão judicial, quando anulada a sua constituição, em ação proposta por qualquer acionista.*"

Pode-se notar do texto legal não haver indicação de que a anulação da constituição da companhia seja processada pela justiça comum. Ao contrário, apenas a liquidação da companhia, uma vez anulada sua constituição, é que deve ser decidida por sentença judicial. Em outros termos, uma vez anulada a constituição da companhia, por ação movida por qualquer acionista, sua liquidação é que será decidida por sentença judicial. Destarte, a declaração de nulidade pode, sim, ser solucionada por arbitragem. Como referido acima, o processo de liquidação, pela probabilidade de envolver direitos de terceiros, é que deve ser submetido ao Poder Judiciário.

Para aqueles que assim não entenderem, por sustentarem a necessidade de declaração de nulidade por sentença judicial – sabe-se lá por qual fundamento –, afasto-a pelas razões expostas no contexto da diretiva supracitada, reforçadas pelo fato de o art. 206, em seu item III, da lei das sociedades anônimas, autorizar, em hipótese bem mais sensível, que a dissolução da companhia (não de sua anulação) seja decidida por *autoridade administrativa competente.*[67]

## 6. A Arbitrabilidade das Questões Objeto de Impugnações de Deliberações Assembleares

Basicamente, as deliberações aprovadas, ou sujeitas à aprovação, por assembleia geral não podem, sob pena de impugnação, violar preceitos de lei ou do estatuto ou, ainda, estar eivadas de erro, dolo, fraude ou simulação.[68] Já se

---

66 Para Eduardo J. Couture, "Por obra do intérprete o direito é interpretado, ou melhor ainda, revelado em todo o seu conteúdo. Essa revelação de um conteúdo, entretanto, não é só uma operação de descoberta: é, também, um ato de relação. Nela – dizíamos – está presente o todo. Interpretar é alguma coisa além de descobrir: é relacionar." (Interpretação das Leis Processuais, tradução Gilda M. C. Meyer Russomano, Max Limonad, São Paulo, 1956, p. 39).

67 Essa regra dirige-se às sociedades seguradoras e instituições financeiras, dentre outras, cuja dissolução será processada por órgãos da administração pública, e não pelo Poder Judiciário.

68 Lei brasileira das sociedades anônimas, art. 286. Acresça-se a possibilidade de anulação de deliberações tomadas em assembleia geral irregularmente convocada ou instalada.

foi o tempo em que as reticências e as restrições quanto à arbitrabilidade das questões objeto de impugnação das deliberações assembleares eram bastante agudas e contavam com um número expressivo de defensores.

Tenho que a evolução do instituto da arbitragem e o seu aprimoramento doutrinário, jurisprudencial e legislativo restaram por superar certas contrariedades quanto à utilização da arbitragem como meio eficaz e válido de solução das controvérsias oriundas de deliberações dos acionistas em assembleias gerais.[69] Obviamente certas resistências persistem na mente de alguns estudiosos pelas limitações que enxergam no alcance da jurisdição dos árbitros. No entanto, parece-me, a maioria se apega a fundamentos já ultrapassados ou a certo conservadorismo que a doutrina vem, ao longo dos últimos anos, enfrentando para, sabiamente, superá-lo.

Creio, assim, não existir mais campo para a argumentação de que somente as deliberações anuláveis[70] podem ser objeto de arbitragem, enquanto as nulas[71] devem, impreterivelmente, ser submetidas à apreciação do Poder Judiciário. Do mesmo modo, não me parece razoável a argumentação de que as normas das sociedades anônimas sejam de cunho imperativo ou de ordem pública, o que impediria a resolução por arbitragem de inúmeras questões postas à deliberação em assembleias gerais.

Ora, quanto às normas cogentes e às de ordem pública, já procurei demonstrar, em tópico acima, que sua existência e alcance não impedem a atuação dos árbitros, ao contrário do que acontece com os direitos indisponíveis, os quais tornam os árbitros "incompetentes" para exercerem a função de julgador. Essa questão já foi objeto de decisão pela Corte de Cassação francesa no conhecido caso *Tissot*, a qual decidiu que a existência de uma regulamentação de ordem pública aplicável ao conflito submetido à arbitragem não era suficiente para tornar nula a convenção de arbitragem.[72]

---

69 Segundo Bernardo Cremades, "La polémica doctrinal sobre la arbitrabilidad o no de la impugnación de los acuerdos sociales pertenece ya, por fortuna, a la historia del Derecho español. " (op. cit., p. 17). Comentando sobre conferência ocorrida em dezembro de 2006, em São Paulo, registra o professor Arnoldo Wald, "No primeiro enunciado, propusemos, como princípio geral, o reconhecimento da arbitrabilidade da anulação das assembléias gerais e das decisões nelas aprovadas." (A Arbitrabilidade dos Conflitos Societários: Considerações Preliminares (I), op. cit., p. 26).

70 Interesse social é mediato e, dessa forma, a invalidade do ato fica a depender de conduta ativa do acionista, sob pena de a ordem jurídica não obstar, pela inércia, a eficácia do ato.

71 Transgressão à regra substancial.

72 Cf. Daniel Cohen, op. cit., p. 113. O mesmo autor registra que, na mesma época do caso *Tissot*, a Corte de Apelação francesa, acompanhada pela jurisprudência que se seguiu, adotou o mesmo conceito da Corte de Cassação ao decidir que "la nullité du compromis ne découle pas de ce que le litige touche à des dispositions d'ordre public, mais uniquement du fait que l'ordre public a été violé." (*ibidem*).

O que se passa com as regras imperativas e de ordem pública é, simplesmente, o fato de que aos árbitros não cabe olvidá-las quando da aplicação do direito ao caso concreto.[73] Nem mais, nem menos. Em outros termos, as divergências que se encontrem sob o alcance das regras de ordem pública podem ser objeto de arbitragem, devendo o painel de árbitros, na aplicação do direito, não se descuidar dos efeitos de ditas normas legais no momento de *dizer o direito*.[74]

Quanto à corrente que somente admite a solução arbitral para as questões que envolvam vícios passíveis de anulação e, por conseguinte, nega serem arbitráveis as controvérsias oriundas de vícios de nulidade da decisão tomada em assembleia geral, creio, pelas razões deduzidas a seguir, ser impertinente essa dicotomia da (in)arbitrabilidade objetiva criada por alguns estudiosos.

Com efeito, entendo que o árbitro detém jurisdição para analisar, constatar a nulidade e imputar as consequências cabíveis. Os princípios da autonomia da cláusula compromissória e da *Kompetenz-Kompetenz* corroboram tal entendimento e se contrapõem à inarbitrabilidade de decisões assembleares nulas.[75]

E aqui, abro um parêntese: não se diga que a decisão da assembleia geral objeto de contestação é fato ou ato estranho ao contrato em que se insere a cláusula compromissória, origem e causa da aplicação dos princípios da autonomia e da *Kompetenz-Kompetenz*, nos termos do art. 8º da *Lei de arbitragem*. Ora, a cláusula compromissória estatutária é abrangente o suficiente para alcançar as deliberações tomadas em assembleias gerais, tanto quanto nos conselhos de administração e nas diretorias colegiadas, do mesmo modo como opera efeitos nos conflitos entre sócios ou entre estes e a companhia.

---

73 Segundo Daniel Cohen, a ordem pública contém duas funções: "fonction positive, l'énoncé d'une règle applicable, et fonction négative, le rejet de toute autre solution." (op. cit., p. 101).

74 Registro que, no meu entender, a ordem pública indissociável do iudicium é aquela que implica nos princípios fundamentais do direito.

75 Cf. art. 16, (1), e art. 8º, respectivamente, das leis de arbitragem espanhola e brasileira. Segundo Edoardo Ricci, "Embora a disciplina da nulidade não seja disponível e não possa ser modificada mediante convenção, a tendência rumo à admissibilidade da arbitragem pode ser constatada na maioria dos direitos, porque ela é consequência inevitável de regra, por sua vez, aceita pela maioria: a da autonomia da cláusula compromissória, cuja validade não é obstaculizada pela invalidade do contrato no qual se insere. A finalidade da regra da autonomia da cláusula compromissória é precisamente a de permitir decisão dos árbitros sobre a nulidade do contrato. Dado que as lides arbitrais são, de regra, contratuais, a conexão entre a disponibilidade do direito material e a arbitrabilidade da lide foi superada, em tema no qual ela deveria, a rigor, produzir seus mais importantes efeitos." (Desnecessária Conexão entre Disponibilidade do Objeto da Lide e Admissibilidade de Arbitragem: Reflexões Evolutivas, *in* Arbitragem: Estudos em Homenagem ao prof. Guido Fernando da Silva Soares, *In Memoriam*, coord. Selma Lemes, Carlos Alberto Carmona e Pedro A. Batista Martins, São Paulo, Atlas, 2007, p. 409).

Isso porque, ao vir a cláusula arbitral estampada nos estatutos sociais da companhia, contrato de organização que é, ela não se descola dos princípios contidos no art. 8º da *Lei de arbitragem*. Muito embora tais decisões – como atos jurídicos individualizados e cujos efeitos têm por gênese outra esfera jurídica de comunhão de vontades –, possam, aparentemente, ser consideradas como apartadas do pacto social, este é, sem dúvida, seu substrato legal-contratual cujo regramento e escopo embasam as deliberações nas assembleias da companhia. Nessa toada, não se olvide, as deliberações sociais são atos *interna corporis* cujos conflitos ou vícios delas resultantes impactam diretamente na sociedade. Assim, pouco importa a microesfera em que o acordo de vontade se aperfeiçoa, pois tal circunstância não afasta o seu vínculo com o estatuto social da companhia; ao contrário, dele e para ele é que se impõe a tomada das deliberações.

Fechado o parêntese e retornando à seara do debate anterior, não é o fato de se tratar de conflito em que se invoca a nulidade de uma decisão da assembleia que o árbitro não restará investido de sua função jurisdicional. Sua jurisdição deverá, sim, ser afastada caso o objeto do conflito não seja de direito disponível. Dessa forma, se a matéria controversa tratar de nulidade da decisão dos sócios, esta poderá ser solucionada pelos árbitros, pois a função destes se equipara à dos juízes estatais.[76]

Ao optar pela arbitragem, as partes não estão renunciando a nenhum direito; apenas, e tão somente, escolhem, por manifestação de vontade, outra via extrajudicial para a solução de suas controvérsias. Tal opção diz, sem dúvida, com o procedimento, e não com a renúncia ao direito material. E, não obstante a preferência por procedimento diferente daquele originário das cortes judiciais, o princípio e a essência deste devem ser de todo observados, pois advém de pressupostos e garantias constitucionais. Com efeito, como salienta **F. Vicent Chuliá**, "(...) más allá llegamos en nuestra tesis afirmando que también los acuerdos nulos podrían ser objeto de arbitraje de Derecho (nunca de equidad), puesto que en el arbitraje de Derecho ninguna de las partes renuncia a nada."[77]

Nesse sentido, veja a seguinte decisão judicial:

> "*(...) tampoco puede argumentarse el que las partes carecen de disposición sobre el derecho que se supone violado: en el supuesto discutido, no se trata*

---

76 Segundo Daniela Bessone Barbosa Moreira , "A partir daí [verificação da disponibilidade do direito], o árbitro atuará como *juiz de fato e de direito* que é: constatando a nulidade de uma certa disposição contratual (que não a cláusula compromissória, evidentemente), ou do contrato por inteiro, pode e deve afirmar a nulidade, para o fim de dirimir a questão que lhe foi submetida." (op. cit., p 384).

77 *Apud* María José Carazo Liebana, op. cit., p. 133.

> *de determinar si un acto o acuerdo social es contrario a la Ley, se opone a los Estatutos, atenta al Orden Público, a la moral o a las buenas costumbres, o vulnera los intereses sociales o de terceros, sino que la impugnación del acuerdo social, está motivada por una supuesta lesión a los intereses de los socios que ejercitan la acción, por lo que no hay razón para estimar la materia indisponible."*[78]

O importante, portanto, é a função teleológica que se busca na atuação do árbitro: pacificar o conflito de interesses. Esse é o bem maior que resultará da decisão. Se o conflito de interesses tem, por suposto, a violação de um direito acionário, não será a sua natureza (legal ou contratual) ou sua consequência jurídica (anulação ou nulidade) empecilho para a atuação do árbitro. Relembre-se ainda mais: o argumento de que as deliberações sociais que violem o direito positivo impedem o acesso à arbitragem, por se consubstanciarem em vícios de nulidade, não se sustenta diante de outra realidade jurídica: mesmo nas questões que tenham por objeto violação de normas de ordem pública, os árbitros detêm jurisdição para decidir e aplicar as penas legais resultantes da violação.

A tendência geral da jurisprudência estima que o caráter de ordem pública da questão em disputa não impede o árbitro de verificar e, tampouco, de se pronunciar sobre a sanção aplicável por força das violações que vier a constatar. Como bem salienta **Daniel Cohen:**

> *"Spécialement pour la matière des sociétés, il faut conclure qu'à notre sens l'arbitre peut statuer sur les litiges intéressant l'ordre public sociétaire, et qu'amené éventuellement à constater lílicéité de conventions contraires, il doit pouvoir être à même d'en prononcer la nullité ou dén tirer les conséquences. 'etat actuel du droit positif milite en faveur d'une large reconnaissance de l'arbitrabilité. L'ordre public sociétaire marqué par la relativité et les incertitudes se combine utilement avec l'extension générale de l'arbitrabilité dans les matières intéressant l'ordre public pour laisser à lápplication de l'ordre public en matière de sociétés une place réduite au niveau de la convention d'arbitrage."*[79]

---

78 Sentença de Audiência Provincial (SAP) Pontevedra, de 13 de junho de 1994, 1ª seção (*apud* Pilar Perales Viscasillas, op. cit., pp. 174-175).

79 Daniel Cohen, op. cit., p. 119. No mesmo sentido, decisão da Sala Primeira do Tribunal Supremo espanhol, *verbis*: "Esta Sala estima que en principio, no quedan excluidas del arbitraje y, por tanto, del convenio arbitral la nulidad de la Junta de Accionistas ni la impugnación de acuerdos sociales; sin perjuicio, de que si algún extremo está fuera del poder de disposición de las partes, no puedan los árbitros pronunciarse sobre el mismo, so pena dever anulado total o parcialmente su laudo, {...}, el caráter imperativo de las normas que regulan la impugnación de acuerdos sociales, no empece el carácter negocial y, por tanto, dispositivo de los mismos; [...]." (cf. Bernardo Cremades, op. cit., p. 16).

As decisões deliberadas em assembleia geral de acionistas, se violadoras da lei, não serão inarbitráveis, necessariamente, uma vez que somente os conflitos que toquem objetivamente direitos indisponíveis não são passíveis de resolução por arbitragem.[80] A indisponibilidade do direito determina o limite da jurisdição do árbitro.[81]

De fato, ao se submeter à arbitragem conflito que verse sobre transgressão à regra legal substancial, os acionistas não estarão renunciando ou dispondo do direito material objeto da controvérsia, mas, tão somente, da jurisdição estatal. Irrelevante, por conseguinte, indagar se a questão conflituosa trata de violação da lei, cogente ou não, visto que o acordo resultante da convenção de arbitragem tem por efeito particular a supressão do acesso ao Poder Judiciário, e nunca ao direito material atinente à pretensão do acionista; o acordo diz, portanto, com o direito adjetivo ou com a via em que terá curso o direito de ação.

---

80 Segundo sustenta Giménes Duart, "la Ley de Arbitraje excluye de su ámbito de aplicación aquellas cuestiones que no sean de libre disposición. En las leyes reguladoras de las sociedades mercantiles encontramos muchas normas imperativas, pero no significa que se trate de cuestiones ajenas a la libre disposición [...] una cosa es concepto de "norma"-dispositiva, como opuesto a norma imperativa, y otra cosa es el concepto de "materia" de libre disposición, que significa aquella en que prevalece el principio de autonomía de la voluntad, aunque en su regulación confluyan normas imperativas y dispositivas." (*apud*, María José Carazo Liebana, op. cit., p. 141).

81 Para Nelson Eizirik, "(...) a forma pela qual as decisões sociais são tomadas deve ser levada em consideração, pois ela reflete a disponibilidade do seu exercício pelos acionistas. A assembléia geral da companhia tem poderes suficientes para modificar deliberações anteriores, podendo ser válidas decisões anteriormente consideradas viciadas. Essa característica leva a doutrina a afirmar a arbitrabilidade de questões relacionadas às decisões de assembléias gerais. Assim, tudo aquilo que pode ser validamente decidido pela sociedade é arbitrável, pois se refere à autonomia privada da companhia, presente na disponibilidade do tema pela Assembléia Geral. Porém, deve ser feita a distinção entre decisões assembleares que criam ou não direitos para terceiros, a fim de se ressalvarem os direitos de terceiros de boa-fé. Com essa fórmula interpretativa e levando-se em conta a possibilidade de o árbitro aplicar norma de caráter imperativo, entendemos que se admite a arbitrabilidade, por exemplo, de: (i) impugnação de decisão de assembléia geral; (ii) impugnação de decisão de outros órgãos societários, como a diretoria, o conselho de administração e o conselho fiscal; (iii) questões ligadas ao direito de recesso; (iv) interpretação de cláusulas estatutárias, inclusive aquelas fundadas em normas de ordem pública, desde que essas sejam respeitadas; (v) questões ligadas ao pagamento de dividendos; (vi) exercício do direito de voto em situações de conflito de interesses (art. 115 da Lei das S.A.); (vii) operações de reestruturação societária." (Arbitrabilidade Objetiva nas Sociedades Anônimas e Instituições Financeiras, op. cit., pp. 38-39).

## 6.1. A Decisão Arbitral Vincula Todos os Acionistas

Havendo cláusula compromissória estatutária, não parece haver dúvida quanto à extensão a todos os acionistas da decisão arbitral que vier a tornar ineficaz, ou não, uma deliberação aprovada em assembleia geral. Conquanto certos sistemas legais possam dar tratamento processual distinto, no Brasil a situação jurídica do acionista se ajusta à figura do litisconsórcio unitário facultativo no qual a resolução do conflito deve ser uniforme para todos os acionistas.[82]

Na hipótese, há rígida e estreita ligação entre os cointeressados e destes com a *res in iudicium deducta*. A sentença produzida no processo em que um, alguns ou todos os colegitimados são partes será única e indivisível por força da sua indispensável homogeneidade. É o caso do litisconsórcio unitário facultativo. Nele convém realçar que os cointeressados restam por formar um *bloco único* ou um *monólito* como partes e que a demanda não se altera ou se alarga, pois o objeto é o mesmo para todos. A comunhão de interesses entrelaçados (resultado ou destino) transforma os colegitimados *em uma parte única* no polo processual. A questão *sub judice* é a mesma para todos em razão da necessária homogeneidade no julgamento do mérito da disputa: homogeneidade absoluta por força da extensão a todos os co-interessados dos efeitos da coisa julgada, tenham ou não participado do processo.[83]

A admissão da totalidade dos litisconsortes, quando muitos, fica a depender da análise pelos árbitros do seu impacto no andamento do procedimento já que pode trazer prejuízos à atividade jurisdicional.

---

82 Na Espanha, em matéria de impugnação de deliberações sociais, a eficácia da sentença se estende a terceiros por força do contido no art. 222.3, *Ley de Enjuiciamiento Civil* (cf. Pilar Perales Viscasillas, op. cit., p. 161). Em Portugal, o nº 1º do art. 61, do *Código das Sociedades Comerciais*, estipula que a sentença transitada em julgado, proferida na ação oposta à deliberação social, "é eficaz contra e a favor de todos os sócios e órgãos da sociedade, mesmo que não tenham sido parte ou não tenham intervindo na ação." (cf. Pinto Furtado, deliberações de Sociedades Comerciais, Coimbra, Almedina, 2005, p. 805). No Brasil, é bom salientar que não se deve confundir o litisconsórcio unitário facultativo com o litisconsórcio necessário. Cândido Dinamarco bem esclarece as nuances que distinguem os dois institutos processuais: "A pluralidade que se vê quando o litisconsórcio unitário é meramente admissível, sem ser necessário (facultatividade do litisconsórcio unitário), caracteriza-se como *concurso subjetivo de ações*; duas ou mais pessoas são legitimadas a postular em juízo o provimento que conduza a determinado resultado prático, ou seja, cada uma delas é individualmente titular da ação, com o poder de exigir esse provimento (...) Quando o *litisconsórcio é necessário*, a ação é sempre uma só (...) no litisconsórcio necessário tem-se sempre uma só ação com pluralidade de legitimados e, no facultativo, uma pluralidade de ações (se o facultativo for unitário, concurso subjetivo de ações). (Litisconsórcio, 5ª edição, Malheiros, São Paulo, 1997, pp. 74, 79 e 81).

83 Pedro A. Batista Martins, op. cit., p. 780.

## 6.2. Caso em que a Deliberação Assemblear Questionada Atinge Direitos de Terceiros

Dúvida persiste quanto à (in)arbitrabilidade de matérias objeto de deliberações assembleares cuja impugnação deduzida impacte direitos de terceiros. De modo geral, as decisões da assembleia geral de acionistas tendem a produzir efeitos, primordialmente, na esfera endossocietária. Entretanto, não se olvida que determinadas questões sociais aprovadas em assembleia possam gerar eficácia externa à vista de interesses de terceiros e, ainda, com estes se confrontarem.

Eis aí o ponto a se investigar: impugnada a decisão assemblear, pode o impasse dela resultante ser solucionado por arbitragem quando, no caso, a matéria objeto da controvertida deliberação repercuta ou afete direitos de terceiros?

Diga-se, de antemão, que a aparente complexidade do tema deve ser encarada por viés mais amplo, objetivo e realístico, alinhado à técnica jurídica e aos novos paradigmas do direito contratual. Para tanto oportuno relembrar que inarbitrabilidade objetiva encerra exceção que atinge um estrito núcleo de matérias incluídas no rol dos direitos indisponíveis. Pelo limitado escopo e particularidades desses direitos, acentua-se a improbabilidade de que matérias da espécie sejam objeto de deliberação no cerne de uma sociedade que tem, por imperativo legal, finalidade lucrativa. Se tal afirmação está correta, conclui-se que a grande maioria das matérias assembleares, senão todas, incluem-se no amplo espectro dos direitos disponíveis. E, se assim é, o princípio é o da arbitrabilidade das disputas oriundas das deliberações dos sócios nas assembleias gerais. O impacto em direitos de terceiros é questão complementar que, notadamente, se opõe à vontade dos acionistas expressa nos estatutos de submeter à arbitragem todas as disputas surgidas no seio da companhia.

Alerte-se, já nesse início, o fato de que a sentença que se pronuncie possa ter incidência em terceiros é uma característica de grande número de decisões judiciais.[84] Juridicamente, *terceiro* é toda pessoa que (i) não é parte no processo, (ii) é atingido, direta ou indiretamente, pelos efeitos da sentença e, portanto, (iii) tem legitimidade ativa para a ela se opor. Não ser parte no processo pressupõe que o *terceiro* dele não tomou conhecimento, não foi chamado a intervir ou, no caso de processo de arbitragem, seu direito de participação, apesar de requerido seu ingresso, lhe foi obstado pelas partes demandantes.[85]

---

84 Bernard Hanotiau, *apud* Pilar Perales Viscasillas, op. cit., p. 191.

85 Muito embora os sucessores sejam tecnicamente terceiros, no âmbito da arbitragem brasileira a sentença arbitral produz efeitos contra e a favor deles, enquanto sucessores de uma das partes no processo de arbitragem (art. 31, *Lei* 9.307/96) – sucessores a título universal (herdeiros) e singular (cessionário ou adquirente).

A condição de terceiro excluído do processo arbitral, por suposto, merece toda a atenção do direito e da justiça por conta da violação a um bem jurídico protegido. Todos os que se sintam violados ou ameaçados estão sujeitos à proteção do Estado por força do direito de acesso à justiça. À luz desse pressuposto, começa a se delinear e a se reforçar a defesa da arbitrabilidade dos conflitos oriundos de deliberações sociais, sem embargo de seu impacto nos terceiros prejudicados.

É cediço que os terceiros prejudicados merecem e têm à disposição mecanismos legais de preservação de seus direitos. A questão fundamental diz, portanto, com a proteção dos interesses desses terceiros. A par da violação ao direito material, a impossibilidade de intervenção no processo arbitral prejudica o direito ao contraditório. O que busca o terceiro ao ingressar no processo arbitral é, eminentemente, o exercício do direito de defesa e do contraditório em seu sentido mais amplo. Quer, assim, poder ser ouvido, manifestar-se, impugnar, contestar e requerer. Contudo, esse legítimo direito não resta precluído se, por alguma razão, não lhe for permitida a participação no processo de arbitragem ou dele sequer tomar conhecimento. Do mesmo modo, seu direito material não deverá ser afastado em razão de uma sentença arbitral que atinja seu patrimônio jurídico. Afinal, e a rigor, a sentença produz eficácia *inter partes*, não prejudicando nem beneficiando terceiro.

O fato de a *coisa julgada* ter-se formado no juízo da arbitragem, e não no juízo comum, é irrelevante, porque, onde quer que se forme a *res iudicata*, sua força será sempre limitada às partes entre as quais se deu a sentença.[86] Com efeito, o terceiro não será privado de nenhum direito material ou adjetivo por força de superveniente decisão arbitral de cujo processo não pôde participar e cujos efeitos lhe são prejudiciais. Todos os seus direitos, repita-se, restarão intactos, pois os efeitos da sentença, e a *res judicata* não lhe são oponíveis.[87]

Demonstrado que os terceiros alijados da demanda mantêm preservado o direito de se oporem ao resultado da decisão arbitral, a indagação que se apresenta diz com a possibilidade do ingresso do terceiro prejudicado no

86 Humberto Theodoro Júnior, Arbitragem e Terceiros – Litisconsórcio fora do Pacto Arbitral – Outras Intervenções de Terceiros, *in* Reflexões sobre Arbitragem – *in memoriam* do Desembargador Cláudio Vianna de Lima, coord. Pedro A. Batista Martins e J. M. Rossani Garcez, LTr, São Paulo, 2002, p. 256.

87 Conforme Olivier Caprasse, "De même, l'effet de la nullité ne peut constituer un obstacle. A cet égard, il y a lieu de noter la protection établie par l'article 180: 'lorsque la nullité est de nature à porter atteinte aux droits acquis de bonne foi par um tiers à l'égard de la société sur la base de la décision de l'assemblée, le tribunal peut déclarer sans effet la nullité à l'égard de ces droits, sous réserve du droit du demandeur à des dommages-intérêts y a lieu'. [...] Les causes de nullité nous paraissent, enfin, sans incidence sur l'arbitrabilité du litige au regard de l'evolution que nous avons étudiée au chapitre précédent." (op. cit., pp. 167-168).

próprio processo de arbitragem ou de em que momento se pode dar a impugnação. Na Itália, estabeleceu-se a possibilidade de o terceiro apresentar, judicialmente, oposição ordinária e oposição revocatória contra sentença transitada em julgado ou de cunho executivo.[88] Sem embargo, ausente estipulação processual expressa, por certo, a sistemática legal há de permitir o acesso ao Poder Judiciário daquele que se sinta afetado por decisão arbitral de cujo procedimento não teve a oportunidade de integrar.[89]

De salientar, contudo, a posição do jurista **Elio Fazzalari**, que dá um passo à frente, para assegurar a participação do terceiro no próprio processo de arbitragem, independentemente da aceitação pelas partes demandantes. Segundo o mesmo jurista, a opinião de que o terceiro, por ser estranho ao pacto compromissório, não poderia intervir no processo dele resultante é infundada e não serve a *solvere argumentum*. De acordo com seu entendimento:

> "*La estraneità del terzo al compromesso che ha generato l'arbitrato non rileva. Quando si verta in arbitrato rituale, e tosto che el processo arbitrale abbia inizio, esso si svolge, quanto al terzo, come se fosse un processo innanzi al giudice, nel senso che si profila, per el terzo, come fonte di esiti per lui vincolanti in forza di possibile (benché eventuale) omologazione: rispetto ai quali egli ha diritto di tutelarsi, anche e innanzitutto mediante la propria partecipazione.* [90]

Muito embora as respeitáveis posições da maioria dos juristas – algumas até mesmo extremadas (defendem a concordância imperativa dos árbitros,

---

88 Essa previsão consta do art. 404 do *Código de Processo Civil*. A oposição ordinária, como observam Salvatore Satta e Carmine Punzi, é um meio legal oferecido pelo legislador de forma a se restabelecer o contraditório. Como requisitos de admissibilidade, tem-se (i) a prova da qualidade de terceiro, (ii) a titularidade do direito e (iii) a demonstração da existência de prejuízo que afete o seu direito. Diz, assim, com o mero prejuízo sofrido pelo terceiro enquanto a oposição revocatória é assegurada ao credor contra decisão resultante de dolo ou colusão. (Diritto Processuale Civile, dodicesima edizione, CEDAM, Padova, 1996, pp. 661 e segs.).

89 Na Espanha, María José Carazo Liébana sustenta que a nulidade de acordos sociais, por força dos efeitos restritos às partes que participaram do processo, "*no impide a terceros acudir a los tribunales para sostener la validez de dicho acuerdo social, por la misma o distinta causa petendi. No tiene lugar, respecto a éste, el efecto preclusivo de la cosa juzgada al no existir la necesaria identidad subjetiva entre las partes del proceso y los afectados por la sentencia.*" (op. cit., p. 155). No Brasil, Humberto Theodoro Júnior admite a possibilidade de intervenção do terceiro afetado no momento em que seja aberto na justiça o procedimento para cumprimento da decisão arbitral. (op. cit., p. 256). Olivier Caprasse alerta que a Bélgica deveria fixar uma previsão clara nesse sentido, a exemplo do direito francês (op. cit., p. 132). Na realidade, antes da inserção dessa previsão legal no sistema processual, a doutrina quase unânime francesa já assegurava legitimidade ao terceiro prejudicado de se opor à decisão arbitral (*ibidem*, p. 131).

90 L'Arbitrato, UTET, Torino, 1997, pp. 58-59.

mesmo estando as partes de acordo!) – quanto à inviabilidade do ingresso de terceiro em processo de arbitragem do qual não seja parte, ciente dos efeitos que poderá sofrer, o tema merece ser refletido e ponderado. É importante que a participação espontânea do terceiro seja objeto da mais ampla reflexão, pois dela se poderá temperar o conflito de opiniões de forma a possibilitar certa flexibilidade aos árbitros – a depender das circunstâncias de cada caso – no exame das pretensões de terceiros integrarem o processo de arbitragem. Essa abordagem passa, por certo, pela análise dos novos paradigmas da teoria geral dos contratos.

Não resta dúvida de que a convenção de arbitragem é pacto que opera efeitos entre os convenentes e dela resulta a adoção do princípio da relatividade do contrato que imprime força vinculante somente aos contratantes, reprimindo seu alcance, portanto, aos não contratantes. Apesar de relevante no âmbito da teoria geral dos contratos, o pressuposto da relatividade tem sido mitigado para atender a princípio maior consagrado na função social dos contratos, os quais constituem fato social que não pode ser ignorado por terceiros, tampouco os contratantes podem pretender não ter nele repercussões sociais.[91]

Assim, a função social tem por finalidade impor ao terceiro um dever de conduta idônea no trato das relações existentes entre terceiros. O terceiro se obriga a certo proceder, a uma atuação que não ultrapasse a esfera dos direitos contratuais alheios. A um dever de conduta ou de atuação. Como esclarece **Rodrigo Garcia da Fonseca:**

> *"[o contrato] não obriga propriamente o terceiro, mas lhe é oponível, no sentido de que não pode desconsiderar a sua existência. Assim, pela oponibilidade, o contrato cria uma espécie de obrigação negativa para terceiros, uma obrigação de abstenção de interferência prejudicial, ou seja, uma obrigação de não contribuir para o inadimplemento de uma das partes."*[92]

Com efeito, enquanto, de um lado, a função social gera para o terceiro o dever de adoção de certa conduta ou proceder, de outro, a flexibilização da relatividade contratual impõe às partes contratantes uma obrigação perante terceiros – não se trata, necessariamente, de obrigação de natureza negativa imposta ao terceiro.

Na realidade, o princípio da relatividade tem sido mitigado para se admitir que a responsabilidade contratual se estenda e alcance terceiros que tenham sido lesados pela má execução ou inexecução do contrato firmado por outras partes. Em outras palavras, mesmo não tendo participado da for-

91 Rodrigo Garcia da Fonseca, *A Função Social do Contrato e o Alcance do Artigo 421 do Código Civil*. Rio de Janeiro: Renovar, 2007, pp. 51-52.

92 *ibidem*, p. 223.

mação daquela relação contratual ou a consentido, o terceiro prejudicado pelo descumprimento de uma das partes contratantes pode, em certos casos, buscar contra a parte responsável a indenização que a violação contratual lhe tenha causado.[93]

Paralelamente à função social e à boa-fé contratual, emergem os princípios da eticidade, solidariedade e socialidade.[94] A função social encerra a solidariedade e desta se extraem os mandamentos da eticidade e da socialidade, pressupostos que se entrelaçam e que refletem a prevalência, na teoria geral dos contratos, de uma cláusula de igualdade social em contraponto a certa tendência ao individualismo cerrado. Essa gama de princípios que norteia as relações contratuais não podem e não devem passar despercebidas da doutrina arbitral, mesmo porque a fonte do instituto, não se nega, é de natureza convencional. Outrossim, os novos paradigmas do direito dos contratos, uma vez analisados à luz do instituto da arbitragem, poderão aportar tendências e ideias novas ao debate que envolve terceiros e partes no processo arbitral.

Ressalte-se que a arbitragem é um dos métodos utilizados pelo Estado para assegurar a justiça. É prática privada que lança seus efeitos no campo público da administração da justiça. Esse conteúdo de direito público realça a sua finalística, qual seja, proporcionar às pessoas efetiva e justa tutela jurisdicional. A arbitragem, não se pode esquecer, é um braço da parceria do Estado com o particular no sentido do atendimento dos serviços jurisdicionais. Daí, inclusive, a cooperação que a lei impõe ao Poder Judiciário nas fases pré-arbitral e arbitral.

Essa visão teleológica e aberta do instituto pode ajudar o intérprete a encontrar na arbitragem um viés mais intenso da sua utilidade e função jurisdicional que o leve a flexibilizar certos padrões existentes e, ao fim e ao cabo, se permita que o instituto aceite e assimile, no seu interior, a mitigação da relatividade dos contratos em benefício dos terceiros excluídos da demanda cujo resultado lhes seja de interesse, e que o caso concreto assim autorize.

Sob a ótica de **Pedro Oliveira da Costa**:

> *"É indiscutível, nos dias atuais, a necessidade de se revisar os conceitos de 'parte' e 'terceiro', **seja para permitir a atenuação do efeito relativo dos***

---

93 Pedro A. Batista Martins. "Arbitragem e Intervenção Voluntária de Terceiros: uma proposta". *In Civil e Processo Civil (Estudos em Homenagem ao Prof. Arruda Alvim)*. (Coordenação Araken de Assis, Nelson Nery Jr., Thereza Alvim e outros), *op. cit.*p. 785

94 Segundo Teresa Negreiros, "A exigência de justiça social, imposta como um dos objetivos da ordem econômica (CF, art. 170, *caput*), expressa o fenômeno da 'socialização do direito privado', que, em última instância, impede que as relações intersubjetivas possam ser compreendidas em si mesmas, sem uma contextualização sistemática e, especificamente, constitucional." (Fundamentos para uma Interpretação Constitucional do Princípio da Boa-Fé, Rio de Janeiro, Renovar, 1998, p. 257).

***contratos, de forma a obrigar o contratante frente a terceiros****, seja para reconhecer a existência de 'terceiros qualificados', os quais, mais do que respeito ao contrato (condutas negativas), lhe devem obediência (condutas positivas).*"[95]

Vê-se que os tradicionais conceitos da teoria geral dos contratos encontrou nova fonte de revitalização que os leva a uma visão contemporânea inolvidável. A harmonização desses antigos conceitos com a nova realidade é fato da vida do direito com que se há de conviver e se amalgamar à vista de uma ordem jurídica revigorada.[96] Essa nova fonte conjuga valores jurídicos que impõem restrições ao individualismo puro e que espalham eficácia a terceiros, seja em seu favor (direito) ou desfavor (obrigação). Logo, sob tal ótica contemporânea da ordem jurídica, talvez seja mais factível ao intérprete conduzir a análise da intervenção voluntária ou espontânea do terceiro no processo de arbitragem e das nuances que dela resultam, em razão da natureza convencional da cláusula de arbitragem e, ainda, da real função social – e não apenas jurídica – da decantada jurisdição dos árbitros.

Assim, como já tive a oportunidade de manifestar, a visão contemporânea da teoria do contrato aponta para novo paradigma em que "parte" e "ter-

95 Op. cit., p. 62 (grifei). Como informa **Teresa Negreiros**, "Supondo-se que o contrato tenha a função, como quer Mireille Bacache-Gibeili, de realizar a justiça comutativa e dar segurança às relações econômicas, caberia então investigar de que maneira esta concepção influi no conteúdo do princípio da relatividade. Segundo Mireille Bacache-Gibeili, com base nestes dois objetivos, ou nestas 'funções' reconhecidas ao contrato, o princípio pelo qual os efeitos do contrato só se produzem **inter partes** deverá ser interpretado de forma a que no conceito de 'parte' se incluam pessoas que não consentiram na formação do contrato, mas que estão sujeitas a ser por ela afetadas, precisamente no que se refere à sua função social (...) Desta forma, a tese de que os efeitos do contrato devem ser estendidos a quem não é parte contratante, embora não se possa legitimar frente ao fundamento legal da força obrigatória do contrato, como uma necessidade justificável sempre que tal extensão tenha por fim garantir a previsibilidade e a segurança das relações contratuais, ou demais valores a cuja realização o contrato se considere igualmente funcionalizado (...) Verifica-se, portanto, que a conceituação de 'parte' e de 'terceiro', base para a aplicação do princípio da relatividade, passa a obedecer a outros critérios além dos critérios exclusivamente subjetivos, isto é, referentes ao consentimento." (op. cit., pp. 293-302)

96 Está claramente determinada pela *Constituição*, ao fixar, como um dos fundamentos da República, **o valor social da livre iniciativa** (art. 1º, IV); essa disposição impõe ao jurista a proibição de ver o contrato como um átomo, algo que somente interessa às partes, desvinculado de tudo o mais. O contrato, qualquer contrato, tem importância para toda a sociedade, e essa asserção, por força da Constituição, faz parte, hoje, do ordenamento positivo brasileiro. (Antônio Junqueira de Azevedo, *apud* Leonardo Mattieto, "Função Social e Relatividade do Contrato: Um Contraste entre Princípios". *Revista Jurídica*, abr. 2006, p. 30.

ceiros" não são figuras jurídicas impermeáveis pelo princípio da relatividade. A função social do contrato requer nova interpretação em favor daquele que, apesar de não ser parte em sentido formal, resta por sofrer repercussões patrimoniais oriundas da execução do contrato com o qual não consentiu, mas é por ele afetado.[97]

## 7. Arbitragem e a Ação de Responsabilidade contra Administradores

A ação de responsabilidade contra administradores de sociedade anônima tem por finalidade obter ressarcimento ou indenização por danos resultantes da conduta ou omissão dos dirigentes. Trata-se, portanto, de matéria atinente à responsabilidade por prejuízo de cunho patrimonial causada por prática antijurídica do administrador que tenha gerado dano à companhia, aos acionistas ou a terceiros. Com efeito, a depender do patrimônio cujo dano diretamente se perpetrou, pode-se definir o legitimado ativo para propor a correspondente ação de responsabilidade.

Nessa esfera jurídica da responsabilidade, a legitimação para a propositura da ação depende de averiguação preliminar do patrimônio que *diretamente* sofreu o impacto danoso resultante da conduta irregular do administrador. Sendo a sociedade a prejudicada pela conduta de seu dirigente, terá ela, por si ou por seus acionistas (substituição processual), legitimidade para a propositura da chamada ação social. Ao contrário, tendo sido afetado, de forma direta, o patrimônio de um acionista ou um terceiro, a estes caberá o direito de se valerem da ação individual para recomporem seus respectivos patrimônios.[98]

Quanto à ação social, creio que seu objeto se insere no escopo da cláusula compromissória estatutária, haja vista que a relação *causa-efeito* se completa *interna corporis*. O agente causador do dano é o administrador da sociedade cujo patrimônio foi *diretamente* atingido. Trata-se do exercício de um direito patrimonial da empresa contra a pessoa de seu próprio administrador por um ato irregular de gestão.

Assim, preenchidos os requisitos legais, seja a ação proposta pela sociedade ou por seus acionistas, a indenização recebida será destinada aos cofres da companhia e, desse modo, deverá ser proposta em sede de arbitragem, nos termos de sua cláusula estatutária.

---

97 Pedro A. Batista Martins. "Arbitragem e Intervenção Voluntária de Terceiros: uma proposta". *In Civil e Processo Civil (Estudos em Homenagem ao Prof. Arruda Alvim)*. (Coordenação Araken de Assis, Nelson Nery Jr., Thereza Alvim e outros), *op. cit.*, p. 786.

98 Na Espanha, a ação social e a individual estão previstas, respectivamente, nos arts. 134 e 135 da lei societária. No Brasil, as mesmas matérias constam do art. 159 da *Lei das Sociedades Anônimas*.

Neste ponto, um parêntese: aprovada a propositura da ação, os administradores tornam-se impedidos e devem ser substituídos.[99] No entanto, caso não aprovada a ação de responsabilidade contra os administradores, os acionistas poderão propô-la como substitutos processuais.[100] Nesse caso, creio que o impedimento dos administradores não se impõe obrigatoriamente, haja vista a própria discordância da maioria assemblear. Contudo, é possível aos acionistas que propuseram a demanda em nome e benefício da sociedade requerer o *impeachment* dos administradores. E, sendo a questão dirimida por arbitragem, nada impede (ao contrário, impõe-se) que o pedido seja formulado aos árbitros para a devida apreciação e decisão.

Distinta, entretanto, é a situação em que o dano ocasionado pelo administrador afeta o patrimônio individual do acionista ou de algum terceiro. Nesse caso, conquanto certa dúvida possa surgir quanto ao alcance da convenção de arbitragem, nomeadamente quando o prejudicado é acionista, parece-me que, salvo situações específicas em que o caso concreto permita estender os efeitos da cláusula de arbitragem (e.g., amplitude do escopo da convenção; controvérsia que toca situações envolvendo a companhia), a resposta é pela inaplicabilidade da cláusula compromissória.

No que toca ao terceiro prejudicado, creio não haver dúvida quanto à não incidência da cláusula compromissória estatutária. Nesse caso, o nexo causal atinente à responsabilidade é de natureza extracontratual. Muito embora o administrador se vincule à convenção de arbitragem, esta não alcança as pessoas desvinculadas da relação *interna corporis* da sociedade. O prejudicado, no caso, não passa, na própria acepção jurídica do termo, de mero *terceiro*, que não é, ainda na acepção jurídica, *parte* da convenção de arbitragem. Não sendo parte na convenção lhe resta obstado o exercício da pretensão ressarcitória pela via da arbitragem. O fato ou o ato de que resulta o direito à pretensão é de cunho extracontratual.

Quanto às ações individuais, a questão aflige o estudioso e merece ser ponderada. Embora haja na doutrina quem entenda que a ação individual de responsabilidade promovida por acionista, em virtude de prejuízo ocasionado diretamente a seu patrimônio, possa ser desenvolvida mediante processo de arbitragem de conformidade com a convenção estatutária,[101] penso que o tema deva ser aferido *cum grano salis*. Sem embargo de nuances e especifici-

---

99 Art. 159, par. 2º da lei brasileira e art. 134, 2, da lei espanhola.

100 Mediante certo *quorum* mínimo, segundo a lei brasileira (art. 159, par. 4º). Art. 134, 4, da lei espanhola.

101 Segundo Molina Sandoval, "Distinta es la situación del daño causado en el patrimonio individual del accionista. En este caso, pensamos que la cláusula arbitral sería válida respecto ellos, ya que ellos han aceptado expresamente el estatuto social." (Arbitraje Societario, Academia de Ciencias Políticas y Sociales, Caracas, 2006, p. 58).

dades que possam surgir de casos concretos, o certo é que a matéria deve ser enfrentada com pragmatismo.

De início, a cláusula compromissória estatutária se presta para resolver conflitos que afetem ou digam respeito, objetivamente, à companhia. No caso do dano sofrido pelo particular e estritamente pelo acionista, a relação jurídica deste com o administrador reduz-se, em princípio, à essência personalista, uma vez que a repercussão patrimonial afeta os bens e direitos individuais do acionista, sem qualquer reflexo, regra geral, na organização ou no pacto social. Dessa forma, embora acionista e administrador estejam vinculados a uma cláusula compromissória estatutária, em princípio, a situação jurídica em questão passa ao largo do estatuto e da organização social, inexistindo nexo causal capaz de atrair a eficácia da cláusula compromissória. A responsabilidade do administrador se apresenta em face do acionista por danos sofridos no patrimônio deste, o que não repercute qualquer efeito, repita-se, em princípio, seja na companhia, seja nos demais acionistas, seja nos órgãos sociais.

A rigor, a controvérsia, para ser arbitrável, há de impactar ou incidir sobre o *pacto social*, como bem salienta a jurisprudência e a doutrina francesa.[102]

## 8. Arbitrabilidade das Questões que Envolvem o Direito de Recesso

O direito de retirada, recesso ou separação é instituto comum às sociedades anônimas.[103] Trata-se de um poder jurídico do acionista. Uma vez exercido, modifica a relação então vigente: o acionista deixa de se vincular à sociedade na qualidade de sócio para, por força da manifestação unilateral de vontade, passar a titular de um crédito contra a companhia equivalente ao valor de reembolso de suas ações. Ao lado disso, consiste em um direito individual, de natureza potestativa e passível de renúncia pelo acionista. O direito de recesso é, portanto, disponível; tem natureza marcadamente econômica e toca, sem dúvida, o pacto social.

A natureza jurídica desse direito e sua finalidade levam o intérprete à natural conclusão de que as questões a ele atinentes são passíveis de sujeição à solução arbitral. Tanto a controvérsia atinente à possibilidade e à validade do exercício em si desse direito quanto às futuras questões quando da apuração do valor de reembolso poderão ser submetidas ao crivo de árbitros.

---

102 cf. Daniel Cohen (op. cit., p. 66 e segs.) e, no Brasil, Marcelo Dias Gonçalves Vilela (op. cit., pp. 184 e segs.). Ressalte-se que a expressão *pacto social* tem significado amplo; não se resume, como pode transparecer, aos estatutos sociais, com os quais, aliás, não se confunde (cf. Daniel Cohen).

103 Art. 137 c/c art. 45 da lei brasileira e arts. 147, 149, 2 e 225, 2 e 3 da lei espanhola.

O reembolso aos acionistas dissidentes não afetará, em princípio, direitos de credores, haja vista que a apuração se dará com base no patrimônio líquido da companhia apontado em balanço ou no valor econômico da sociedade, podendo, somente nesta última hipótese, ser inferior ao valor do patrimônio líquido.[104]

Não obstante ambos os critérios de avaliação importarem proteção razoável aos direitos creditórios de terceiros, caso o montante do reembolso ameace a solvência da companhia, é adequado supor que medidas acautelatórias por parte da sociedade e/ou dos árbitros serão implementadas de modo a preservar a sociedade dos efeitos maléficos daí resultantes.

## 9. Arbitrabilidade das Demandas Objeto de Dissolução da Sociedade

Conquanto a doutrina ainda se debata sobre nuances no uso da arbitragem como meio jurisdicional de dissolução e liquidação das sociedades anônimas, a jurisprudência tem admitido essa possibilidade.[105] Na França, por exemplo, uma forte corrente jurisprudencial – seja de primeira instância, seja da Corte de Cassação – autoriza o recurso à arbitragem para se dissolverem as sociedades em geral.[106]

Não se está aqui sustentando, evidentemente, a adoção da arbitragem para a dissolução de sociedade insolvente, ou seja, os casos puros de falência (*pure bankruptcy issues*). Estes, pelas próprias circunstâncias, são normalmente inarbitráveis, uma vez que funcionam mais como procedimento de aferição das condições do passivo e das limitações de pagamento a credores (terceiros) em razão da qualificação de seus créditos e de possível reorganização do devedor.[107]

Passando à regra geral, cabe indagar se a cláusula compromissória estatutária deve prever expressamente, ou não, que as questões de dissolução e liquidação da companhia serão resolvidas por arbitragem. No meu entender, não há razão ou necessidade de se especificar essa previsão no pacto arbitral.

---

104 Art. 45, parágrafo primeiro da lei brasileira. O valor econômico equivale à chamada perspectiva de rentabilidade da empresa ou de geração de recursos futuros cujo método utilizado é o do fluxo de caixa descontado.

105 "Nous terminerons sur ce point en signalant que sous l'empire du régime de l'arbitrage force que nous connaissions, la quasi totalité de la jurisprudence considérait qu'une demande en dissolution d'une société relevait de la compétence des arbitres". (Olivier Caprasse, op. cit., pp. 233-234). Registre-se que o tema é mais debatido no tocante às sociedades com ações em Bolsa.

106 cf. Daniel Cohen, op. cit., p. 136.

107 cf. Julian Lew, Loukas Mistelis e Stefan Kröll, op. cit., p. 206. No Brasil, entendo que, de conformidade com a nova lei que trata da recuperação de empresas, é possível, e recomendável, a fixação da arbitragem no Plano de Recuperação aprovado pelos credores.

Isso porque prevalece a regra, não as exceções. Nesse sentido, a cláusula de arbitragem sem ressalvas abraça a controvérsia relativa à dissolução da sociedade. Trata-se, enfim, de matéria que toca a organização social.[108]

Observe-se que a regra, como em todo pacto compromissório, é a da amplitude do seu escopo; as exceções, estas sim, é que devem ser registradas claramente na cláusula. Em outros termos, a restrição quanto à utilização da arbitragem para a resolução de certa matéria societária é que há de ser claramente ressalvada sob pena de sua sujeição aos efeitos da cláusula. que a dissolução impacta sobremaneira. A inarbitrabilidade, portanto, deriva de disposições que expressem as ressalvas e restrições de estilo. Não havendo vedação na cláusula compromissória estatutária, a questão há de ser resolvida por arbitragem, quando mais, como cediço, tratarem a dissolução e a liquidação de matérias que impactam sobremaneira no pacto social. [109]

Ultrapassada a questão do alcance do ajuste compromissório estatutário, vale mencionar que a existência de possíveis interesses de terceiros não é motivo suficiente para que essas questões – dissolução e liquidação – não sejam resolvidas pela via arbitral, quando solvente a sociedade. Em tais casos, basta que, preferencialmente, sejam pagos os débitos sociais ou, subsidiariamente e de forma conservadora, os árbitros constituam um fundo para fazer frente aos créditos e direitos de terceiros, inclusive debenturistas.[110]

Note-se que a apuração de haveres e o encerramento das atividades de uma companhia com patrimônio positivo constituem mais uma questão de administração do procedimento de liquidação de suas obrigações com os credores. Tal característica, por si só, muito embora possa tornar mais complexo o processo arbitral e mesmo sua publicidade (se necessária, seja adotada com parcimônia e com as restrições possíveis), não torna inarbitrável a matéria.[111]

---

108 cf. Daniel Cohen, que registra ser esse os entendimentos jurisprudencial e doutrinário franceses. (op. cit., p. 139). No Brasil, Marcelo Dias Gonçalves Vilela confirma o mesmo entendimento (op. cit., p. 217).

109 De acordo com Pilar Perales Viscasillas, decisão espanhola admitiu que a mera menção na cláusula estatutária de que matérias atinentes a interpretação e aplicação dos estatutos sociais abrangiam, também, a sua dissolução. (op. cit., p. 186).

110 Segundo afirma María José Carazo Liébana, "*Prima facie*, la disolución en sí misma considerada no modifica la posición jurídica de los acreedores sociales, los cuales ni se benefician ni se perjudican por la apertura de la liquidación. No hace exigibles las deudas no vencidas de la sociedad, como tampoco los créditos sociales. Los acreedores disfrutan de todos los medios de protección de sus derechos (incluida la tutela ejecutiva y concursal). Lo anterior es aplicable también a los obligacionistas porque la disolución de la sociedad no produce efecto alguno sobre las obligaciones previamente emitidas por la sociedad aunque tengan carácter de convertibles." (op. cit., p. 209).

111 Necessário, no entanto, analisar *cum grano salis* a hipótese em que a liquidação é feita por requerimento do Ministério Público, na hipótese de a companhia, nos 30 dias subsequentes à dissolução, não iniciar a liquidação ou vier a interrompê-la (art. 209, II, da lei societária brasileira.

Isso porque há sempre a possibilidade de o terceiro legitimado questionar judicialmente eventuais práticas prejudiciais aos seus interesses (quiçá, participar do procedimento arbitral) – como acontece, com frequência, nas demandas judiciais que afetam terceiros – sem embargo da existência de amplo rol de responsabilidades em benefício de terceiros prejudicados.[112]

Outro ponto de discussão diz com a pretensa inarbitrabilidade dos conflitos relativos à dissolução de companhia aberta, posto que tal circunstância se insere no sistema regulamentar do mercado de valores mobiliários e de suas regras tidas como de ordem pública.

Primeiramente, os conceitos não se confundem. Como já largamente exposto, ordem pública não implica, necessariamente, indisponibilidade de direitos. Ao árbitro é vedado, tão somente, infringir tais disposições consideradas relevantes para o direito.[113] Ademais, a prática da solução arbitral de questões que envolvem o mercado de valores mobiliários é bem assimilada em diversas jurisdições e, cada vez, mais se arraiga como o mecanismo mais apropriado para acabar com as divergências da espécie.[114] Entendo, ainda,

---

112 Segundo o art. 217 da lei acionária brasileira, "O liquidante terá as mesmas responsabilidades do administrador, e os deveres e responsabilidades dos administradores, fiscais e acionistas subsistirão até a extinção da companhia." Nos termos do art. 208 da lei societária brasileira, "encerrada a liquidação, o credor não satisfeito só terá direito de exigir dos acionistas, individualmente, o pagamento de seu crédito, até o limite da soma, por eles recebida, e de propor contra o liquidante, se for o caso, ação de perdas e danos. O acionista executado terá direito de haver dos demais a parcela que lhes couber no crédito pago." Na Espanha, os administradores respondem solidariamente pelas obrigações sociais caso deixem de convocar a Junta Geral, nos prazos legais, para que deliberem sobre o acordo de dissolução (art. 262, 5).

113 Approuvée par des avis très autorisés, la jurisprudence dominante a décidé, à juste titre, que l'ordre public n'est pas atteint *prima facie* par l'intervention de l'arbitre en la matière. La solution d'ensemble du droit français consiste alors à dire qu'il y a arbitrabilité des litiges relatifs à la dissolution, mais que l'arbitre doit appliquer les règles d'ordre public. (cf. Daniel Cohen, op. cit., p. 140).

114 Por exemplo, Reino Unido, Áustria, Canadá, Alemanha, França, Austrália e Bélgica (cf. Pilar Perales Viscasillas, op. cit., pp.191 – 192). Nos Estados Unidos da América (cf. Julian Lew, Loukas Mistelis e Stefan Kröll, pp. 203 – 205). Segundo esses autores, "The positive impact of arbitration in the securities area is nowadays evidenced by the fact that most self-regulatory organizations such as the New York Stock Exchange (NYSE), the National Association of Securities Dealers (NASD), the American Stock Exchange (Amex) and the Commodity Exchange administer arbitration services. This trend is not a prerogative of the United States only, as a number of European stock exchanges have established their own arbitration bodies and structures, which adopt specially tailored arbitral procedures and clearly defined rules for settling disputes. There is a rapid growth as it can be seen by the recent NASD Dispute Resolution Inc (NASD-DR) and NASDAQ Europe Arbitration Rules." (*ibidem*, p. 205). No Brasil, a Bolsa de Valores de São Paulo (Bovespa) administra sua própria Câmara de Arbitragem do Mercado e

que a eventual participação da Comissão de Valores Mobiliários no processo de arbitragem, como órgão de fiscalização do mercado, não é empecilho à arbitrabilidade das disputas que digam com a dissolução e liquidação de companhia aberta, haja vista que o referido órgão poderá ser regularmente informado pelo painel de árbitros ou atuar, se necessário, como *amicus curiae*. Nesse particular, os direitos de minoritários estarão preservados, devendo o árbitro observar, como qualquer juiz, os deveres, direitos e obrigações impostos a cada um dos interessados.

No entanto, havendo normas que impliquem a competência exclusiva de determinada autoridade judicial ou administrativa para proceder à dissolução da companhia, nesse caso, a arbitrabilidade poderá ser afetada, se entendido que tais normas impliquem a indisponibilidade dos direitos. As leis brasileira e espanhola determinam que a companhia pode ser dissolvida (i) por deliberação da assembleia geral; (ii) pelo término do prazo de duração; (iii) nas hipóteses previstas no estatuto da sociedade e (iv) pela impossibilidade de realizar seu fim.[115]

A lei brasileira alude, ainda, (i) à decisão de autoridade administrativa competente nos casos e na forma previstos em lei especial;[116] (ii) à anulação da constituição da sociedade; (iii) à existência de um único acionista (ressalvada a subsidiária integral), se o mínimo de dois sócios não for restabelecido até a assembleia geral ordinária do ano seguinte e (iv) pela extinção, na forma da lei, da autorização para funcionar.[117] Já a lei espanhola inclui, também, (i) a conclusão do seu objeto; (ii) a paralisação dos órgãos sociais, de modo que resulte impossível seu funcionamento; (iii) a existência de perdas que resultem na redução do patrimônio a uma quantidade inferior à metade do

---

as empresas listadas no Novo Mercado, no Nível 2 de Governança Corporativa e no Bovespa Mais têm que inserir cláusula de arbitragem em seus estatutos como condição prévia para a obtenção do registro.

115 Muito embora as hipóteses constantes dos itens (i), (ii) e (iii) encerrem dissolução de pleno direito, de acordo com o art. 206, I, da lei do anonimato brasileira, não se pode afastar a possibilidade do surgimento de controvérsias no momento de sua ocorrência, como indica o art. 209, I, da lei brasileira do anonimato, ao registrar a possibilidade de qualquer acionista requerer a liquidação da companhia se os administradores ou a maioria de acionistas deixarem de promover a liquidação, ou a ela se opuserem, nos casos do número I do art. 206.

116 É o caso de instituições financeiras submetidas ao crivo do Banco Central. Empresas de seguro costumam ter regras específicas, assim como as sociedades de economia mista e empresas públicas podem contemplar nas leis que as criaram regras atinentes à sua dissolução. Nesse particular, repita-se, a arbitrabilidade deverá ser analisada caso a caso, a fim de se apurar se há regras de competência exclusiva de autoridade administrativa de natureza indisponível.

117 cf. ressalva quanto à eventual regra de cunho indisponível mencionada na nota anterior.

capital social e desde que não seja o caso de falência; (iv) redução do capital social abaixo do mínimo legal e (v) fusão ou cisão da sociedade.

Vejam que as matérias elencadas como hipóteses de dissolução da sociedade, regra geral, se inserem no conceito de arbitrabilidade (direito patrimonial disponível).[118] Não obstante a ainda escassa bibliografia sobre o tema, pode-se afirmar que a doutrina, a rigor, tem convergido para tal entendimento, na linha da jurisprudência acima mencionada.[119] No entanto, ao árbitro, nas hipóteses legais em que a dissolução ou não da sociedade dependa de deliberação assemblear, não será permitido alterar a vontade social, sob pena de violar a ordem pública, ao interferir em competência exclusiva do órgão social. Contudo, a ele é dado examinar controvérsia que surja de tal deliberação assemblear, por exemplo, quanto à existência ou à implementação das condições para a dissolução ou não da companhia.[120] Nessa linha de raciocínio, se divergência houver quanto ao termo do prazo de duração da sociedade ou quanto à impossibilidade de a companhia atender ao seu fim, será dos árbitros a jurisdição para o exame e a decisão sobre as referidas questões.

O mesmo ocorre na hipótese de conflito quanto à implementação de certa estipulação estatutária que redunde na dissolução da sociedade. O árbitro, nesses casos, não estará aprovando a dissolução como substituto do órgão social, mas, apenas e tão somente, resolvendo uma questão atinente à dissolução ou a ela relativa; estará exercendo a função de mero julgador tal e qual um juiz togado.[121]

Definida a dissolução da sociedade, o liquidante deverá ser nomeado na forma da lei e atuará sob a supervisão do tribunal arbitral, sem embargo das funções que competem à assembleia geral, órgão que se manterá em funcionamento para deliberar, dentre outras matérias, sobre os interesses da liquidação, as contas do liquidante e operações por ele praticadas.[122] Eventuais

---

118 Os casos de decisão de autoridade administrativa e extinção da autorização para funcionar podem conter elementos de indisponibilidade a ser averiguados no momento concreto. Ademais, registre-se que, muito embora a lei brasileira (art. 206, II) faça menção à dissolução por decisão judicial (i.e., quando anulada a sua constituição, provado não preencher o seu fim e em caso de falência), tal não exclui a arbitrabilidade dessas matérias, pois, ao meu sentir, a dicção legal não impõe competência exclusiva e absoluta do Poder Judiciário.

119 No Brasil, cf. Marcelo Dias Gonçalves Vilela (op. cit., p. 220) e César Fiuza (citado por Marcelo Vilela, *ibidem*).

120 cf. Daniel Cohen, que ainda alude a divergências sobre a formação do *quorum* e a regularidade da convocação (op. cit., p. 140).

121 No mesmo sentido, Olivier Caprasse, que aduz, ainda, ser esse o entendimento da quase totalidade da jurisprudência judicial (op. cit., pp. 233-234).

122 Durante a fase de liquidação, não raro surgirão conflitos que deverão ser solucionados de modo eficiente. A lei brasileira das sociedades anônimas não se furtou a prever

disputas entre sócios ou entre estes e a companhia resultantes de discordâncias da deliberação assemblear deverão ser resolvidas por arbitragem.[123] Quanto aos credores insatisfeitos, poderão exercer seu direito de ação contra o liquidante ou, se for o caso, também contra os acionistas.[124]

---

essa situação ao estabelecer em seu art. 213 , par. 2º.: "No curso da liquidação judicial, as assembléias gerais necessárias para deliberar sobre os interesses da liquidação serão convocadas por ordem do juiz, a quem compete presidi-las e resolver, sumariamente, as dúvidas e litígios que forem suscitados. As atas das assembléias serão, por cópias autenticadas, apensadas ao processo judicial." Veja que o legislador anteviu os conflitos e propugnou por decisões rápidas de modo a não estender em demasia o complexo processo de liquidação. Creio que a arbitragem é o mecanismo que melhor atende aos interesses dos envolvidos.

---

123 A companhia conserva a sua personalidade jurídica até a extinção, e mantêm em vigor os estatutos sociais, com o fim de se proceder à liquidação.

124 De acordo com o art. 279 da lei societária espanhola, o liquidante responde perante os acionistas e credores por prejuízos causados por fraude ou negligência grave no desempenho de seu cargo. Nos termos dos arts. 217 e 218 da lei brasileira do anonimato, o liquidante tem as mesmas responsabilidades de um administrador e o credor não satisfeito só terá o direito de exigir dos acionistas, individualmente, o pagamento de seu crédito até o limite da soma por eles recebida e de propor contra o liquidante ação de perdas e danos.

## BIBLIOGRAFIA

### I. Livros

ABRÃO, Nelson. *Sociedade por Quotas de Responsabilidade Limitada.* 8ª ed. revista, atualizada e ampliada por ABRÃO, Carlos Henrique. São Paulo: Saraiva, 2000, pp. 41-44.

ALMEIDA, Marcus Elidius Michelli de; ZANZANELLI, Nelson Freitas. *Aspectos Jurídicos da Sociedade Limitada.* São Paulo: Quartier Latin, 2004, pp. 25-30.

ANDRADE FILHO, Edmar Oliveira. *Sociedade de Responsabilidade Limitada.* São Paulo: Quartier Latin, 2004, pp. 47-50.

ASCARELLI, Tullio. *Problemas das Sociedades Anônimas e Direito Comparado.* São Paulo: Saraiva, 1945.

BATISTA MARTINS, Pedro A.. "A Arbitragem nas Sociedades de Responsabilidade Limitada". *In Reflexões sobre Arbitragem: in memoriam* do Desembargador Cláudio Vianna de Lima, coordenadores Pedro A. Batista Martins e José Maria Rossani Garcez, São Paulo, LTr, 2002.

BATISTA MARTINS, Pedro A.. "Arbitrabilidade Objetiva. Interesse Público, Indisponibilidade de Direitos e Normas de Ordem Pública". *In Grandes Temas da Atualidade – Mediação, Arbitragem e Conciliação*, vol. 7. OLIVEIRA, Eduardo de (coord.). Rio de Janeiro: Forense, 2008.

BATISTA MARTINS, Pedro A.; LEMES, Selma M. Ferreira; CARMONA, Carlos Alberto. *Aspectos Fundamentais da Lei de Arbitragem.* Rio de Janeiro: Forense, 1999.

BELTRÃO, Heitor. *Do Arbitramento Commercial.* Rio de Janeiro: Jornal do Commercio, 1923.

BIANCHI, Giorgio. *Assemblee Ordinarie e Straordinarie.* Padova: Cedam, 1999.

BRUNETTI, Antonio. *Trattato del Diritto delle Società*, v. I. 2ª ed. revista e atualizada. Milano: Dott. A. Giuffrè, 1948, pp. 97-120.

BULGARELLI, Waldirio. *A Proteção às Minorias na Sociedade Anônima.* São Paulo: Pioneira, 1977.

BURDICK, Francis M.. *Law of Partnership, Including Limited Partnerships.* Boston: Little, Brown, and Company, 1899.

BUTLER, Henry N., "The Contractual Theory of the Corporation". *In Corporate Practice Commentator*, 1989-1990 Annual, Callaghan, Illinois.

CARNELUTTI, Francesco. *Teoria Geral do Direito.* Trad. Antônio Carlos Ferreira. São Paulo: Lejus, 1999.

CARREIRA ALVIM, J. E. *Tratado Geral da Arbitragem Interna.* Belo Horizonte: Mandamentos, 2000.

CARVALHOSA, Modesto. *Acordo de Acionistas.* São Paulo: Saraiva, 1984.

CARVALHOSA, Modesto. "Cláusula compromissória estatutária e juízo arbitral (§ 3º do art. 109)". *In Reforma da Lei das sociedades anônimas: inovações e questões controvertidas da Lei nº 10.303, de 31/10/2001.* LOBO, Jorge (coord.). Rio de Janeiro: Forense, 2002, p. 321.

CARVALHOSA, Modesto. *Comentários à Lei de Sociedades Anônimas*, v. 2. São Paulo: Saraiva, 1997.

CLARET Y MARTÍ, Pompeyo. *Sociedades Anónimas.* Barcelona: Bosch, 1944, pp. 7-42.

COMPARATO, Fábio Konder. *O Poder de Controle na Sociedade Anônima*, 2ª. ed. São Paulo: Revista dos Tribunais, 1977.

COX, James D; HAZEN, Thomas Lee. *Cox & Hazen on Corporations*, v. 1. 2ª ed.. New York: Aspen Publishers, 2003, pp. 2-7.

CUEVAS, Guillermo Cabanellas de las. *Derecho Societario: Los Socios: derechos, obligaciones y responsabilidades*, vol. 5. Buenos Aires: Heliasta, 1997.

FISCHER, Rodolfo. *Las Sociedades Anónimas: su regimen jurídico*. W. Roces (tradutor). Madrid: Editorial Reus, 1934, pp. 100-113.

GALGANO, Francesco. *Diritto Civile e Commerciale. L'Impresa e le Società. Le Società di Capitali e le Cooperative*, v. 3, t. 2. 3ª ed.. Padova: CEDAM, 1999, pp. 45-54.

GARRIGUES, Joaquín. *Problemas Atuais das Sociedades Anônimas*. Porto Alegre: Sergio Antonio Fabris Editor, 1982.

GARRIGUES, J.; URIA, R. *Comentario a la Ley de Sociedades Anonimas*, tomo I, segunda edicion, Madri, Imp. Samarán-Mallorca, 1953.

GIERKE, Otto. *Natural Law and the Teory of Society*. Cambridge: Cambridge University Press, 1958, pp. 180-195.

HALPERIN, Isaac. *Sociedades Anónimas*. 2ª ed.. Buenos Aires: Ediciones Depalma, 1978.

HALPERIN, Isaac. *Sociedades de Responsabilidad Limitada*. 3ª ed. atualizada e aumentada. Buenos Aires: Roque Depalma Editor, 1956, pp. 14-20.

HAMILTON, Robert W. *The Law of Corporations*. 5ª ed.. St. Paul: West Group, 2000, pp. 46-61.

HAURIOU, Maurice. *Teoria dell'Istituzione e della Fondazione*. Milano: Giuffrè Editore, 1967, pp. 3-46.

IHERING, Rudolf von. *A Finalidade do Direito*, vol. I, trad. Faria Correa. Rio de Janeiro: Editora Rio, 1979.

LACERDA, J. C. Sampaio de. *Comentários à Lei das Sociedades Anônimas*, v. 3. São Paulo: Saraiva, 1978.

LACERDA TEIXEIRA, Egberto; TAVARES GUERREIRO, José Alexandre. *Das Sociedades Anônimas no Direito Brasileiro*. São Paulo: Bushatsky, 1979.

LAMY FILHO, Alfredo. "Conversão de Ações Preferenciais". *In:* LAMY FILHO, Alfredo; BULHÕES PEDREIRA, José Luiz. *A Lei das S.A., v. II, parte III – Pareceres*. 2ª ed.. Rio de Janeiro: Renovar, 1996, pp. 139-148.

LAMY FILHO, Alfredo. *Temas de S.A.* Rio de Janeiro: Renovar, 2007.

LAMY FILHO, Alfredo. "Relações de Trabalho na Empresa", Apostila do Curso IEDE.

LEÃES, Luiz Gastão Paes de Barros. *Comentários à Lei das Sociedades Anônimas*, v. 2. São Paulo: Saraiva, 1980.

LIÉBANA, María José Carazo. *El Arbitraje Societario*. Madrid: Marcial Pons, 2005.

LUCAS COELHO, Eduardo de Melo. *A Formação das Deliberações Sociais*. Coimbra: Coimbra Editora, 1994.

LUCENA, José Waldecy. *Das Sociedades por Quotas de Responsabilidade Limitada*. 4ª ed. atualizada e ampliada com formulário. Rio de Janeiro: Renovar, 2001, pp. 60-69.

MASCHERONI, Fernando H.; MUGUILLO, Roberto A. *Régimen Jurídico del Socio*. Buenos Aires: Editorial Astrea, 1996.

MAYSON, Stephen W.; FRENCH, Derek; RYAN, Christopher L.. *Mayson, French & Ryan on Company Law*. Ed. 2004-2005. New York: Oxford University Press, 2004-2005, pp. 1-3.

MESSINEO, Francesco. *Manuale di Diritto Civile e Commerciale (codice e norme complementari)*, v. 1. 9ª ed. revista e atualizada. Milano: Dott. ª Giuffrè Editore, 1957, pp. 466-471.

MOTA PINTO, Carlos Alberto da. *Cessão de Contrato*. São Paulo: Saraiva, 1985.

PEIXOTO, Carlos Fungêncio da Cunha. *Sociedades por Ações*, v. 3. São Paulo: Saraiva, 1973.

RÁO, Vicente. *Ato Jurídico*. 3ª ed. São Paulo: Revista dos Tribunais, 1994.

REQUIÃO, Rubens. *Curso de Direito Comercial*, v. 1. 22ª ed. São Paulo: Saraiva, 1995, pp. 265-272.

RICHARD, Efraín Hugo; MUIÑO, Orlando Manuel. *Derecho Societário: sociedades comerciales, civil y cooperativa*. 4ª ed. Buenos Aires: Editorial Astrea, 2002, pp. 69-82.

ROIMISER, Mónica G. C. de. *Del Interés Social en la Sociedad Anónima*. Buenos Aires: De Palma, 1979.

RUBINO-SAMMARTANO, Mauro. *International Arbitration – Law and Practice*, 2nd ed.. The Hague: Kluwer Law International, 2001.

SABATO, Franco Di. *Diritto delle Società*. Milano: Giuffrè Editore, 2003, pp. 31-50.

SALOMÃO FILHO, Calixto. *O Novo Direito Societário*. 2ª ed.São Paulo: Malheiros, 2002, pp. 25-51.

SCISINIO, Alaôr Eduardo. *As Maiorias Acionárias e o Abuso do Direito*. Rio de Janeiro: Forense, 1998.

SILVA DA SILVA, Eduardo. *Arbitragem e Direito da Empresa*. São Paulo: Revista dos Tribunais, 2003.

SILVETTI, Cesare; CAVALI, Gino. *Le Società per Azioni*, t. 2. Torino: Unione Tipografico-Editrice Torinese, 1972.

SOPRANO, Enrico. *L'Assemblea Generale degli Azionisti*. Milano: Casa Editrice Dottor Francesco Vallardi, 1914.

TAVARES, Assis. *As Sociedades Anónimas*. Lisboa: Livraria Clássica Editora, 1962.

TAVARES BORBA, José Edwaldo. *Direito Societário*. 7ª ed. revista, aumentada e atualizada. Rio de Janeiro: Renovar, 2001, pp. 11-13.

THOMPSON, Seymour D.; THOMPSON, Joseph W. *Commentaries on the Law of Corporations*, v. 6, 3ª ed. Indianapolis: The Bobbs-Merrill Company Publishers, 1927.

THORNE, James. *Butterworths Company Law Guide*. 4ª ed.. London: Butterworths LexisNexis, 2002, pp. 3-4.

VALVERDE, Trajano de Miranda. *Sociedades por Ações*, v. 1. Rio de Janeiro: Forense, 1941.

VANETTI, Carlo B.. "Costituzione della Società". *In:* ROTONDI, M.. *Inchieste di Diritto Comparato*, v. 5: I Grandi Problemi della Società per Azioni nelle Legislazioni Vigenti. Padova: CEDAM, 1976, pp. 243-248.

VILELA, Marcelo Dias Gonçalves. *Arbitragem no Direito Societário*. Belo Horizonte: Mandamentos, 2004.

VISCASILLAS, Pilar Perales. *Arbitrabilidad y Convenio Arbitral – Ley 60/2003 de Arbitraje y Derecho Societario*. Navarra: Editorial Aranzadi, 2005.

**II. Artigos de Periódicos**

ASCARELLI, Tullio. "Le Privati Convenzioni sull'Esercizio dei Poteri Sociali e sulla Amministrazione della Società sono Illecite". *Rivista di Diritto Commerciale e del Diritto Generale delle Obbligazioni*. Milano: Casa Editrice Dottor Francesco Vallardi, v. XXIX, parte seconda, 1931, pp. 256-272.

BEBCHUK, Lucian Arye. "The Debate on Contractual Freedom in Corporate Law". *Columbia Law Review*, Directors of the Columbia Law Review Association, November 1989.

BENSON, Bruce L. "Arbitration". *Encyplopedia of Law and Economics*. Disponível em: <encyclo.findlaw.com/7500book.pdf>. Acesso em: 03 fev. 2006.

BRACKER, Julie K.; SODERQUIST, Larry D.. "Arbitration in the Corporate Context". *Columbia Business Law Review*. 1, 2003.

BRATTON JR., William W.. The "Nexus of Contracts" Corporation: A Critical Appraisal. *Cornell Law Review*, Cornell University, 1989.

BULHÕES PEDREIRA, José Luiz. "Natureza Jurídica da Companhia". *Revista de Direito Renovar.* Rio de Janeiro: Renovar, v. 12, set./dez. 1998, pp. 105-120.

COFFEE JR., John. "The Second Abraham L. Pomerantz Lecture Redesigning Corporate Remedies: What Role for Private Ordering?; Lecture: No Exit?: Opting Out, the Contractual Theory of the Corporation, and the Special Case of Remedies". *Brooklyn Law Review.* Winter, 1988.

"Final Report and Legal Reform Recommendations to the Ministry of Justice of the Republic f Korea". *The Journal of Corporate Law*. Iowa: Spring, 2001.

JORDAN, Cally. "The Conundrum of Corporate Governance", 30 *Brooklin Journal of International Law* 983, Brooklin Law School, 2005.

LIPSKY, David B.; SEEBER, Ronald L.. "In search of Control: the corporate embrace of ADR". *University of Pennsylvania Journal of Labor & Employment Law*. Spring, 1998.

NUNES PINTO, José Emílio. "A Arbitragem na Recuperação de Empresas". *Revista de Arbitragem e Mediação.* São Paulo: Revista dos Tribunais, ano 2, nº 7, out./dez. 2005, pp. 79-100.

REQUIÃO, Rubens. "A Sociedade Anônima como Instituição". *Revista de Direito Mercantil, Industrial, Econômico e Financeiro.* São Paulo: Revista dos Tribunais, ano XIV, nº 18, abr./jun. 1975, pp. 25-29.

REUBEN, Richard C.. "Democracy and Dispute Resolution: Systems Design and the New Workplace", 10 Harvard Negotiation Law Review 11, *Harvard Negotiation Law Review*, 2005.

ROGERS JR., Theodore O.. "The Procedural Differences Between Litigating in Court and Arbitration: Who Benefits?". *Ohio State Journal on Dispute Resolution*, 16, 2001.

SALOMÃO NETO, Eduardo. "A Natureza Contratual da Relação Sócio-Sociedade". *Revista de Direito Mercantil, Industrial, Econômico e Financeiro.* São Paulo: Revista dos Tribunais, ano XXVIII, nº 73, jan./mar. 1989, pp. 39-65.

SHNEIDER, Carl W. "Arbitration in Corporate Governance Documents: an Idea the Sec Refuses to Accelerate". *Insights*. May, 1990.

TRAIN, François-Xavier. "Cour de Cassation (Ch. com.) 8 novembre 2005. M. Tinnes c/ Société U Centrale Régionale Est". *Revue de l'Arbitrage*, 2006, nº 3.

**III. Decisões Judiciais**

Tribunal de Justiça do Estado do Rio de Janeiro, 44ª Vara Cível, Ação Ordinária nº 2000.001137.439-0, Juíza Márcia Cunha, j. 01.06.02.

**IV. Legislação**

Código das Melhores Práticas de Governança Corporativa do Instituto Brasileiro de Governança Corporativa (IBGC). Disponível em <www.ibgc.org.br>.

Instrução CVM nº 391, de 16 de julho de 2003. Disponível em <http://www.cvm.gov.br>.

Instrução CVM nº 435, de 05 de julho de 2006. Disponível em <http://www.cvm.gov.br>.

Recomendações da CVM sobre Governança Corporativa, de julho de 2002. Disponível em <http://www.cvm.gov.br>.